国家社会科学基金项目（11BJY041）
河北省企业管理重点学科建设经费 资助

军队转业军官可持续发展职业能力开发研究

贾鸿雁◎著

中国社会科学出版社

图书在版编目（CIP）数据

军队转业军官可持续发展职业能力开发研究/贾鸿雁著 . —北京：中国社会科学出版社，2016.7
ISBN 978 - 7 - 5161 - 8654 - 1

Ⅰ.①军…　Ⅱ.①贾…　Ⅲ.①转业—军官—职业选择—研究—中国　Ⅳ.①E263

中国版本图书馆 CIP 数据核字（2016）第 174952 号

出 版 人	赵剑英
责任编辑	卢小生
特约编辑	林　木
责任校对	周晓东
责任印制	王　超

出　　版	中国社会科学出版社
社　　址	北京鼓楼西大街甲 158 号
邮　　编	100720
网　　址	http：//www.csspw.cn
发 行 部	010 - 84083685
门 市 部	010 - 84029450
经　　销	新华书店及其他书店

印　　刷	北京明恒达印务有限公司
装　　订	廊坊市广阳区广增装订厂
版　　次	2016 年 7 月第 1 版
印　　次	2016 年 7 月第 1 次印刷

开　　本	710 × 1000　1/16
印　　张	21.5
插　　页	2
字　　数	362 千字
定　　价	79.00 元

摘　要

　　新中国成立以来，已有400多万军队转业军官被安置到我国各行各业，形成了一个对社会稳定、和谐发展影响巨大的特殊社会群体。从目前状况看，无论计划安置转业军官，还是自主择业转业军官在发展过程中均遇到了各种困难，从自身分析，其根本原因在于转业军官对地方工作所需要的职业能力不足。因此，开发军队转业军官可持续发展职业能力，保障其转业后持续、稳定发展，已经成为一个非常重要的社会问题。研究结果表明，转业军官可持续发展职业能力弱化是影响其退役后职业发展的关键因素，培养转业军官可持续发展职业能力是解决转业军官再就业的关键环节。转业军官可持续发展职业能力开发涉及军队、政府、高校、社会、转业军官个体五个实施主体，各主体在开发过程中的地位与职责各不相同。由此，转业军官可持续发展职业能力开发必须构建由军队、政府为主导，各类培训资源为支撑，个体主观能动性为动力的立体开发系统。转业军官可持续发展职业能力开发系统框架由开发主体、开发目标、开发模式、开发环境四个要素构成，它们相互依赖、相互影响，共同构成系统目标。由于系统运行受外在社会环境因素的影响，其运行需要政策、教育、技术、人才、资金、文化等资源的支撑。军队转业军官可持续发展职业能力开发建设，事关国家的安全和整个社会稳定，需要全社会共同关注、共同努力。

前　言

铁打的营盘流水的兵。军队的特殊性质和使命决定了军队军官必须有进有出，以保证军队的旺盛生机和活力。新中国成立60多年来，已有400多万军队转业军官安置到我国各行各业，形成了一个对社会稳定、和谐发展影响巨大的特殊社会群体。因此，军队转业军官转业后能否持续、稳定成长与发展，已经成为一个非常重要的社会问题。

我国转业军官目前分为计划安置和自主择业两种方式。从目前状况看，无论计划安置转业军官，还是自主择业转业军官在发展过程中均遇到各种困难。其中有一个共同原因，即其地方工作所需要的职业能力不足，这成为转业军官群体持续发展的重要障碍，由此影响了自主择业安置制度的深入推进。如何有效开发军队转业军官的可持续发展职业能力，成为目前急需研究的问题。

目前，我国转业军官职业能力的开发主要通过各级政府转业军官安置部门适应性培训、就业培训和就业支持等渠道开展，但这些开发活动不能满足转业军官的就业需求。具体表现为计划安置转业军官再次就业后发展满意度不高，自主择业转业军官就业率不理想。这一问题的有效解决，需在军官服役期间对其地方工作的职业能力进行开发，培养其可持续发展职业能力。本书研究以人力资源管理为切入点，以可持续发展为基点，运用系统理论分析军官入伍服役到退出军队的整体职业生涯过程，提出转业军官可持续发展职业能力开发需构建由军队、政府为主导，各类培训资源为支撑，个体主观能动性为动力的立体开发系统，并阐述了开发系统的理论框架，从资源环境视角论证开发系统运行的可行性，并提出系统实施路径，与已有研究相比具体有三个显著特点：

第一，研究视角创新。以人力资源管理学科为切入点进行转业军官这一特殊社会群体的研究，既可为现有转业军官研究（军事学、历史学、社会学、经济学等）增加新的切入点，又可推动军事人力资源管理学科的理论研究。

第二，研究内容创新。在分析职业能力、就业能力和创业能力三个概念的基础上，提出界定了"可持续发展职业能力"概念。可持续发展职业能力是指个体劳动者在其职业生涯中从事职业活动、达成个体目标，并不断满足社会发展需要和职业转换的知识、技能、心理特征的总和，包括从事特定职业活动的专业能力、从事不同职业所需要的一般职业能力、规划职业生涯能力和获取把握就业机会能力。

第三，丰富社会科学的研究领域。本书是国家社会科学基金项目批准的第一个关于转业军官职业能力开发研究项目的最终成果，填补了该领域的研究空白。

本书内容分为五个部分：第一部分在确定研究框架的基础上，界定转业军官、转业干部、退役军官、职业能力核心概念的内涵与外延，并提出了"可持续发展职业能力"概念。在分析职业能力、就业能力、创业能力的相互关系的基础上，界定了"可持续发展职业能力"的概念内涵。第二部分系统梳理分析了国内转业军官安置研究现状，对研究主体、研究成果、研究内容、研究方法等予以评价分析，展望未来研究发展趋势，以期引起更多学者对这一群体的关注并展开研究。第三部分运用定量和定性的研究方法，研究转业军官职业能力开发的客观性和必然性。具体运用回归分析探寻职业能力与转业军官职业发展质量的因果关系，作为职业能力开发的客观依据；运用文献查阅法获取大量资料，分析转业军官安置制度改革是社会发展的客观要求，说明职业能力开发在安置制度改革过程中的地位与作用，论证职业能力开发的必要性。第四部分分析国内转业军官职业能力开发现状，探寻存在问题及原因；梳理国外退役军官职业能力开发现状，并从开发整体、开发主体、开发模式和开发环境四个方面进行比较分析，为国内转业军官职业能力开发实践提供借鉴。第五部分研究转业军官可持续发展职业能力开发系统理论框架和其运行可行性。以胜任力理论为依据，分析退役军官职业能力结构，与通用职业胜任力模型进行比较，完善补充军官职业能力结构，形成转业军官可持续发展职业能力模型，以此作为开发的依据；提出转业军官可持续发展职业能力开发系统框架由开发主体、开发目标、开发模式和开发环境四个要素构成，它们相互依赖、相互影响，共同促成系统目标达成；分析转业军官可持续发展职业能力开发系统运行的环境资源，论证其运行的可行性，提出该系统的实施路径。

本书除前言共分九章：第一章介绍了研究背景、研究价值和研究框架，以方便读者了解研究思路；同时诠释了军队转业军官、转业干部、现退役官、职业能力、可持续发展职业能力等概念的内涵。第二章系统地梳理了我国转业军官群体的研究现状，从研究主体、研究视角、研究内容等方面作了分析评价，展望未来研究发展趋势。第三章在相关理论背景下构建理论研究模型，界定职业能力、职业发展质量变量因素，形成理论假设，进行探索性因子分析、相关分析和回归分析，研究职业能力对职业发展质量的影响。第四章在分析转业军官安置制度的经济、政治背景基础上，依据经济基础决定上层建筑的客观规律，论证转业军官安置制度适应市场经济需求并进行改革的必要性，简要阐述改革成果自主择业安置制度的基本内容，分析转业军官职业能力开发在安置制度改革过程中的地位与作用。第五章梳理分析我国转业军官职业能力及开发现状，分析存在的问题与成因；介绍美国、俄罗斯、英国、法国、日本等国家退役军官职业能力开发的目标、模式与渠道，并与我国转业军官职业能力开发做相应的比较，以期为转业军官可持续发展职业能力开发提供借鉴。第六章依据胜任力理论、职业发展理论，基于军官服役期间和退役后的整个职业生涯过程，研究转业军官可持续发展职业能力框架结构，为可持续发展职业能力的内容开发提供客观依据。第七章在相关理论基础上系统研究构建转业军官可持续发展职业能力开发系统框架，并对开发主体、开发目标、开发环境、开发模式的系统构成要素进行分析，提出该系统的实施路径。第八章分析环境资源对转业军官可持续发展职业能力开发系统的影响，具体分析政策资源、教育资源、技术资源、人才资源、资金资源和文化资源对系统运行的支撑价值，论证转业军官可持续发展职业能力系统运行的可行性。第九章概括总结研究的主要观点，阐述分析研究的创新点，明确研究中未尽之处和未来研究规划。

本书的理论价值在于有助于推动军队转业军官研究学科多元化。目前，在基础研究中，主要以军事学、历史学、社会学、经济学、法学、管理学（主要为政策、制度层面的公共管理）等为理论依据，研究转业军官安置制度模式、历史进程、社会保障制度等问题，缺乏以人力资源管理学科为依据，对军队转业军官职业能力开发的研究。而引入人力资源管理学科，强化人本理念，以可持续发展视角开发这一群体的职业能力，既可以为军队转业军官研究增加新的学科切入点，又可推动我国转业军官职业能力开发模式的多元化研究，继而强化我国转业军官安置制度的整体理论研究，并为退役军人安置研究提供启迪。

本书的应用价值主要体现在以下四个方面：一是为国家退役军人安置制度顶层设计提供理论依据，为各级政府转业军官安置部门管理者、军队退役安置管理者制定政策提供依据。二是研究如何开发转业军官可持续发展的职业能力，可有效提升就业竞争力，为转业军官选择自主择业扫清就业障碍，为转业军官自主择业安置制度实施提供运行条件，使安置制度改革进一步深化。三是转业军官退役后可获得持续、良好的发展，会对现役军官产生巨大的激励作用，使他们安心履行保卫祖国安全和社会稳定的职责，为我国社会经济发展提供必备的发展环境。四是引导更多转业军官走自主择业之路，既可以减少或摆脱政府安置转业军官的巨大压力，又可以发挥转业军官在地方的作用，助力个人的成长与发展，实现社会、转业军官、政府三方共赢的和谐发展。

本书得到多年从事军队转业军官安置工作，国务院军队转业干部安置小组办公室副巡视员、陆振兴博士的高度认可。陆振兴认为，本书研究"取得了系统、完整及创建性的研究成果，对推进军转安置工作改革发展，促进军队转业干部特别是自主择业转业干部人才资源的开发使用，健全完善中国特色退役军官安置制度，提供了重要的理论研究和对策建议支撑。"具体表现为三个方面：第一，"新"。本书针对自主择业转业干部"这一新事物进行了全新的深入研究探索，开创性地建立了军转干部可持续发展职业能力开发理论体系和实践操作模式，填补了研究空白，做了拓荒性的工作。"第二，"实"。"军转工作政治性、政策性强，但同时可操作性也很强。本书针对军转干部特别是自主择业军转干部到地方工作，就业、创业，发挥作用等方面遇到的实际问题，从可持续发展的职业能力建设、人才开发理念、国家和军队及社会开发主体、环境建设诸要素，进行了全面系统的理论构建，把'虚的东西研究得实实在在，展示了研究者的不凡功力。"第三，"现实指导性强"。本书立足军转改革发展实际，对扶持就业创业、培训、管理保障等提出对策建议，现实指导性强，比较准确地贯彻了党中央对军转工作改革发展的指示精神，为深化军转改革研究做出了贡献。

目 录

第一章 导论

第一节 研究背景与价值

一 研究背景

铁打的营盘流水的兵。军队的特殊性质和使命决定了军队军官必须有进有出，以保证军队的旺盛生机和活力。新中国成立60多年来，已有400多万军队转业军官安置到我国的各行各业[①]，形成了一个对社会稳定、和谐发展影响巨大的特殊社会群体。党和国家领导人都十分重视军转安置工作，也非常关心军队转业军官，在不同的历史时期都做出了重要指示，但基本精神是一致的。即转业军官是我国社会主义建设的重要人才资源，应妥善安置，使之各得其所。因此，军队转业军官转业后能否持续、稳定地成长与发展，已经成为非常重要的社会问题。

我国转业军官目前分为计划安置和自主择业两种方式。从目前的状况看，无论计划安置，还是自主择业，转业军官在职业发展过程中均遇到了困难，但其中有一个共同的原因，即地方工作所需要的职业能力不足。如何有效开发军队转业军官的可持续发展职业能力，成为急需研究的社会问题。

从实践看，国家和各级政府相关部门非常重视转业军官安置工作，但在军官培养和安置工作实践中重视转业军官工作岗位的获取和职务保障，忽略职业能力的系统开发。转业军官服役期间，军队重视军人职业能力的培养，地方工作专业能力培养基本没有涉及；在转业安置过程中

[①] 李斌、李宣良：《第五次全国军转表彰大会暨2009年军转安置工作会议在京召开》，《中国青年报》2009年6月3日第1版。

虽然对转业军官进行适应性、专业性和就业培训，但因为时间短、内容针对性不强、转业军官年龄大、缺乏学习积极性，导致培训效果不理想。

从理论研究看，转业军官安置及其相关的理论研究非常薄弱。表现为研究成果数量不多，内容大多集中在安置制度、问题对策研究，职业能力、就业能力开发及相关研究非常少，而且研究主体大多集中在军队院校学者、政府转业安置部门的管理者，地方学者鲜有关注。由此，加强转业军官安置的理论研究，引起更多学者的关注尤为重要。

基于上述背景，本书以可持续发展、系统开发为研究视角，探寻转业军官可持续发展职业能力的开发规律和对策，旨在为转业军官安置工作提供理论支持与实践借鉴，推动转业军官安置的理论与应用研究。

二 研究价值

（一）理论价值

本书有助于推动军队转业军官的研究学科多元化。目前，在基础研究中，主要以军事学、历史学、社会保障学、经济学等为理论依据，研究军队转业军官安置制度模式、安置制度的历史进程、军队转业军官的保障制度等问题，缺乏以人力资源管理学科为依据，对军队转业军官职业能力开发的研究。而引入人力资源管理学科，强化人本理念，以可持续发展视角开发这一群体的职业能力，既可为军队转业军官研究增加新的学科切入点，又可推动我国转业军官职业能力开发模式的多元化研究，继而强化我国退役军官安置制度的整体理论研究。

（二）应用价值

本书的应用价值主要体现在以下四个方面：

第一，为退役军人安置制度顶层设计提供理论依据，为各级政府转业军官安置部门管理者、军队退役安置管理者制定政策提供依据。

第二，为我国军队转业军官安置制度的深化改革提供理论支持，有效推动自主择业安置制度的推进。我国2001年改革军队转业军官安置制度，由计划安置一种方式改为计划安置和自主择业两种安置方式。自实施以来，选择自主择业安置的军队转业军官和制度设计的预期目标有较大距离，符合自主择业条件的转业军官选择自主择业安置方式的仅占40%①，其主要原因在于军队转业军官缺乏地方工作的职业能力。实践表明，军队转业军官中的技术人员和有一技之长者选择自主择业后均能顺利就业。由此，研究如何开发军队转业军官可持续发展的职业能力，可有效提升就业竞争力，为军队转业军官选择自主择业安置方式扫清就业障碍，为军队转业军官自主择业安置制度的实施提供运行条件，使安置制度改革进一步深化。

第三，稳定现役军官安心军营，为社会发展提供稳定的社会环境。军队转业军官转业后的发展状况，对于现役军官可产生巨大的示范效应。在军队服役的军官多数都要转业到地方工作，无论是计划安置还是自主择业，军队转业军官转业后可以获得持续、良好的发展，会对服役军官产生巨大的激励作用，使他们安心履行保卫祖国安全和社会稳定的职责，为我国社会经济发展提供必备的发展环境。而他们转业后的可持续发展，其职业能力是核心影响要素。有效开发军队转业军官可持续发展职业能力，可为他们转业后的良好发展提供职业能力保障。

第四，引导更多转业军官走自主择业之路，减少或摆脱政府安置军队转业军官的巨大压力，实现社会、转业军官和政府三方共赢的和谐发展。目前符合选择自主择业安置方式的转业军官选择比例不高，再加上不符合自主择业安置条件的转业军官，给地方计划安置军队转业军官带来巨大的压力。目前，主要是作为政治任务、通过增加编制方式来完成军队转业军官的计划安置，而职务数量的有限性使大部分军队转业军官安置时职务会降职，同时由于地方职业能力弱化减少了晋升机会。因此，有效开发军队转业军官可持续发展职业能力，可以引导更多转业军官选择自主择业安置方式，顺利实现转业后的再次就业，既可以发挥军队转业军官在地方的作用，又可以实现个人的成长与发展，减轻地方军队转业军官的安置压力。

---

① 曹舒昊：《创业培训的"国家实验"——走进首期全国自主择业军转干部创业培训实验班》，《中国人才·转业军官》2013年第10期，第42页。

第二节 研究框架

一 研究视角

（一）可持续发展视角

可持续发展是指"既能满足当代人的需要，又不对后代人满足其需要的能力构成危害的发展"。① 可持续发展思想一经提出，很快在世界范围内得到了认同，并被普遍接受，从人与自然的关系，演化成人与社会的关系。人们更看重的是它的发展理念以及它的构成原理。发展是可持续发展的前提；人是可持续发展的中心体；持续、稳定、长久的发展才是真正的发展。作为可持续发展中心体的人力资源，在其职业生涯发展过程中保持持续、稳定、协调、长期发展，也是可持续发展的应有之义。

军人职业劳动成果是国防这一特殊产品，其所需要的技能与地方各职业的技能需求差异很大，加之军队军官转业时平均年龄一般在30—40岁，经过了职业能力储备、开发的最佳时期。这样军队转业军官的地方职业能力弱化成为他们再次就业、持续发展的严重障碍。从计划安置的转业军官看，国家指令性分配工作，但接收单位大多作为政治任务被动接收，转业军官大多由于能力、年龄等因素发展不够顺利，年龄较大的一部分转业军官由于缺乏就业竞争能力被动选择计划安置；从选择自主择业的转业军官看，一部分转业军官由于缺乏地方就业技能或就业观念滞后不能就业。这些现象在一定程度上影响了军队转业军官安置制度改革的深入与推进，这一问题解决的核心环节是提升、开发军队转业军官的职业能力。因此，军队转业军官职业能力的开发要用可持续发展视角，使他们不仅具有军人从业的技能与能力，同时也具有地方工作的技能与能力，以便转业后迅速适应地方就业环境，顺利实现再次就业。

（二）系统开发视角

系统开发即用系统原理研究开发军队转业军官的职业能力，将军队转业军官职业能力开发过程视为一个开发系统，其由多个既有区别又有

---

① 世界环境与发展委员会：《我们共同的未来》，吉林人民出版社1997年版，第52页。

联系的要素构成。系统的整体性原理，是一般系统理论的核心思想。

　　一般系统理论是由美籍奥地利人、理论生物学家路德维希·冯·贝塔朗菲（Ludwig Von Bertalanffy）创立的，这为世界所公认。1937年，贝塔朗菲作为洛克菲勒基金会研究员，在芝加哥大学开设了一系列讲座，利用这一机会，他首次向公众宣传他尚处于酝酿之中的一般系统论原理。[①] 这一理论得到完整阐述是他在1968年发表的专著《一般系统理论：基础、发展和应用》，这被认为是一般系统理论的代表作。系统论的核心思想是系统的整体性和相关性。贝塔朗菲强调，任何系统都是一个有机的整体，它不是各部分的机械组合或简单相加，系统中各要素不是孤立地存在着，每个要素在系统中都处于一定的位置上，起着特定的作用。要素之间相互关联，构成了一个不可分割的整体。因此，要素、联系、结构、功能和环境是构成系统的基本条件。

　　20世纪60年代，美国管理学家卡斯特（F. E. Kast）、罗森兹韦格（Rosenzweig）、约翰逊（Johnson）将系统理论全面运用于组织管理，将系统观点引入管理学。1963年，他们发表的《系统理论和管理》一书，从系统概念出发，建立了组织管理的系统模式。1970年，卡斯特和罗森兹韦格又出版了《组织与管理——系统方法与权变方法》，进一步充实了这一理论。[②] 由此，系统管理理论形成，他们也成为系统管理学派的代表人物。组织机构是人们创造出来的一个由相互联系而共同进行工作的各要素组成的开放系统，其目的是实现组织和个人的预定目标，它同周围环境如顾客、竞争对手、政府部门等之间存在着动态的相互作用，并具有内外两部分的信息反馈网络，能不断地自行调节，以适应环境和自身的需要。

　　运用系统观点分析研究问题，就是把所研究和处理的对象当作一个系统，分析系统的要素、结构、联系、功能和环境，在此基础上做出决策和措施选择。在军队转业军官的职业能力开发研究中引入系统观点，将开发过程视为一个系统。这个系统由开发主体（部队管理机构、地

---

①　陈蓉霞：《贝塔朗菲：人文系统理论的先驱者》，《自然辩证法通讯》1995年第1期，第67页。

②　朱睿、邹珊刚：《系统管理的过去、现在和未来》，《系统辩证学学报》1994年第3期，第69页。

方军队转业安置机构、军队转业军官个体）、开发内容、开发模式、开发环境资源等要素构成，系统中的各要素居于开发的不同过程中，具有不同的地位和开发任务，却为了一个共同的系统目标而相互作用，即实现退出现役转业军官的持续、良好发展，更好地发挥转业军官在地方社会管理和经济建设中的作用。因此，军队转业军官的职业能力开发研究就不能单纯地研究某一个要素的作用，而是围绕着系统目标形成合力，每一个开发职业能力的举措都要放入系统中分析其价值。

二　研究思路

本书研究军队转业军官这个特殊的社会群体，社会对这个群体知之甚少，理论界对这个群体的研究也比较少。因此，本书在可持续发展理论、人力资本理论、职业理论和职业能力开发等理论基础上确定了研究思路：①界定研究框架与核心概念。梳理国内军队转业军官安置制度研究的现状，分析研究中的弱点与不足，对未来研究提出建议。②运用实证研究的方法，对转业军官职业能力对职业发展质量的影响进行相关性分析和回归分析，证明职业能力对转业军官职业发展质量的正向影响，作为转业军官可持续发展职业能力开发的客观依据；同时运用理论分析方法，论证转业军官职业能力开发的客观必然性。③提出问题，分析军队转业军官职业能力开发现状，对存在问题研究探讨；比较分析国外退役军官职业能力开发的机制与方法，以期为我国军队转业军官职业能力开发提供借鉴。④对开发军队转业军官可持续发展职业能力系统中的各主体及环境进行分析，构建社会立体开发体系，提出开发军队转业军官可持续发展职业能力的对策与方法，并从环境资源分析论证开发系统运用的可行性。⑤分析研究过程中的不足之处，展望研究趋势，以期未来更深入研究，为丰富军队转业军官安置的理论研究和应用研究抛砖引玉。

三　研究方法

任何真正有效的科学研究过程，都是灵动的、丰富的，对于人类社会活动，尤其是复杂的现代社会结构和过程，单一的认识方法是无法胜任的。① 由此，在研究过程中综合运用多种研究方法展开研究。

文献研读法。主要用于概念界定和整体理论研究，通过查阅大量理

_____

① 朱红文、冯周卓：《社会科学方法论研究的意义和视角》，《求索》2003 年第 5 期，第164 页。

论、历史文献，广泛收集资料，以期能够准确界定相关研究概念，具体、详细论证转业军官职业能力开发的客观必然性。

问卷调查、量表测验、深度访谈法。主要用于了解转业军官职业能力状况和职业能力开发状况，以获取尽量多的信息资料，为研究的科学性、客观性打下基础。

比较研究法。主要用于军队转业军官职业能力开发对策与方法的研究，通过分析国外退役军官安置制度和职业能力开发的途径、方法，为我国军队转业军官职业能力开发提供借鉴。

系统分析法。主要用于转业军官可持续发展职业能力开发系统构建研究，分析部队、政府、社会、个体在职业能力开发系统中的角色职责，以期共同发挥作用，形成转业军官可持续发展职业能力的合力。

量化分析法。依据问卷、访谈获得的信息数据，运用相关性分析、回归分析等研究方法，进行转业军官职业能力对职业发展质量的影响研究。

四　研究范围

《中华人民共和国兵役法》（2011年第三次修正）第六十三条规定：军官退出现役，国家采取转业、复员、退休等办法予以妥善安置。作转业安置的，按照有关规定实行计划分配和自主择业相结合的方式安置；作复员安置的，按照有关规定由安置地人民政府接收安置，享受有关就业优惠政策；符合退休条件的，退出现役后按照有关规定作退休安置。《中华人民共和国现役军官法》第四十九条规定：军官退出现役后，采取转业由政府安排工作和职务，或者由政府协助就业、发给退役金方式安置；有的也可以采取复员或者退休的方式安置。由此可知，我国目前军官退出现役的主要形式为转业、复员和退休三种形式。

转业是军队军官退出现役的主导方式，复员是军队士兵退出现役的主渠道，离休是担任师职以上职务和高级专业技术军官退出现役后的主要安置方式。复员只涉及极少部分军队军官，主要是违反军纪的军队军官，一般军队军官选择转业或退休方式退出现役。退休是离职休养，不存在再次就业问题，而本书主要研究转业安置的转业军官再次就业的相关问题。因此，本书以作转业安置的军官为研究对象，不包括转业安置的志愿兵中的中高级士官。

第三节　军队转业军官职业能力开发
研究相关概念界定

一　军队转业军官

军队转业军官的称谓源于"军队转业干部",界定军队转业军官的内涵需厘清转业和军队转业干部的内涵与外延。

(一)转业

转业是军队干部退出军队的主要安置方式。依据《中华人民共和国现役军官法》的规定,我国军队军官退出现役的方式为转业、复员和退休三种安置方式,每种安置方式的条件、待遇等均不相同,对此进行梳理和分析。

1. 转业

转业一般是指从一种职业转换到另一种职业。实践中,则特指军队军官退出现役由国家提供就业岗位的人力资源配置活动。我国学者从军事学、人事学、劳动保障学等学科角度对转业作了不同界定。

从军事学角度出发,侧重军人身份的转变和工作环境的变化。《军队建设大词典》(1994)对转业的解释为:转业指中国人民解放军在职军官、文职干部和志愿兵退出现役,分配到国家机关、企业、事业单位工作或参加生产。①《中国军事大辞海》(2010)对转业的解释为:军官转业指军官退出现役转业地方,由政府根据工作需要和本人情况按规定分配适当工作。②《军队建设大词典》对转业对象的外延界定较宽,将志愿兵包括进去,1998 年的《中华人民共和国兵役法》规定,部分志愿兵可作转业安置。第五十八条规定:志愿兵服役满三十年或年满五十五岁的作退休安置,根据地方需要或本人自愿也可以作转业安置。③

从人事学角度,侧重转业干部的工作岗位转换和干部身份;从性质

---

① 黄玉章、程明群、王亚民编:《军队建设大词典》,华夏出版社 1994 年版,第 422 页。
② 《中国军事大辞海》编写组编:《中国军事大辞海》第 2 卷,线装书局 2010 年版,第1300 页。
③ 《中华人民共和国兵役法》(1998)第五十八条。

上界定，我国人事管理的专业词典关于转业解释的条目是"转业换岗"①，是指军队转业军官安置工作的特定性质。中国人民解放军的战士（包括军事院校的学员），自提升为排职之日起，就成为国家的正式干部。他们退出现役，分配到国家机关、企业、事业单位工作，只是工作岗位的转换，属于调动工作的性质，各级人事部门和军转工作部门，根据他们的德才表现，分配适当工作，予以妥善安置。②

2. 复员与退休

复员，是我军最早形成的军人退役安置形式。革命战争时期，通常称为"退伍""退伍回家""回乡""遣送回籍"。新中国成立后，复员安置主要用于退役士兵，由人民政府扶持自主就业，国家不负责分配工作。退休安置不涉及再次就业问题，其生活所需由国家负责。在此，仅对转业和复员安置方式进行比较分析。从整体来看，转业与复员安置方式其适应对象的侧重点、资格条件、安置待遇、管理部门不同，但均属于军人退役的安置方式。因此，转业与复员既有区别又有联系，具体内容的比较如表 1-1 所示。

表 1-1　　　　　　　　转业与复员的关系

比较项目	转业	复员
适应对象	军官、办事员级以上职务的军队文职人员、中高级士官	义务兵、初级士官、自愿选择复员的军官
资格条件	团职及其以下职务军官；初级、中级专业技术的军官；服役十二年以上的中高级士官	义务兵服役满两年期限，未转为志愿兵的服役不满十二年的初级士官
安置待遇	计划安置的政府安置工作和职务；自主择业的逐月领取退役金	政府协助就业，领取一次性退役金
管理部门	人力资源和社会保障部转业军官安置司	民政部优抚安置局
性质	两者性质相同，均是军人退出现役的安置方式	
目的	两者目的相同，旨在精简部队，保持军队的战斗力和活力	

① 孙长贵、耿彭年、朱侗荣主编：《人事管理简明词典》，江苏人民出版社 1988 年版，序言。

② 同上书，第 113 页。

需要说明的是，虽然在《人事管理简明词典》中强调转业是一种军队军官的岗位转换，"干部"身份不变，但从目前现实状况看，国家"干部"的构成人员已经分解，并各自依法管理，有各自的称谓，而且军队军官的转岗是从部队到地方工作，其工作环境、管理方式截然不同。因此转业不仅仅是军队军官的一种岗位转换，也和复员一样是退出现役的安置方式，两者性质相同。

（二）军队转业干部

军队转业干部是指退出现役的军队干部，包括军官和担任文职干部的人员。军队转业干部内涵和分类随着军队转业干部安置方式的改革而发生了相应的变化。2001 年 1 月 19 日，中共中央、国务院、中央军委发布《军队转业干部安置暂行办法》（以下简称《暂行办法》），军队转业干部安置方式由单一的计划安置改革为计划安置和自主择业两种方式。由此，对转业干部的概念界定也随之发生变化。

《暂行办法》颁布之前，军队转业干部是指退出现役被分配到国家机关、企业、事业单位工作的军队干部（含成建制单位改编为国家机关、企业、事业等单位工作的军队干部）。军队转业干部按照习惯分为师职干部、团职干部、营连排职干部和专业技术干部四大类。① 后三类干部具体内容如表 1 - 2 所示。

《暂行办法》颁布之后，军队转业干部指退出现役由党和政府统一安排工作及职务和退出现役在政府协助下领取退役金、自主选择职业及自主创业的军队干部。由此，因转业安置方式不同，军队转业干部分为计划安置转业干部和自主择业转业干部两大类，作计划安置的转业干部分类仍可按照《暂行办法》颁布之前的分类。

军队转业干部内涵的界定变化主要体现在安置方式方面。《暂行办法》颁布之前主要是指分配工作的军队转业干部；《暂行办法》颁布之后，不仅指计划安置的军队转业干部，而且包括选择自主择业的军队转业干部。

军队转业干部的分类变化主要体现在分类的标准不同，《暂行办法》颁布之前主要依照军队转业干部的职务等级分类；《暂行办法》颁

---

① 中国人民解放军空军政治部编：《军队干部实用手册》，湖北科学技术出版社 1985 年版，第 10—11 页。

布之后主要依照军队转业干部安置的方式进行分类，即计划安置和自主择业。

表1-2　　团职干部、营连排职干部、专业技术干部具体内容

职务名称	具体内容
团职干部	系指原在部队担任正副团长、政委、科长（含军的机关正副处长）及各类定位团职参谋、干事、助理人员等
营连排职干部	系指原在部队担任正副营长、政治指导员、股长（含师级机关副科级）、正副连长、政治指导员、排长及各类定为营连排职参谋、干事、助理人员等
专业技术干部	系指原在部队担任团职以下各级科技管理干部；原在部队直接从事各种专业技术职务的干部；原在部队专门从事各类外文工作的干部；原在部队专门从事文艺、体育、创作等工作的干部；原在部队从事医务工作的干部；原在部队从事教学、科研等工作的干部

资料来源：依据中国人民解放军空军政治部编《军队干部实用手册》（湖北科学技术出版社1985年版）第10—12页编制。

（三）军队转业军官

1. 转业军官与退役军官

退役军官是相对于现役军官而言的一个概念。需要澄清的是，退役军官和现役军官的概念外延不同，退役军官外延大于现役军官的外延，现役军官不包括军队文职人员，退役军官包括具有初级以上专业技术职务或者办事员级以上职务的军队文职人员。由此，可以认为军官可以从广义和狭义两个角度界定。

广义的军官包括具有初级以上专业技术职务或者办事员级以上职务的军队文职人员，狭义的军官依据《中华人民共和国现役军官法》（2000）的规定，是指任命为排级以上职务或者初级以上专业技术职务，并被授予相应军衔的现役军人，不包括文职人员。这样，转业军官中的"军官"是广义的，可和"军队干部"通用；现役军官中的"军官"是狭义的，仅指授予军衔的"军队干部"。这种界定和法学范畴中的"法律"概念的界定是类似的，广义的法律泛指国家制定认可的并有国家强制力保证实施的规范性法律文件，在一般用语中常和"法"通用，如"法律面前，人人平等"；狭义的法律特指由全国人民代表大

会及其常委会通过的规范性法律文件，一般用于专业术语，如我国社会主义法的渊源主要可以分为宪法、法律（狭义）、国家最高行政机关的行政法规和其他规范性文件、地方国家机关制定的地方性法规、政府规章和其他规范性文件。① 厘清转业军官和现役军官的外延，对于科学运用军官这一称谓具有指导意义。

2. 军队转业军官

军队转业军官一般指退出现役的军官和具有初级以上专业技术职务或者办事员级以上职务的军队文职人员，通常和"军队转业干部"通用。转业军官中的"军官"是广义的，其外延与转业干部中的"干部"相同。随着我国人事制度改革的深入，国家机关、事业单位、企业单位和军队中的干部实施分类管理，使用体现职业性质的公务员、检察官、法官、教师、职业经理、军官等称谓，而对"干部"的使用仅仅在理论研究领域，但在转业军官安置领域仍使用"干部"称谓。

转业军官安置领域系统"干部"一词的使用，主要是转业安置工作中的军队干部转业安置法规和转业政策及少数安置机构称谓。如《军队转业干部安置暂行办法》（中发〔2001〕3 号），国家层面上的安置工作机构"国务院军队转业干部安置工作领导小组"，地方政府层面大多也是这个称谓。军队组织系统主要是省军区转业干部办公室。而在关于军队干部转业的理论研究和地方军队干部转业安置机构名称中，大多已改称为转业军官，如人力资源和社会保障厅的部门机构"转业军官司""中国转业军官培训中心"。基于上述转业军官的管理现状，"转业干部"一词的使用也应与时俱进，由转业干部改为转业军官。

使用"转业军官"称谓有利于安置工作的规范化和统一化。目前，在转业军官具体安置工作中，没有统一的称谓规范，法规政策、工作机构称谓、新闻媒体中的称谓各有不同。上述这种现象既不利于安置工作的规范划一，又不方便社会各界公众了解转业军官这个群体。使用"转业军官"这一称谓，则可使这些问题得到有效解决。

使用"转业军官"称谓有利于转业军官安置制度的理论研究。从理论研究看，学者基本使用"退役军官"或"转业军官"称谓。查阅大量相关文献结果显示，不管是研究退役军人安置制度的，还是研究转

---

① 孙国华主编：《法理学教程》，中国人民大学出版社 1994 年版，第 48、394 页。

业军官安置制度的，大多不再使用"干部"称谓，越来越多的学者倾向于转业军官或退役军官的称谓，以便和国际接轨。

本书在研究过程中采用"转业军官"的称谓，并将转业军官界定为：军队转业军官是指退出现役由党和政府统一安排工作及职务和退出现役在政府协助下领取退役金、自主选择职业和自主创业的军队军官，以及具有初级以上专业技术职务或者办事员级以上职务的军队文职人员。军队转业军官依据转业安置方式不同，分为计划安置转业军官和自主择业转业军官两大类。这里是广义的"军官"。

二 职业能力

（一）职业

职业是随着社会生产力水平的提高，社会分工的开始而产生的，并且随着社会进步其分类日益细化。我国劳动和社会保障部信息中心2002 年 3 月发布的《劳动力市场职业分类与代码（LBSOI—2002）》根据实际工作需要，将职业分为 6 大类、56 个中类、236 个小类、17 个细类，用于劳动力市场中的职业介绍、就业培训以及与此相关的统计、信息分析工作。[1]

职业从词义学角度看，"职"包含社会职责、天职、权利和义务；"业"包含着从事业务、事业、事情、独特性工作。[2] 美国传统字典里"occupation"一词的解释是"An activity that serves as one' regular source of livelihood"，即用于成为某个人正常生活来源的一项活动。[3] 对于"职业"一词的内涵，国内外学者从不同的角度进行了研讨，对其内涵做出了多种界定。

1. 国外学者对职业的定义

美国学者迈克尔·曼主编的《国际社会学百科全书》认为，职业这一术语最初是表示从事法律、教会、医疗和军事服务等传统意义上的"自由的职业"。"职业乃是作为具有自我利益的职业群体在分工中力图

① 郭宇强：《我国职业结构变迁研究》，博士学位论文，首都经济贸易大学，2007 年，第 31 页。

② 姚裕群：《怎样求职、谋业、调动——职业问题面面观》，中华工商联合出版社 1995 年版，第 5 页。

③ 郭宇强：《我国职业结构变迁研究》，博士学位论文，首都经济贸易大学，2007 年，第 19 页。

保护和维持其垄断领域而予以运用的工具"。国家通过对某一职业群体的社会承认和对其职业地位的法律有效性的认可，直接介入和发展了职业领域。①

美国社会学家泰勒在其名著《职业社会学》中阐述了职业内涵，他认为，"职业的社会学概念，可以解释为一套成为模式的、与特殊工作经验有关的人群关系。这种成为模式的工作关系的整合，促进了职业结构的发展和职业意识形态的显现"。②

日本社会学家尾高邦雄认为，职业是某种一定的社会分工或社会角色的可持续实现。因此，职业包括工作、工作地场所和地位，职业是社会与个人或者整体与个人的结合点。通过这一点的动态相关，形成人类社会共同生活的基本结构。整体靠个体通过职业活动来实现，个体则通过职业活动对整体的存在和发展做出贡献。③

美国社会学家塞尔兹认为，构成职业范畴的三要件是技术性、经济性和社会性，据此职业可表述为：一个人为了不断取得个人收入而连续从事的具有市场价值的特殊活动，这种活动决定着从业者的社会地位。④

日本劳动问题专家保谷六郎认为，职业是有劳动能力的人为了生活所得而发挥个人能力，向社会做贡献的连续活动。而职业有五个特性：第一，经济性，即从中取得收入；第二，技术性，即可发挥个人才能和专长；第三，社会性，即要承担社会的生产任务（社会分工），履行公民义务；第四，伦理性，即符合社会需要，为社会提供有用的服务；第五，连续性，即所从事的劳动相对稳定，是非中断的。⑤

美国著名教育家、实用主义哲学家杜威认为，职业是人们"从中可以得到利益的一种生产活动"。

---

① 郭宇强：《我国职业结构变迁研究》，博士学位论文，首都经济贸易大学，2007年，第19页。
② 姚裕群：《怎样求职、谋业、调动——职业问题面面观》，中华工商联合出版社1995年版，第5页。
③ 郭宇强：《我国职业结构变迁研究》，博士学位论文，首都经济贸易大学，2007年，第19页。
④ 同上。
⑤ 姚裕群：《怎样求职、谋业、调动——职业问题面面观》，中华工商联合出版社1995年版，第5页。

2. 国内学者关于职业内涵的界定

我国《职业分类大典》中职业的定义是："从业人员为获取主要生活来源而从事的社会工作类别。"[1]

姚裕群（1995）认为："所谓职业是指人们从事的相对稳定的、有收入的、专门类别的工作。它是对人们的生活方式、经济状况、文化水平、行为模式、思想情操的综合性反映，也是一个人的权利、义务、权力、职责，从而是一个人社会地位的一般表现。"[2]

潘锦棠（1992）认为："职业是劳动者能够稳定从事并赖以生活的工作。"[3]

刘艾玉（1999）认为："职业是劳动者为了生活所得而发挥个人能力，在社会分工体系中从事的相对稳定的、有报酬的、专门类别的工作以及由此获得的一种特定的劳动角色。"[4]

程社明（2003）把职业定义为："参与社会分工，利用专门知识、技能为社会创造物质财富、精神财富，获取合理报酬作为物质生活来源，并满足精神需求的工作。"[5] 强调职业中个人与社会、知识技能与创造、创造与报酬、工作与生活的关系。[6]

国外学者对于职业内涵的定义，主要从社会学、劳动经济学等学科对职业活动的目的、现象和社会环境等方面进行界定；国内学者则强调职业为一种职位类别和其经济属性，即通过职业活动获取报酬。

在以上梳理分析的基础上，本书认为，职业定义还应说明作为类别的依据和其稳定特点，由此将职业定义为：劳动者个体从事的工作性质相同或接近的、相对稳定的、有固定收入的职位的统称。

（二）能力

能力作为职业能力的上位概念，是厘清职业能力内涵的基础和前提。关于能力概念的界定，国内外学者从不同学科角度研究和探讨，形

---

① 赵志群：《关于职业研究》，《职教论坛》2010 年第 18 期，第 1 页。

② 姚裕群：《怎样求职、谋业、调动——职业问题面面观》，中华工商联合出版社 1995 年版，第 5 页。

③ 潘锦棠：《从社会学角度谈职业概念》，《教育与职业》1992 年第 6 期，第 33 页。

④ 刘艾玉：《劳动社会学》，北京大学出版社 1999 年版，第 58 页。

⑤ 程社明：《职业生涯的开发与管理》，《中外企业文化》2003 年第 2 期，第 37 页。

⑥ 郭宇强：《我国职业结构变迁研究》，博士学位论文，首都经济贸易大学，2007 年，第 19—20 页。

成了基于不同学科视角的能力概念。我国学者吴晓义和杜晓颖（2006）从心理学、哲学和职业能力开发三个学科对能力定义进行了归纳和梳理。①

1. 心理学视角的能力概念

能力在英文中表述为"ability"。英国著名心理学家斯皮尔曼（C. E. Spearman）的里程碑性著作《人的能力：它们的性质与量度》（*The Ability of Man：Their Nature and Measurement*）。而在其他英文版的心理学著作和学术论文中，有关"能力"的英文表达也都是"ability"。

何为能力？目前心理界尚无统一的概念，其中较有影响的界定方式主要有三种。①"潜能说"。认为能力即潜能，是"人在特定情境当中无数可能行为的表现"。美国心理学家奥图（H. A. Otto）等持这种观点。②"动态知识技能说"。认为能力不是表现在知识、技能本身上，而是表现在掌握知识、技能的动态上，即操作的速度、深度、难度和巩固程度。苏联心理学家彼得罗夫斯基等持这种观点。③"个性心理特征说"。认为能力是"作为成功地完成某些活动的条件的那些个性心理特征"，或"能力是符合活动要求影响活动效果的个性心理特征的综合"。苏联心理学家斯米尔诺夫和我国学者李孝忠、叶弈乾等持这种观点。

目前，在我国影响最大，使用最多的是第三种观点："个性心理特征说"。个性心理特征说认为，能力概念包含两方面内容。首先，能力是和活动紧密相连的，离开了具体活动，能力就无法形成和表现。例如，一个有绘画能力的人，只有在绘画活动中才能施展自己的能力。其次，能力是顺利完成某种活动直接有效的心理特征，而不是顺利完成某种活动的全部心理条件。因为成功完成某种活动受许多主观因素影响，如知识经验、性格特征、兴趣与爱好等，但这些因素都不直接影响活动的效率，不直接决定活动的完成，而只有能力才有这种作用。

心理学研究表明，要成功地完成某种复杂的活动，仅仅具备一种能力是不够的，通常还需要多种能力的完备结合。

2. 哲学视角的能力概念

哲学家认为，心理学家低估了能力的意义和价值，从人生价值和社

---

① 吴晓义、杜晓颖：《能力概念的多维透视》，《吉林工程技术师范学院学报》2006 年第 22 卷第 4 期。

会发展层面界定了能力概念。我国学者韩庆祥、雷鸣（2005）认为："能力是人的综合素质在现实行动中表现出来的正确驾驭某种活动的实际本领、能量，是实现人的价值的一种有效方式，也是社会发展和人生命中的积极力量。"① 他们从哲学、人学的角度将能力内涵归纳为八个方面：①从能力基础看，能力是人的综合素质在实践中的外化表现。人的素质是能力的内在基础，是人的内在本质力量，而人的能力则是人的内在素质的外在表现、实现和确证，具有显现性，是人的内在本质力量的外在体现。②从能力一般内容结构看，能力具有全面性，主要包括潜能、体力、智力、情感、意志力、精神力量、实践能力（含专业技能）、德力（指主体对社会行为准则或规范的认识、理解和领悟并据以遵循、外化的能力）八个方面。③从能力水平看，能力具有可测性，指人驾驭各种活动的本领大小和熟练程度。④从能力发挥合理性看，能力具有受动性和方向性，受道德和理性的引导。⑤从能力发挥效果看，能力具有功能性，指人的实际工作表现及其所达到的实际成效。⑥从能力发挥载体看，能力具有经验观察性和可确证性。能力是人在某种实际行动或现实活动中表现出来的、可以实际观察和确证的实际能量。能力如何决定着人对活动范围和活动领域的可选择度。⑦从能力发挥价值看，能力是实现人的价值的一种方式，具有"本位性"。即只要发挥能力、有付出，就一定有回报。⑧从能力发挥作用看，能力是相对于权力、金钱、人情关系，左右社会发展和人生命运的一种积极力量，具有属人性。"能力"对于人及其人生来说，涉及"人靠什么立足（方式）"、"人追求什么（目的）"和"实现什么（效果）"这三大有关人生价值和人生命运的问题。

韩庆祥教授在《建构能力社会——21 世纪中国人的发展图景》一书中从哲学视角对能力特征做了进一步分析，将能力特性概括为：①经验观察性和可确证性。能力是可以通过人的现实活动、实际工作表现和成效在经验上可以观察和确证的，是可直接把握和可确定的。②现实性。能力既可以直接具体作用于现实活动以及社会和人的发展，又可以直接表现为一种左右社会和人的发展的现实力量，同时还要求人应现实

---

① 韩庆祥、雷鸣：《能力建设与当代中国发展》，《中国社会科学》2005 年第 1 期，第 23 页。

地发挥实际作用。③全面性。能力不只是指某一方面的能力，而是指人的全面能力或综合能力。④质量性。能力既有本领大小和水平高低的问题，也有一个其发挥是否合理、是否正确的性质问题。⑤做事的实效性。强调和重视能力，就是要进行现实行动，并力求使做事达到最佳效果，追求实效。⑥一致性。拥有能力的人，其内外人格一致，能力不可伪装。⑦属人性。能力是人本身内在固有的一种力量，而不是外在赋予和恩赐的，而且对人的存在和发展具有根本的意义和作用。

3. 职业能力开发视角的能力概念

在职业能力开发领域，能力的英文对应词是"competency"，而不是"ability"。如产生于美国和加拿大著名的"能力本位教育"（Competency - Based Education，CBE）。① "competency"是一个表示人的行为特征的概念，这一特征与他在某一工作中的效率或最优表现之间存在一种因果关系（R. Boyatzis，1982）。②

在能力本位教育发展历史上先后出现过三种不同的能力概念：行为主义的能力概念、普通的或一般的素质的能力概念和整合的能力概念。对于这三种能力概念，澳大利亚著名职业教育专家高科兹（Gonczi）和我国石伟平教授都曾经作过较为深入的剖析。

行为主义把能力看成一系列孤立的行为，认为能力与完成每一项工作任务相联系，它既可以分解，也可以测量。这种强调任务技能、注重能力目标行为化的能力观，对 CBE 后来的发展产生了深远的影响，在加拿大等一些国家实施的 CBE 和 CBET 体系中仍可清晰地看到它的痕迹。行为主义的能力概念适合于可操作性强的简单工作。③

普通的或一般素质的能力概念是将能力视为具有普遍适应性的一般素质，认为一般素质对于有效操作行为是很重要的，一般素质既是掌握具体的任务技能的基础，也是促进个体能力迁移的基础。一般素质的能力概念考虑到了行为主义的能力观在专业性教育中遇到的困难，注重一

---

① 转引自吴晓义《"情景—达标"式职业能力开发模式研究》，博士学位论文，东北师范大学，2006 年，第 23 页。

② ［英］史蒂芬·皮尔比姆、马乔里·科布纳基：《人力资源管理实务》，廉晓红、贺靖雯译，经济管理出版社 2005 年版，第 538 页。

③ 转引自吴晓义《"情景—达标"式职业能力开发模式研究》，博士学位论文，东北师范大学，2006 年，第 23 页。

般素质的培养，如基础知识、基本技能、现场技能、知行技能等必要的技能。但普遍适用性的一般素质，并不能取代与就业岗位直接相关的特定职业能力。①

整合的能力概念将一般素质与具体的工作情境结合起来，确定能力的内涵。它认为，能力是个体在现实的职业工作表现中体现出来的才智、知识、技能和态度的整合。整合的能力概念是由美国学者盖尔（Larrie Gale）和波尔（Gaston Pol）首先在《能力：定义与理论框架》一书中提出的："能力是与职位或工作角色联系在一起的，胜任一定工作角色所必需的知识、技能、判断力、态度和价值观的整合就是能力。"② 这种界定一定程度上避免了前两种能力观的局限，并能辩证地看待个体的一般素质及其在职业任务中的操作表现，将一般素质与具体工作情境联系起来，具有一定的合理性。

澳大利亚职业教育家桑德伯格（Sandberger）认为，上述三种能力观虽然有较大的差别，但其本质都属于典型的特质观，严重忽视了有意义的实践工作经验在能力形成中的作用。为此，他从现象学的观点出发，提出了界定能力的解释性方法。提出了能力形成的情境观，即人在完成各种任务时，总是有意识地运用各种以往的经验，并在以往经验和新情境的结合中寻找解决问题的办法。③ 这一界定方式考虑到了人在能力形成过程中的主动性。

目前，在各国职业能力开发和能力本位教育领域虽然对能力的界定还存在诸多争议和模糊认识，但就总体而言，整合能力观和能力形成的情境观正被越来越多的人所接受。④ 本书研究军队转业军官这一特殊群体的职业能力开发，其素质特点具有独特性，由此也认同整合能力观和能力形成的情景观。

（三）职业能力

能力作为职业能力的上位概念，国内外学者从心理学、哲学、职业

---

① 石伟平：《比较职业技术教育》，华东师范大学出版社2001年版，第299—300页。
② 转引自吴晓义《"情景—达标"式职业能力开发模式研究》，博士学位论文，东北师范大学，2006年，第23页。
③ 同上书，第25页。
④ 同上。

能力开发视角对其内涵作了多种探讨和研究，形成了多种观点的概念界定。而关于职业能力的定义界定，国内外众多学者的研究大多从职业能力开发视角出发，从职业能力的外延、结构、层次、形成过程等不同角度，形成了多样化的职业能力概念，但至今也未形成一个公认的概念。由此，职业能力概念的系统梳理，对于职业能力开发研究尤为必要。

1. 国外学者和组织对职业能力概念的界定

（1）国外学者对职业能力概念的研讨。英国学者曼斯菲尔德（Bob Mansfield）提出，职业标准的建立实际上是依据一种有关能力的观念。他认为，能力观有"狭义"与"广义"之分。狭义的能力观以任务为本，依据这种能力观念所开发的"职业标准"框架往往不能满足现代经济的需求。当前社会对常规性专门工作技能需求正在减少，经济发展需要大批适应能力强、具有灵活性的工人、技术人员与管理者。为此，曼斯菲尔德给"能力"作了如下表述：在具有相关压力与各种实际工作环境中，能根据职业所要求的标准（而非根据"培训"标准或脱离产业现实的标准）履行全部的工作角色。[①] 曼斯菲尔德在这里使用的能力属于职业能力开发的范畴，实际是指职业能力。

德国社会教育学家梅滕斯（D. Mertens）在 1972 年给欧盟的报告《职业适应性研究概览》中第一次使用了"关键能力"的概念，1974年《关键能力——现代社会的教育使命》对其进行了系统阐述。[②] 他认为，关键能力是那些与一定专业实际技能不直接相关的知识、能力和技能，它更是在各种不同场合和职责情况下作出判断选择的能力；胜任人生生涯中不可预见各种变化的能力。关键能力主要包括基础能力、职业拓展性要素、信息获取和加工能力、时代关联性要素。

梅滕斯的关键能力概念和能力结构模型提出后在德国教育界引起了激烈讨论，里茨（Reetz）和劳尔·厄恩斯特（Laur Ernst）对关键能力理论做出重要发展，使其不再因其过于抽象而成为理论上的空谈，使其在职业教育实践中具有实际内容。到 20 世纪 80 年代，德国学者对关键能力的讨论，逐渐演化成了对职业行动能力这一概念的讨论，并对职业

---

① 石伟平：《职业能力与职业标准》，《外国教育资料》1997 年第 3 期。
② 唐以志：《关键能力与职业教育的教学策略》，《职业技术教育》2000 年第 7 期，第 8 页。

行动能力的内容达成共识，由专业能力、方法能力、社会能力和个性能力四个部分组成。[①]

德国学者职业能力研究主要是在职业教育基础上，从职业能力的功能外延进行探讨。"关键能力的概念提出后，被普遍接受并得到进一步发展，能力的概念在八九十年代被广泛地应用于教育领域，关键能力也成为学校教育学的一个基本概念。与此同时，对关键能力内涵的论述也多种多样。有人做过统计，1974 年关键能力的定义有 12 种，1986 年为 46 种，1988 年达到 78 种，目前已超过 500 种。"[②]

马尔德、韦格尔和柯林斯（Mulder，Weigel and Collins，2007）将职业能力定义为：综合运用知识、技能和态度的潜能；托尔（Torr，2008）认为，职业能力涉及五个领域，即认知、技术、法律与道德、组织以及人际与内省，并指出个体整合与这五个领域相关的知识、技能和行为的本领越大，其职业能力也越强；反之，无法整合其中任何一个领域的知识、技能和行为的个体将被视作不具备职业能力。[③] 托尔不仅研究了职业能力的内容构成，而且提出了个体在对职业能力整合过程中对职业能力水平的重大影响。

德斯特与温特顿（Le Deist and Winterton，2005）认为，世界各国对职业能力的界定趋向于多维性和整体性，也更注重对他国职业能力理念的研究与借鉴，这有可能促使全球性职业能力观的形成。[④] 这一观点预测了职业能力观的发展趋势。

（2）国外组织对职业能力概念的界定。国际劳工大会对职业能力做了如下描述：职业能力是个体获得和保持工作，在工作中进步，以及应对工作生活中出现变化的能力；美国教育与就业委员会给出的定义是：职业能力是获得和保持工作的能力，进一步说，就是在劳动力市场

[①]　徐朔：《"关键能力"培养理念在德国的起源和发展》，《外国教育研究》2006 年第 6 期。

[②]　唐以志：《关键能力与职业教育的教学策略》，《职业技术教育》2000 年第 7 期，第 8 页。

[③]　转引自吴菲、徐朔《职业能力及其相关概念辨析》，《中国职业技术教育》2011 年第 27 期，第 23 页。

[④]　同上。

内通过充分的就业机会实现潜能的自信。①

　　澳大利亚职业能力的内涵在社会需求发展过程中丰富和完善。1991年7月，费恩委员会完成的"青年人参与义务教育后之教育与训练"报告提出，正式确定青年人必须为未来职业进行必要的预备学习，定名为与职业相关的关键能力（综合职业能力），无论未来继续升学还是走上职业训练轨道，关键能力的想法同样适用，且是国民必须达成的基本目标。费恩委员会所认定的综合职业能力有六个方面：语言与沟通；数学；科学与科技的理解；文化理解；解决问题；个人与人际间的特质。1992年9月，梅尔委员会提出总报告，将综合职业能力扩展为七大项，具体包括收集、分析、组织信息；沟通想法和信息；规划与组织活动；与他人团队合作；运用数学观念与技艺；解决问题；运用科技。企业界提出的就业能力框架则包含沟通技能；联合作业技能；解决难题能力；主动和进取精神；计划和组织能力；自我管理能力；学习能力；技术能力八项内容，增加了个体品质特征。②

　　2. 国内学者对职业能力概念的界定

　　国内学术界有众多学者对职业能力概念进行了多种视角的研究，其观点众多，综合职业能力说、职业能力结构说等。对这些观点进行系统梳理应有一个标准，本书以职业能力的外延大小为依据分析梳理。

　　（1）广义的职业能力概念。国内学者对"综合职业能力"的研究源于国家教育委员会于1998年颁布的《面向二十一世纪深化职业教育教学改革的原则意见》中提出的要求：职业教育要培养与21世纪我国社会主义现代化建设要求相适应的，具备综合职业能力和全面素质的，直接在生产、服务、技术和管理第一线工作的应用型人才。③

　　蒋乃平（2001）认为，综合职业能力是一个能胜任职业活动的主观条件，是指个体执行或完成职业活动或成功地适应职业活动中发生特殊情况的表现，而且是可以由个体自由控制并受动机影响的表现，是人

---

① 高涵：《职业能力：概念阐释与个案分析》，《职业教育研究》2009年第6期，第14页。

② 庞世俊：《澳大利亚职业能力内涵变迁与理论研究》，《职业技术教育》2009年第7期。

③ 吴菲、徐朔：《职业能力及其相关概念辨析》，《中国职业技术教育》2011年第27期，第24页。

具有的职业素质的外化。劳动者综合职业能力的高低，往往集中通过实践能力的高低得以体现。综合职业能力可以分解为从事职业活动所需要的专业能力、方法能力、社会能力和实践能力。专业能力是指从事职业活动所需要的运用专业知识、技能的能力，强调对职业活动技术领域的应用性、针对性；方法能力是指从事职业活动所需要的工作方法、学习方法方面的能力，强调在职业活动中运用这些方法的合理性、逻辑性和创新性；社会能力是指从事职业活动所需要的社会行为能力，强调在职业活动中对社会的适应性，重视从业者应具有积极的人生态度；实践能力是指人们在改造自然和改造社会的有意识的活动中体现出来的能力，强调在改造自然、改造社会的过程中表现出来的能动性和实际作用。①

姜大源（2006）认为："个体职业能力的高低取决于专业能力、方法能力和社会能力三要素整合的状态。专业能力是指具备从事职业活动所需要的专门技能及专业知识，要注重掌握技能、掌握知识，以获得合理的技能结构。方法能力是指具备从事职业活动所需要的工作方法及学习方法，要注重学会学习、学会工作，以养成科学的思维习惯。社会能力是指具备从事职业活动所需要的行为规范及价值观念，要注重学会共处、学会做人，以确立积极的人生态度。"②

赵志群（2009）将综合职业能力概括为人们在真实的工作情境中整体化地解决综合性问题的能力，是从事一个（或若干相近）职业所必需的本领，是在职业工作、社会活动和私人生活中科学的思维、对个人和社会负责任行事的热情和能力。③

（2）狭义的职业能力概念。我国从狭义上解释职业能力概念的学者不多，比较有代表的是喻忠恩。喻忠恩（2012）在分析姜大源、陈宇的职业能力概念的基础上，认为职业能力外延被扩大、泛化，超越了其应有的范畴。"从以上分析可以看出，尽'管核心能力'与'社会能

① 蒋乃平：《对综合职业能力内涵的思考》，《职业技术教育》（教育科学版）2001年第10期，第19页。
② 姜大源：《职业教育学基本问题的思考（一）》，《职业技术教育》（教育科学版）2006年第1期，第7页。
③ 赵志群：《促进全面发展的综合职业能力培养目标》，《职教论坛》2009年第6期，第1页。

力'的表述不同，但其实质是一致的。可见，上述两位专家在对职业能力进行解读时，把职业能力给泛化且复杂化了。"① 他认为，人们对于某个概念的描述其实始终是某种"高度抽象"的产物，而不可能包含所有"具体内容"。由此他提出，职业能力是个体完成某一职业范围内的具体任务并达到应有标准的能力。职业能力的逻辑起点是职业，体现为特定职业的客观要求，其内容包括从事特定职业所应具备的技术或技能。职业能力随着特定产业的发展而变化。②

基于上述职业能力概念的梳理可以发现，职业能力由最初履行某一特定职业岗位职责的技能到强调履行职责必备的知识、技能、经验、态度，适用于各类岗位的一般关键能力、核心能力或跨职业能力，职业能力的外延逐步扩大，并得到更多学者的认可，这是科技飞速发展、知识不断更新、职业需求不断变更的结果。职业作为生产力发展和社会分工的产物，会随着社会经济的发展和人类需求不断丰富和细化，具有社会属性。同样，作为胜任职业任务的职业能力也会具有社会属性，其内容会随着社会发展不断变化，是一个逐步丰富和提高的发展过程。

从狭义上研究职业能力概念，忽略了其社会属性，是从静态研究其内涵，不利于劳动者就业竞争力的培养与开发。因此，广义的职业能力概念得到广泛认同，本书也持这种观点。

（四）职业能力与就业能力、创业能力

1. 职业能力与就业能力

就业能力概念起源于20世纪初，由英国经济学家贝弗里奇（Beveridge）于1909年首先提出。此后，就业能力概念在20世纪五六十年代得到初步发展，八九十年代基本成形，并发展到21世纪，共经历了三个发展阶段，形成七个版本的概念模式和多个概念。研究者从不同角度和层面（个人、组织和政府），对就业能力进行了探讨，使得就业能力的概念及其范畴呈现出多维度和多元化的特色。③

国际劳工组织（LIC）认为，就业能力是个体获得和保持工作、在

---

① 喻忠恩：《考察职业能力的三个维度》，《职业技术教育》2012年第16期，第49页。
② 同上。
③ 转引自杨伟国等《就业能力概念——一个世纪的变迁史》，《东吴学术》2012年第4期，第79页。

工作中进步以及应对工作生活中出现变化的能力。英国原教育与就业部（DFEE）把就业能力解释为获得和保持工作的能力，是在劳动力市场内通过充分的就业机会实现潜能的自信。H. M. Treasury（1997）认为，就业能力是确保个体在未来的经济生活中得到和保持工作的能力，强调个体的态度和行为，如适应性、技术和诚信等；詹姆斯（James，1997）认为，就业能力使个体能满足雇主需要和能开展有效求职活动的能力；哈恩蒙兹（Harnmonds，1998）认为，就业能力就是雇员对他们的职业发展负有的责任，对自身工作的保持和寻求新职负有的责任；奥弗顿（Overton，1998）认为，就业能力不是一种特定的工作能力，而是在横向上与所有行业相关，在纵向上与所有职位相关的能力；Fugate、Kinicki 和 Ashforth（2004）认为，就业能力是指个体在其职业期间确认和实现在组织内部和外部职业机会的能力。①

国内对于就业能力的研究起步较晚，但也有不少学者对就业能力进行了定义。王苑（2006）认为，就业能力是个体能够满足组织需要，进入并且保持职业的能力和特质，受到个体的环境、求职的环境、社会经济政治环境的影响；朱新秤（2009）认为，就业能力是个体在劳动力市场成功地获得工作、保持工作以及转换工作时所具有的知识、技能、个性特征及各种条件的集合。② 杨伟国、贾利军等学者对就业能力概念发展历程进行了梳理，在此作一详细介绍。

（1）杨伟国的梳理分析。杨伟国等（2012）在《就业能力概念：一个世纪的变迁史》一文中分析了就业能力概念发展的百年历史和在这个过程中出现的各种就业能力观，探寻就业能力概念的发展规律。主要的就业能力观点如表 1 - 3 所示。

综观就业能力发展过程，"二分法的就业能力"没有考虑劳动力市场情况，也没有区分就业能力在各种情形下的定义，如并没有关注员工的职业流动和转换，而只是研究如何解决失业者就业问题。虽然在 20 世纪五六十年代形成的就业能力概念更为广泛和多样化，但早期的就业能力概念主要在量化及其与劳动力市场的关联性方面进行了探讨。20 世

① 杨凡：《员工就业能力与职业生涯成功的关系研究》，博士学位论文，暨南大学，2011年，第 12 页。
② 同上。

表1-3　　　　　就业能力概念发展过程中的主要就业能力观

名　称		具体内容
早期发展（20世纪初至60年代）	二分法的就业能力	就业能力看作一个简单的二分体，一个人或者可被雇用或者不可被雇用，能够立刻在劳动力市场找到相应职位的劳动者就具备就业能力；对于被认为无就业能力的劳动者就需要引导，他们利用各种劳动力市场福利政策早日实现就业
	社会—医疗就业能力	由医生和康复工作者提出，主要针对残疾人群体。在20世纪50年代的美国、英国和德国较为普及。他们引入了量表工具，根据身体和精神的残疾程度对残疾人员进行分类排级，再根据排级结果，开发相应的改进计划
	劳动力政策就业能力	形成于20世纪60年代的美国，也是社会—医疗就业能力在其他社会弱势群体中应用的成果，主要关注社会弱势群体。对就业能力的评估关系个人的社会背景，即可流动能力和以往表现
	流动就业能力	出现在20世纪60年代的法国，它指某个失业群体找到工作的速度、概率，是对某个失业群体就业能力的评估。此观点是基于大范围失业背景下的一种偏宏观性和统计性的观点，关注劳动力市场的需求方以及宏观经济的变化
发展的转折与动态演变（20世纪70—90年代）	市场绩效就业能力	关注劳动者可转移性技能，它包括社会及关系技能，其对于获得维持一份工作以及在不同工作之间的顺利转换都十分重要，其价值不会随着劳动力市场的衰退而贬值。在就业能力的测量方面，为某个群体或某个个体在特定时间内的就业能力提供了特定的指标，如获得一个或多个工作的可能性、工作质量、持续期和工资，以及劳动者参加与就业能力相关项目的劳动力市场结果
	主动性就业能力	20世纪80年代中期，在美国北部和欧洲国家研究人力资源发展文献中提出。它再次强调了个人可转移性能力的重要性以及激发个体人力资本及其周围社会资本积累的能力，并通过潜在的或已获得的人力资本，或通过某个人可以调动的社会网络大小和质量（社会资本）来衡量
	交互性就业能力	就业能力由一系列个体特征和劳动力市场机会构成，并影响就业机会。一般认为，由个体品德、特定职业技能、劳动力市场形势、政府和企业的培训政策四个维度构成

续表

名　　称		具体内容
延展和丰富 （21世纪）	基于胜任力的 就业能力概念	强调了动态性、持续学习和不断发展三个方面，在这种模式下，就业能力的测量主要考察个人掌握知识和技能的适用性及可转移性。包括五个维度：职业专长、预期和最优化、个人灵活性（适应性）、企业认同感、工作生活的平衡
	劳动力 市场就业 能力概念	基于劳动力市场的就业能力概念模型是各种个体特征、个人、环境、劳动力市场条件和其他环境因素相互动态影响的结果，它是20世纪末"交互性就业能力"的一种延续和扩展

资料来源：根据杨伟国等《就业能力概念：一个世纪的变迁史》（《东吴学术》2012年第4期）一文整理。

纪70—90年代是就业能力概念发展的重要时期，突破了早期的静态研究就业能力概念，在动态研究的框架内，一些新的观念也逐渐融入概念中，呈现动态发展的趋势，虽然就业能力的概念逐渐多样化，但其界定都围绕一个共同的目标，即将就业能力视为个人找到维持一份合适工作的能力和机会，这个时期，就业能力的概念框架基本形成。进入21世纪后，就业能力的研究更多地从实践角度切入，从不同维度、不同层面提出了很多新颖、实效的概念，如基于胜任力的就业能力概念、劳动力市场概念等。基于胜任力的就业能力概念模型和劳动力市场就业能力概念的构成，如表1-4和表1-5所示。

表1-4　　　　　　　　　基于胜任力的就业能力概念模型

构成维度	维度具体内容
职业专长	就业能力核心要素，主要包括专业知识、技能和认知力
预期和最优化	为了争取理想的工作和职业状态而积极为未来工作做好充分准备的责任
个人灵活性（适应性）	从不同的职业经历中获得长远发展，善于适应环境变化
企业认同感	企业与员工是双赢的战略合作伙伴
工作生活的平衡	这种平衡是在企业利益和员工利益之间达成的一种不对等的妥协关系，是与其他就业能力概念模型形成差异的重要维度

资料来源：根据杨伟国等《就业能力概念：一个世纪的变迁史》（《东吴学术》2012年第4期）一文第77页整理。

表1-5 劳动力市场就业能力概念的构成

劳动力市场就业能力	个体因素	就业能力技能和特征	基本特征
			个人能力
			基本或核心或高水平可转移技能
			任职资格
			工作知识基础
			劳动力市场属性
		人口统计学特点	年龄
			性别
		健康	健康程度
			残疾程度
		工作搜寻	正规搜寻设施或信息资源的有效使用
			非正式的社会关系网络的认知和有效使用
			面试技能或表达能力
			对劳动力市场就业机会的位置和类型的了解
			实际工作目标
		适应性和移动性	地理上的移动性
			工资弹性和保留工资
			职位弹性
	个人环境	家庭环境	直接照顾责任
			其他家庭和照顾责任

资料来源：杨伟国等：《就业能力概念：一个世纪的变迁史》，《东吴学术》2012年第4期，第79页。

　　杨伟国等认为，基于胜任力的就业能力概念模型突出了实效性特点及个人所需，为企业所想，既有利于个人职业生涯的成功，也有利于企业绩效的获取；既满足当前需求，也为未来的发展创造条件，并同时涵盖了通用和专业技能。基于胜任力的就业能力概念模型在21世纪有着广泛发展和应用空间。

　　杨伟国等基于就业能力概念的发展趋势，认为劳动力市场就业能力概念的外延更为广泛。就业能力概念是一个混合体，涉及个人工作能力、个人适应能力、雇主的要求以及劳动力市场状况。这不仅对我国人力资源管理与开发提供了一定的借鉴作用，也对我国企业提升劳动力的可雇佣性实践具有重要的现实指导意义。

（2）贾利军的梳理分析。贾利军、管静娟（2011）在《国外就业能力概念的发展历史及评析》一文中分析了就业能力概念研究维度、劳动力市场政策，认为在欧美其他国家就业能力已经被有效地用来描述当地推行劳动力市场政策的重要目标。2003 年，欧洲制定的就业政策强调三个首要目标：充分就业、工作效率以及具备生产力、凝聚力和兼容性的劳动力市场，关注的焦点是劳动者、年轻人、未就业人员和劳动力市场上其他潜在弱势群体的就业能力的提高。[①]　目前，欧洲委员会则倡导更加灵活的长期政策，更多鼓励"人力资本投资和终身学习政策"。[②]

在分析就业能力概念产生发展过程基础上，他们将就业能力概念发展过程分为资格型就业能力、绩效型就业能力和建构型职业能力三个阶段，具体内容如表 1－6 所示。

贾利军、管静娟（2011）认为，资格型就业能力是粗线条的，它仅以可雇用和不可雇用作为评估和衡量就业能力的基本尺度；绩效型就业能力是资格型就业能力进化到一定阶段的产物，其内涵和外延得到进一步丰富和发展，经历了"劳动力市场的就业能力""主动的就业能力""交互式的就业能力"后，就业能力将个人特点和个人适应性与劳动力市场情况和动向连接在一起，就业能力建设也演变为一种由政府、用人单位和劳动者共同分担的责任。21 世纪就业能力概念模型的研究基本是沿袭这一思路。至此，就业能力的概念框架基本成形。

表 1－6　　　　　　　　就业能力概念发展的三个阶段

名称	时间周期	内容
资格型就业能力	第一阶段：20 世纪初 60 年代	以可雇用和不可雇用作为评估和衡量就业能力的基本尺度。可雇用是指那些能够并且愿意工作的人；不可雇用是指那些没有能力工作但是需要救济的人。称为"二分视角下的资格型就业能力"

---

① 转引自贾利军、管静娟《国外就业能力概念的发展历史及评析》，《全球教育展望》2011年第 11 期，第 20 页。

② 同上。

续表

名称	时间周期	内容
绩效型就业能力	第二阶段： 20 世纪 70—90 年代	包含三种新的概念构想，即基于求职结果的"劳动力市场的就业能力"，强调个人责任的"主动的就业能力"以及注重个人适应的"交互式的就业能力"
建构型就业能力	第三阶段：21 世纪	在变动的就业环境下，维持工作所需持久的就业能力，成为雇主和雇员之间的一种新的心理契约：即每一个劳动者都必须具备在内部和外部的劳动力市场获得工作和就业的能力，而帮助雇员维持在劳动力市场的就业能力，亦成为组织的道德责任，即雇员对自己的职业生涯负责，而雇主为提升雇员的就业能力提供必要的条件和支持，称为"建构型职业能力"

资料来源：依据贾利军、管静娟《国外就业能力概念的发展历史及评析》（《全球教育展望》2011 年第 11 期）一文整理。

（3）职业能力与就业能力。我国学者对职业能力和就业能力概念的内涵、外延等方面研究颇多，但对职业能力与就业能力的相关研究不多。在此，基于上述职业能力、就业能力梳理的基础上，厘清职业能力和就业能力的关系。具体如表 1-7 所示。

表 1-7　　　　　　　　职业能力和就业能力的关系

比较项目	概念名称	职业能力	就业能力
区别	时间不同	1972 年	1909 年
	外延不同	外延窄	外延宽
	内容维度	专业能力、关键能力（核心能力、通用能力）、社会能力	除职业能力内容外，还包括获取就业信息能力，把握就业机会能力，整合就业资源能力
	研究内容	劳动者个体特定能力和跨职业能力	政府劳动力市场环境建设、企业保持劳动者就业能力的责任
	研究客体维度	劳动者个体	劳动者个体、政府就业政策、企业责任
联系	目的一致	提升劳动者成功就业的人力资本，降低失业率	

资料来源：笔者依据掌握的文献资料整理。

职业能力是军队转业军官再次就业的核心影响因素，厘清其内涵和外延，是研究转业军官职业能力开发的基础。

2. 职业能力与创业能力

（1）创业能力概念。国内外众多学者对创业能力概念从创业者特质、机会、管理、关系等不同视角进行了研究和探讨，但并未形成一个统一定义。尹苗苗、蔡莉（2012）在《创业能力研究现状探析与未来展望》一文中对创业能力概念的研究现状进行了梳理。

基于个体层面的创业能力研究大多把创业能力看作是创业者的天赋能力（Thomposn，2004），或者创业者有效、成功地完成工作的特质（Man et al.，2008），具体包括性格特质、技能和知识等（Muzychenko，2008）；而基于组织层面的创业能力研究则把创业能力定义为组织识别新想法、新产品和新观念的手段和方法（Rule and Irwin，1993），或者把创业能力界定为组织根据识别的市场机会获取所需资源以开发机会或者建构新市场机会的能力（Arthurs and Busenitz，2006；Karra et al.，2008）。①

蒋乃平（1999）认为，创业能力是由专业能力、方法能力、社会能力相互作用而成的综合能力。其中专业能力是创业的前提能力，方法能力是创业的基础能力，社会能力是创业的核心能力。②

唐靖和姜彦福（2008）将创业能力分为机会能力与运营管理能力两个一阶维度。然后在这两个一阶维度的基础上，设置了六个二阶维度。即在机会能力维度下设置机会识别能力和机会开发能力两个二阶维度，而在运营管理能力维度下设置了组织管理能力、战略能力、关系能力和承诺能力四个二阶维度。

王晓文、张玉利（2012）认为，"在创业能力二阶六维划分法的基础上做出一定修正，将组织能力、概念能力和战略能力分为一个维度，称为管理相关能力，将机会能力、关系能力和承诺能力分为一个维度，称为机会相关能力。""创业能力是创业者所拥有的体现在创业活动中

---

① 尹苗苗、蔡莉：《创业能力研究现状探析与未来展望》，《外国经济与管理》2012 年第 12 期，第 1 页。

② 蒋乃平：《创业能力包含的三类能力》，《职教通讯》1999 年第 3 期。

的专门技能，被视为创业者能成功履行职责的整体能力。"①

尹苗苗、蔡莉（2012）在梳理创业能力概念研究现状的基础上，以创业过程为基点，构建了创业能力概念体系框架（见图1-1）和创业能力随企业生命周期的发展规律。他们认为，一般来说，初创期的创业能力主要是创业者个体层面能力，而企业成长期和成熟期的创业能力则主要是组织层面的能力，因而随着企业生命周期的演化，创业能力会从个体层面向组织层面转化。

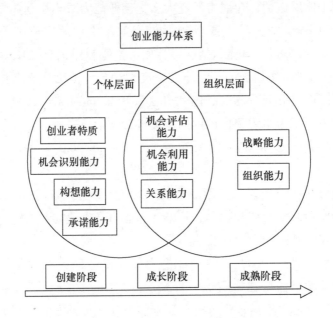

图1-1　创业能力概念体系框架

（2）职业能力与创业能力。在我国学者界定的创业能力概念中，蒋乃平界定的创业能力和综合职业能力基本相同；唐靖、姜彦福的概念界定主要基于创建新企业的机会把握和运营管理过程中能力需求；王晓文、张玉利则认为，履行创业过程的全部创业活动职责的能力为创业能力，将创业过程的商业模式形成（概念能力）和企业战略管理能力纳入创业能力概念内容；尹苗苗、蔡莉则根据企业生命周期不同阶段提出

① 王晓文、张玉利：《基于能力视角的创业者人力资本与新创企业绩效作用机制研究》，《管理评论》2012年第4期，第78页。

个体层次、组织层次的创业能力概念维度。从上述大多学者的创业能力概念界定看，职业能力和创业能力不可等同，两者既有区别又有联系。具体内容如表1-8所示。

表1-8　　　　　　　　　　职业能力和创业能力的关系

比较项目	概念名称	职业能力	创业能力
区别	外延大小	外延宽	外延窄
	内容维度	专业能力、关键能力（核心能力、通用能力）、社会能力	机会能力：机会识别能力、机会开发能力 运营管理能力：组织管理能力、战略能力、关系能力、承诺能力
	概念内容	劳动者从事某个职业的特定能力和跨职业能力	在新企业建立、成长、成熟发展的完整创业过程中所需具备的整体能力
	研究基点	各种职业活动及其能力需求	创业活动过程的能力需求
联系		创业是被称为企业家的特殊职业，创业能力是一种要求更高的职业能力	

资料来源：笔者依据掌握文献整理。

表1-8内容显示，职业能力和创业能力虽然在外延大小、内容维度、概念内容和研究基点四个方面有差异，但两者有着密切联系。创业作为一种复杂的创造性活动，其要求高于一般职业能力；而且创业作为一种特殊的就业形式，不但可以实现劳动者个体的就业，而且可以创造若干就业岗位。因此，创业能力是一种高层次的职业能力，也是职业能力的一种特殊表现形式。

基于上述职业能力、就业能力、创业能力概念的分析可以看出，三者既有区别又有联系。从其区别来看，三者的外延大小不同，就业能力、职业能力、创业能力外延依次递减，由此其构成内容维度、概念内容、研究基点也就有了相应的差异；从其联系来看，虽然三个概念有差异，但它们有一个共同的目标，即实现劳动者个体和其他劳动者的有效就业。

（五）可持续发展职业能力

1. "可持续发展"词义释析

可持续发展由可持续和发展两个词组成，可持续作为发展的定语相组合。

从"发展"概念总体而言，其内涵可从哲学视角和社会视角分为两类。从哲学视角看，发展是指事物由小到大，由简单到复杂，由低级到高级，由无序到有序的前进的上升运动。① 从社会视角看，"发展"有两个特定含义：一是指社会的经济增长以及由此而引起的社会变化；二是指传统农业社会向现代工业化与信息化社会的转变，即现代化。② 虽然上述概念出于不同的学科视角，但都意味着事物的规模扩大、内容增加或者社会物质财富的丰富、精神文明程度的提高，都是一种积极向上的、客观存在的正能量，是社会从低级到高级、从落后到文明、从无序到有序的进步过程。

"持续"从字面意思可理解为连续不断，可持续则意味着需要具备连续不断的资源或条件才可以延续下去。我国学者叶文虎（2001）将它定义为"某一客观事物可以持久或无限地支持或维持下去的能力"。③ 由可持续性限定的发展，讲求发展的持久性、连续性与长远性，意味着发展在当今是现实的、合理的，并又能使未来的发展获得必需的空间与条件，不仅要实现当代人自身的发展，而且也要实现未来世代人的发展。④

基于以上梳理可以看出，可持续发展的实质是达成人与自然、人与人关系的平衡，为当代人和未来人营造一个人口、资源、经济协同发展的生活环境，实现人的全面自由发展。因此，共同发展、和谐发展、公平发展、协同发展成为可持续发展的题中应有之义。将可持续发展理念引入职业能力开发，即为了实现个体全面、自由、稳定、持续、和谐、理性的发展提供智力保障和能力支持。

---

① 卞强：《可持续发展定义透视与重构研究》，博士学位论文，哈尔滨理工大学，2012年，第29页。

② 庞元正：《发展理论论纲》，中共中央党校出版社2000年版，第37页。

③ 叶文虎：《可持续发展引论》，高等教育出版社2001年版，第64页。

④ 卞强：《可持续发展定义透视与重构研究》，博士学位论文，哈尔滨理工大学，2012年，第31页。

2. 可持续发展职业能力

军官转业也是一次职业转换，其行业跨度之大、工作环境变化之大，其他劳动者职业转换和他们无法相提并论。转业军官所从事的职业——军人，是众多职业中一个极为特殊的职业，其从业期间工作环境高度封闭、所需职业技能高度专业化，除文职军官外大多转业军官所拥有的技能和地方的各种职业错位，这就为他们转业后再次就业带来巨大障碍。由此，以可持续发展作为开发转业军官职业能力的出发点和落脚点尤为重要。

在转业军官职业能力开发研究中引入可持续发展理念，提出了可持续发展职业能力概念，旨在使他们退出军队后具备地方发展的通用职业能力或者是关键能力，从而能够在地方职业生涯中持续、稳定、和谐、自由地发展。这一概念的提出，属于职业能力概念的广义范畴，可以定义为：可持续发展职业能力指个体劳动者在其职业生涯中从事职业活动、达成个体目标，并不断满足社会发展需要和职业转换的知识、技能、心理特征的总和。具体包括从事特定职业活动的专业能力、从事不同职业所需要的一般职业能力、规划职业生涯的能力和获取把握就业机会的能力。将职业规划能力和把握就业机会能力纳入可持续发展职业能力的维度，是因为个体在其职业生涯过程中，职业转换难以避免，科学选择职业、理性转换职业并把握就业机会直接决定劳动者职业发展能否持续、稳定，并决定其成长的空间。

第二章　国内军队转业军官安置研究述评

新中国成立以来，安置军队转业军官已达400多万人，分布在我国的各行各业，成为社会主义现代化建设的重要力量。军队转业军官已成为社会一个重要的群体，需要引起社会和学术界的关注。本章就我国转业军官安置研究的现状展开梳理分析，展望未来研究发展。2002—2013年，全国转业军官共计66.8万人，选择自主择业的12.1万人。①

第一节　国内军队转业军官安置研究概览

一　国内转业军官安置研究成果概况

国内转业军官研究成果分析主要以中国CNKI学术文献总库为范围检索的文献为依据。具体检索条件为：检索时间截至2013年11月22日，数据库来源为中国CNKI学术文献总库，但不包括年鉴网络出版总库和国家科技成果数据库。

（一）研究成果数量状况

输入"军队转业干部"、"转业军官"为主题检索，文献篇数分别为1787篇、636篇。具体分布状况，如表2－1和表2－2所示。

检索结果显示，"军队转业干部"文献数量远高于"转业军官"，考虑到面的因素，在此以"军队转业干部"数据结果为主要依据进行分析，同时从"转业军官"检索结果中筛选出不同的文献进行补充。整体而言，转业军官安置研究成果相对于其他社会群体而言数量很少。

---

① 盛大泉、罗晶晶：《使命——计划分配这十年》，《中国人才·转业军官》2012年第7期；《"数"说这五年》，《中国人才·转业军官》2014年第6期。

表 2 - 1　　　　　"军队转业干部"检索文献结果数量及分布状况　　　单位：篇

数据库	数量
中国学术期刊网络出版总库	1218
中国重要报纸全文数据库	527
中国优秀硕士学位论文全文数据库	40
中国重要会议论文全文数据库	1
中国博士学位论文全文数据库	1
合　计	1787

资料来源：笔者整理。

表 2 - 2　　　　　　"转业军官"检索文献结果数量及分布状况　　　单位：篇

数据库	数量
中国学术期刊网络出版总库	477
中国重要报纸全文数据库	143
中国优秀硕士学位论文全文数据库	15
中国博士学位论文全文数据库	1
合　计	636

资料来源：笔者整理。

（二）研究成果发表时间分布状况

"军队转业干部"检索结果显示，最早文献为 1982 年 1 篇，1982 年 5 月 1 日发表在《劳动工作》上的《劳动制度的重要改革——烟台地区安排统配人员到集体单位工作》一文。"转业军官"检索结果显示最早的为 1958 年，共计 23 篇，均发表在《中国农垦》杂志。最早的 1958 年 2 月 15 日《转业军官是国营农、牧场的生力军，农垦部召开接收转业军官工作座谈会，指示各地国营农、牧场要做好转业军官的安置工作》一文，23 篇均为工作总结、经验交流或新闻报道。

以"军队转业干部"检索结果为例进行分析，以 2000 年为界，2000年以后文献篇数明显呈上升趋势，2001—2012 年为 1430 篇，而 1982—2000 年的 18 年仅为 264 篇。2001 年以后，尤其是 2005 年以后文献篇数明显增多，2005 年以后每年的文献篇数均在百篇以上。这一数据表明，进入 21 世纪，随着转业军官安置制度改革，社会对转业军官这一群体的关注度明显上升。2001—2012 年,"军队转业干部"检索篇幅分布状况见表 2 – 3。

表 2 – 3   2001—2012 年"军队转业干部"检索文献篇数分布   单位:篇

年份	数量
2011	224
2010	218
2009	169
2012	131
2008	111
2006	104
2005	102
2007	96
2001	88
2004	75
2002	59
2003	53
合　计	1430

资料来源:笔者整理。

(三)研究成果类型分布状况

学术研究成果形式,就社会科学而言主要是专著、学术论文、研究报告等形式。而转业军官安置研究成果数量总体不多,研究报告更少,因此,对转业军官安置研究的分析主要以学术论文、专著为主要依据。

1. 学术论文

学术论文从其发表来源渠道看,期刊论文主要通过公开出版的国内外期刊或报纸发表,学位论文主要通过中国博士学位论文全文数据库、中国优秀硕士学位论文全文数据库收录。从检索结果看,报纸发表的文献基本为新闻报道,期刊发表的文献《中国人才》最多,但其中有相当一部分为工作实践经验交流或报道,真正意义上的学术论文数量不多。根据这一现状,转业军官安置研究成果综述和评析将以筛选后的学术论文和学位论文为依据。

2. 专著

关于转业军官安置研究的学术专著数量很少，除工作实用手册、政策解读性质的著作外，学术价值较大的仅有 12 部。具体如表 2-4 所示。

表 2-4　　　　　　　　　　转业军官学术著作基本情况

书　名	作者	出版单位	出版时间
转业干部：走出军营的困惑	廖国庚	社会科学文献出版社	2005 年
军队转业干部自主择业导论	闫志军	蓝天出版社	2005 年
自主择业军转干部就业支持研究	廖国庚	湖北人民出版社	2009 年
转业军官职业生涯规划	滕安、张圣华	中国人事出版社	2009 年
军转安置论	陈树荣	三秦出版社	1995 年
退役军人社会适应研究	魏同斌	黄河出版社	2009 年
美国退役军人资助政策形成与变迁研究	王书峰	广东高等教育出版社	2009 年
军官转业安置概论	王瑞来	中国人事出版社	2005 年
复转军人就业与创业指南	潘文富	清华大学出版社	2011 年
安置管理	罗平飞	中国社会出版社	1996 年
国外优抚安置制度精选	邹军誉	中国社会出版社	2003 年
军官制度比较与改革	朱建新等	军事科学出版社	2006 年

资料来源：笔者依据掌握的资料整理。

从专著类研究成果看，学者从某一个方面研究转业军官安置情况的较为普遍。廖国庚《转业干部：走出军营的困惑》基于社会学视角，探讨转业军官职业角色转换的影响因素，研究促进转业军官职业角色转换的对策；《自主择业军转干部就业支持研究》探寻了自主择业转业军官就业支持的对策和方法。闫志军《军队转业干部自主择业导论》系统地研究了自主择业安置制度的理论框架和内容；滕安、张圣华《转业军官职业生涯规划》对转业军官的择业观念、心态调整、成功自荐和知识技能等方面进行解读；陈树荣《军转安置论》探究了转业军官人才资源市场配置相关问题，如转业军官人才特点、人才流动、人才市场等；王书峰《美国退役军人资助政策形成与变迁研究》重点研究了美国退役军人教育资助政策的形成、发展历程及对我国退役军人安置的启示。

（四）研究成果发表渠道来源

从文献发表的来源渠道看，除学位论文外，主要是学术期刊和报纸，共计59种报刊。最多的是《中国人才》杂志，共计625篇，最少的为4篇。报纸大多为新闻、会议、政策类报道，学术论文不多。故以期刊文献排列分析，《中国人才》《人才资源开发》《中国劳动》《人事与人才》《中国公务员》《西南民兵杂志》《国防》《中国民兵》《瞭望》《中国劳动保障》《人力资源》居前10位，具体分布状况见表2-5。

表2-5　　　　　"军队转业干部"文献居前10位期刊分布状况　　　　单位：篇

期刊名称	数量
《中国人才》	625
《人才资源开发》	47
《中国劳动》	36
《人事与人才》	30
《中国公务员》	27
《西南民兵杂志》	26
《国防》	22
《中国民兵》	19
《瞭望》	14
《中国劳动保障》	11
《人力资源》	11
合　计	868

资料来源：笔者整理。

从表2-5数据可以看出，1986年创刊的《中国人才》文献篇数远远高于其他期刊。这是因为，2004年，《中国人才》《中国公务员》《中国转业军官》三种期刊合为《中国人才》，为月刊。2005年，《中国人才》改为半月刊，上半月为中国人才杂志，下半月为转业军官杂志。11种刊物中仅《中国人才》《瞭望》杂志自1992—2008年为北大版核心期刊，《中国公务员》于2004年并入《中国人才》，《人事与人才》于2002年停刊，《西南民兵杂志》《瞭望》于2010年以后没有再出版新刊物。目前，在排名前10位的11种刊物里，仅有《中国人才》

为核心期刊，7 种刊物继续出版。整体来看，出版来源范围很窄，主要集中在人事人才和军事类期刊。

二　转业军官安置研究概况

转业军官安置研究概况分析主要依据应是学术论文和专著，但很多期刊中的相关文献为工作交流、新闻报道、政策解答等内容，无法归到学术论文的外延。因此，以"军队转业干部"为主题检索结果为论文筛选范围，筛选出 185 篇转业军官研究及相近的学术论文，涉及 39 种期刊；选出 62 篇硕士学位论文；2 篇博士学位论文。在此以选出的 185 篇学术论文和 64 篇学位论文，同时加上对国家图书馆馆藏图书资源进行检索筛选后的转业军官研究和相近研究专著 12 部，作为转业军官安置研究述评的依据，从研究主体、学科视角、研究内容、研究方法几个方面进行分析。

（一）研究主体

研究主体在这里主要是指转业军官安置研究的参与者。以"军队转业干部"为主题在中国 CNKI 学术文献总库检索结果"作者单位"栏目显示，转业军官安置的研究者来自 60 家单位，其中转业军官安置工作部门工作者占大多数，占 46.6%，高等院校占 28.3%；其他国家机关占 18.3%。具体分布情况如表 2 - 6 所示。

表 2 - 6　　　　　　转业军官安置研究者工作单位分布情况

工作单位分类		数　量	百分比（%）	
转业军官安置工作部门	地方	17	28.3	46.6
	部队	11	18.3	
高等院校	地方	11	18.3	28.3
	军事	5	8.3	
	党校	1	1.7	
其他国家机关		11	18.3	
期刊报纸		4	6.7	
合　计		60	99.9	

注：因四舍五入，表中百分比之和不等 100%，下同。

资料来源：笔者整理。

表 2-6 显示，转业军官安置研究实践工作者占据多数，安置工作部门和其他国家机关的研究者占 64.9%，理论工作者主要分布在地方和军队高等院校，仅占 28.3%。专著作者单位分布状况也是如此。

（二）学科视角

转业军官安置是一次职业转换过程，军人职业的特殊性使这一群体的职业转换更为复杂，国内学者从管理学、经济学、社会学、法学、哲学和军事学不同学科视角探究了这一社会现象。

1. 管理学

陈树荣（1995）在《军转安置论》一书中探寻了转业军官人才安置的特征和规律，认为转业军官的安置本质上是转业军官人才资源的配置。由于转业军官的安置既要为经济建设服务，又要为军队建设服务，因此，社会主义市场经济条件下的转业军官安置只能走国家宏观调控下的市场配置之路。

朱明飞（2009）运用流程优化理论从微观角度思考解决军队转业干部安置工作中存在的问题。认为在军队转业干部安置工作中应用流程优化方法和人岗匹配理论，优化军队转业干部安置工作现有流程，缩短军转干部安置工作的周期，节约资源和成本，增加军转干部安置工作透明度和科学性，为解决军队转业干部安置工作中存在的问题提供了一个新的研究视角。①

张毅（2011）依据公共政策理论分析了军队转业军官自主择业安置政策设计中的缺陷和执行过程中的问题，并分析其原因，探寻政策完善、政策实施的对策。

田恩进（2012）运用多源流理论的分析框架，在政策循环系统中研究退役军官安置政策，将政策分析与制度分析结合起来，提供了公共政策分析一个新的研究视角。

冯荣荣（2012）以我国军转安置政策及其制度的历史沿革为主线，从地方政府职责的角度对军官转业安置问题展开深入研究。

张耀辉（2010）基于职业生涯发展视角研究军人进入、退出部队的制度，认为军官进退制度是指在军官的招收和退役过程中要求组织或

---

① 朱明飞：《军转干部安置工作流程优化研究》，硕士学位论文，国防科学技术大学，2009 年，第 2 页。

个人必须共同遵守的办事规程和行为准则。随着人力资源发展的要求，军官进退制度的建设必须结合军官职业生涯发展的需要，通盘考虑军官个人和军队整体的利益。①

罗平飞（1996）在《安置管理》一书中探讨了退役军人安置工作特点，认为我国退役安置工作具有政治性、经济性、社会性、被动性特点，安置管理服务体系由就业中介系统、教育培训系统、福利保障系统构成，这三大系统的协调运作，是退役安置和退役军人福利保障的基础。

基于管理学的研究从公共管理的学科视角居多，很多学位论文是公共管理硕士撰写；从人力资源管理与开发的学科视角较少。政策的制定完善仅是安置工作的依据和基础，其实施才是关键环节，因此对政策实施的资源支撑条件研究不多。

2. 经济学

胡磊（2004）运用人力资本理论研究自主择业转业军官经济补偿，认为军事人力资本收益的特殊性、投入成本的特殊性是补偿的理论依据，因为转业军官在服役期间，"投入和支出了比一般民用人力资本参与社会生产更高的机会成本、生理成本、心理成本、流动成本和风险成本。"② 运用博弈论分析经济补偿的标准和原则，提出经济补偿不完善是制约自主择业转业军官选择率低的一个"瓶颈"，认为自主择业转业军官补偿应注重协调统筹、适度体现差别的原则，并认为人力资本的专用性、通用性影响自主择业转业军官的经济补偿标准。

舒本耀（2007）从市场经济供应需求关系、博弈论分析转业军官计划市场式安置困境和退役军官寻租安置困境，认为安置工作人员通过创租来最大化自身利益，退役军官通过寻租最大化自身的安置。这种理性自愿合约在交易双方交易成本较低和负责安置工作人员创租收益大于惩罚成本的前提下，合约就自动付诸实施。而在寻租博弈中，退役军官个体在信息不全情况下很难采取合作博弈及其他博弈方式而陷入"囚

---

① 张耀辉：《基于职业生涯管理的我军军官进退制度研究》，硕士学位论文，国防科学技术大学，2010年，第61页。

② 胡磊：《自主择业军转干部经济补偿研究》，硕士学位论文，国防科学技术大学，2004年，第16页。

犯困境"，个人的理性行为最终导致集体的非理性，使本来属于退役军官的"福利性"安置行为成为退役安置的"陷阱"。①

李开卉（2011）运用福利经济学和新制度经济学的相关理论，分析了现有制度安排下制度的效率，认为现行制度效率低下；从克服外在性交易成本的角度，认为"扶持式"安置模式是军队转业干部安置模式的最佳选择，并提出设计安置模式的原则和构想。②

3. 社会学

王众（2007）从心态史学和社会心理学角度，用社会学中的社会化理论、社会角色转换理论解读退役军人就业安置这一继续社会化过程，认为这是军人退役再次就业过程，是完成由军队向地方继续社会化的过程和职业角色转换的过程；用心态史学③理论阐释对退役军人的思想政治教育；用"人才移植"的分析模式，将退役军人就业安置的内涵抽象化、一般化。④

王书峰（2009）从社会学出发，以"专业主义"为视角，分析美国退役军人教育资助政策，以期探寻大学在退役军人二次专业化过程的价值和作用。

鞠伟（2006）通过自主择业退役军官创业就业个案的调查分析，用社会学的视觉和方法发现问题、建立思路、提出对策，提出建立退役军官就业创业的支持系统。

剪万兵（2009）从社会保障视角对退役军人就业保障制度展开研究，主张以货币补偿保障方式代替实物就业保障（分配就业）。

陶凌云（2011）从社会成员身份视角分析社会身份转化对军队转业军官权益诉求的影响，认为国企改革使得转业到企业的这部分转业军

---

① 舒本耀：《我国退役军官安置困境分析与对策》，《军事经济研究》2007年第9期。

② 李开卉：《我国军队转业干部安置模式及政策研究》，硕士学位论文，国防科学技术大学，2011年，第54页。

③ 心态史学（Psychohistory），是历史学与心理学合作而开拓出的一个新的研究领域。强调集体的态度，而不是个人的态度；强调未被言明的看法，而不是明确的理论；强调"常识"在一个特定文化中看起来是常识的东西；以及强调信仰体系的结构，包括对那些用以解释经验的范畴以及证明和劝诱的方法的关注。［英］彼得·伯克：《历史学与社会理论》，姚朋译，上海人民出版社2001年版，第111页。

④ 王众：《1950—1957年的退役军人就业安置》，博士学位论文，山东大学，2007年，第8、47页。

官的干部身份被剥夺，他们由原来的政治精英转变成市场改革的失败者，伴随着干部身份失去的还有他们日常生活保障的丧失，干部身份认同是贯穿在企业军转干部集体抗争过程中的主要的诉求之一，需在中国具体的历史情境之下来讨论企业军转干部认同的建构。对于以企业军转干部问题为代表的集体维权，解决的根本思路应该放在"疏"而不是"堵"的思路上。①

廖国庚（2005）在《转业干部：走出军营的困惑》一书中从社会学视角探寻了转业军官职业角色转换的规律，分析转业军官职业转换的影响因素，从个体和社会两个维度探索加快转业军官职业角色转换的对策。

4. 法学

王菲（2010）分析了转业军官安置制度立法中存在的现状和问题，探讨了转业军官安置制度的法理基础，界定了军队转业军官安置行为的法律性质，并提出了完善中国转业军官安置制度的法律对策。

张立（2011）通过对转业军官再就业安置法律和退役军官就业保障法律的梳理，分析运行现状及其存在问题，探寻解决对策。

李凌锋（2012）探讨了通过相关立法完善自主择业转业军官安置政策的思路与方法。

5. 哲学

罗平飞（2005）认为，退役军人安置制度属于上层建筑的范畴，以此为研究视角分析了退役军人安置制度的性质、功能和基本特征。

曹俊（2010）从科学社会主义学科视角研究了中国特色退役军官安置制度建设必须坚持的前提和原则，并提出了制度设计的框架。②

6. 军事学

徐春田等（1996）在《建立军队转业干部住房补助基金的构想》一文中分析了建立军队转业干部住房补助基金的必要性、可行性，并设想了运行模式，其目的在于解决转业干部大量占用军队住房问题，减轻军队负担，改变建房被占用再建房—再被占用的恶性循环局面。③

---

① 陶凌云：《身份认同与集体抗争的逻辑——以 K 县企业军转干部维权为例》，硕士学位论文，哈尔滨工程大学，2011 年，第 42 页。

② 曹俊：《中国特色退役军官安置制度建设研究》，博士学位论文，武汉大学，2010 年。

③ 徐春田、常流、朱九勤：《建立军队转业干部住房补助基金的构想》，《军事经济研究》1996 年第 2 期，第 33 页。

熊友存等（2005）认为，军人转业待遇制度的功能应该定位为军人退役的职业转换成本补偿（广义上），包括职业转换（成本）补助费、积累性人力资本损失与心理成本、安家补助费和异地安置差旅费，待遇标准制定应考虑军龄、安置地域和物价等因素。①

尤琳（2010）根据对美国退役军人二次就业调查数据的分析，认为不确定性环境会引致不稳定预期，从而导致军事人力资本专用性投资不足，影响现代化军队的战斗力。而加强军事人力资本专用性投资，关键在于解决现役军人的后顾之忧，使其形成稳定预期。②

从军事学视角研究转业军官安置问题，内容主要是待遇福利问题，其切入点更多的是转业军官安置对现役军官和保持部队稳定和战斗力，而非转业后的持续发展。

（三）研究内容

从我国转业军官安置研究现状看，不同学者、管理者从不同角度进行了广泛探讨，形成了一些研究成果。研究内容主要集中在历史沿革、安置制度、安置规范（立法与安置政策）、转业军官人才开发、管理服务、就业安置和国外退役军人安置制度方面。

1. 历史沿革

（1）新中国成立前。对新中国成立前的研究主要集中在军人优抚制度的梳理分析，徐云鹏（1995）、胡洋（2007）、郎鹏鹏（2008）分别对土地革命战争时期、中央苏区红军、晋察冀抗日根据地的优抚制度进行了研究探讨。

罗平飞（2005）对1927年人民军队建立至1949年新中国成立前的中国共产党军人抚恤优待及退役安置政策进行了梳理和分析，认为抚恤、优待和退役安置是军人社会保障的重要组成部分；设立专门的机构进行归口管理是军人抚恤、优待及退役安置政策贯彻实施的组织基础；抚恤、优待及退役安置政策的内容必须与经济社会发展相适应；抚恤、

---

① 熊友存、胡文贤、唐俊、张李军：《我军转业待遇制度的功能定位及标准的确定》，《军事经济研究》2005年第3期。
② 尤琳：《论不确定性环境下的军事人力资本专用性投资》，《军事经济研究》2010年第1期，第21页。

优待及退役安置政策的实施必须以程序化的制度规范为保证。①

宿志刚（2008）对抗战时期陕甘宁边区退伍军人安置的政策进行了梳理分析，充分肯定了其在当时的积极历史作用。

新中国成立前的优抚安置制度是转业军官安置制度的历史渊源，抗战时期陕甘宁边区退伍军人安置政策成为新中国成立后退役军人安置的基础，这些研究有助于转业军官安置制度的建立与完善。

（2）新中国成立后。新中国成立后关于转业军官安置制度历史演进研究主要集中在其历史阶段的划分。滕晓波（2009）将新中国成立以来转业军官安置制度分为军转安置制度的形成（1950—1966年）、军转安置制度的衰变（1967—1974年）、军转安置制度的恢复调整（1975—1989年）和军转安置制度的发展创新（1990年至今）四个阶段。② 其他研究者则将转业安置历史过程研究融入退役军人安置制度的历史进程中。

张伟佳（2009）认为，新中国成立以来我国军人退役安置制度的演变，是以我国大的社会历史背景为依托，既受其制约，又有其自身的规律，形成了独特的发展轨迹。综观这一制度的演变进程，大致可划分为军人退役安置制度的过渡（1950—1958年）、军人退役安置制度的曲折发展（1959—1979年）、军人退役安置制度步入规范化（1980—1992年）和军人退役安置制度进入调整改革（1993年至今）四个阶段。③

田恩进（2010）将我国军人退役安置制度分为退役军官安置制度初始形成（1950—1965年）、退役军官安置制度停滞混乱（1966—1975年）、退役军官安置制度恢复重建（1976—1992年）、退役军官安置制度调整与发展（1993—2000年）和退役军官安置制度改革探索（2001年至今）五个阶段。④

李华、张琳（2012）将军人退役安置制度分为确立（1950—1958年）、曲折发展（1959—1979年）、正规化（1980—1992年）和新发展

---

① 罗平飞：《建国前中国共产党军人抚恤优待及退役安置政策研究》，《中共党史研究》2005年第6期。

② 滕晓波：《中国军队转业干部安置制度六十年》，《学理论》2009年第26期。

③ 张伟佳：《新中国军人退役安置制度之历史演变》，《军事历史研究》2009年第2期。

④ 田恩进：《我国退役军官安置政策的历史变迁——现实困境及改革策略》，《山东行政学院山东省经济管理干部学院学报》2010年第6期。

（1993 年至今）四个阶段。①

　　新中国成立后转业安置制度历史的进程阶段划分不管是四阶段，还是五阶段均是以社会政治、经济发展为依据，只是粗细不同而已。

　　2. 安置制度

　　关于转业军官安置制度的研究，众多学者从社会学、马克思主义哲学等学科视角，对转业军官安置制度的性质、特征、功能及改革趋势、制度完善、制度框架设计等方面展开论述。

　　（1）转业安置制度理论分析。常宗虎（1997）以政府与退役军人为一种互动关系的两极，对新中国成立以来的相互关系和未来趋势进行了分析，预测二者之间的互动关系由旧体制（计划经济）下的合作，向新体制（市场经济）的互利发展，这是不可逆转的趋势。同时，分析厘清了互动关系中的双方责任。② 这对转业安置制度的改革提供了理论依据和实践指导。

　　罗平飞（2005）分析了退役军人安置制度的性质、功能和基本特征，认为其性质表现为公共产品性、特殊保障性和利益调节性，其功能主要是维护国家政权和社会稳定、促进社会整合、优化人力资源在军事领域和非军事领域的配置以及培育、凝聚以爱国主义为核心的民族精神，其基本特征表现为普适性、政治性、社会性、经济性和历史性。③

　　曹俊（2010）从历史唯物主义历史观出发，认为建立中国特色退役军官安置制度必须立足我国国情和军情，考虑转业军官对职业选择的高度敏感、对社会地位及个人身份等的高度重视，考虑社会保障体系构建的进程，只要与身份脱钩的全社会相对公平的社会保障体系尚未构建完成，对军队转业干部就不能通过完全市场化的手段来进行安置。④ 提出了以建立国防补偿制度为基础、以兼顾党的事业需要和退役军官全面

---

① 李华、张琳：《我国军人退役安置制度的法理基础与历史演变探析》，《新西部》2012年第 2—3 合期，第 116 页。
　　② 常宗虎：《政府与退役军人互动关系的演变及对策》，《中国社会工作》1997 年第 3期。
　　③ 罗平飞：《试论我国军人退役安置制度的性质及其特征》，《马克思主义与现实》2005年第 2 期，第 83 页。
　　④ 曹俊：《退役军官安置制度建设的历史唯物主义思考》，《学校党建与思想教育》2010年第 5 期（中），第 86 页。

发展为目标的多渠道安置方式的退役军官制度框架。① 建议国务院设立"退役军人管理保障部"，地方各级政府建立相应退役军人管理保障机构，主要负责对退役军官和士官的安置与管理。建立退役军官安置管理的军地协调机制，成立不具备政府背景的、为退役军官服务的社会团体，如成立各种退役军官协会、退役军官家庭援助中心、退役军官职业介绍所等社会民间机构，成为政府与退役军官之间的桥梁和纽带。创立军转干部的利益诉求表达机制，逐步建立和完善有利于退役军官制度落实的监督制度。②

王菲（2010）认为："军队转业干部安置行为是行政机关依照宪法和法律赋予的权力，对军队转业干部安置公共行政事务或者给予货币补偿，适用法律、法规和规章做出的一种国防行政行为。""作为理性法律制度的一部分，国家利用自己所掌控的社会资源（就业岗位和社会保障）配置给军转干部，这正是从平衡的角度出发，基于军转干部所享有的受益权，对军转干部服役于军队作出的安置补偿，以实现补偿正义。"③ 从法理视角诠释了转业军官安置制度的合法性和合理性，即安置补偿是对军人职业高付出的应有补偿。

范军（2012）认为，一个国家对退役军官安置的理想形态应该是：让有劳动能力的退役军人占有相应的劳动岗位、各就其业。能不能安排每个退役军人都拥有合适的劳动岗位，体现着政府对就业资源的调控能力和配置方式。我国退役安置既具有国家军地干部队伍交流融合的功能，也具有对退役军官安排就业的功能，同时也发挥着保障退役军人生活安全的功能。④

（2）转业安置制度框架设想。转业军官安置制度框架设想方面主要有取消转业制和实施职业化、建立完善自主择业安置制度、计划安置与市场安置相结合三种观点。

---

① 曹俊：《中国特色退役军官安置制度建设研究》，博士学位论文，武汉大学，2010 年，第 105—107 页。

② 同上书，第 121—124 页。

③ 王菲：《军队转业干部安置制度研究》，硕士学位论文，中国政法大学，2010 年，第 30、36 页。

④ 范军：《军官退役形式与安置方式》，《中国人才·转业军官》2012 年第 6 期，第 27 页。

　　第一，实施职业化，取消转业制度。李孝军（2005）认为，只有从根本上改变传统的转业安置制度，取消指令性计划分配，而代之以退休、复员等安置方式，政府才能从巨大的安置压力下解脱出来，积极地适应和参与社会主义市场经济建设。提出了取消转业制、建立以退休安置为主、复员安置为辅的军官退役制度的构思。① 李宝柱、罗平在题为《中国特色"准职业化"军官退役安置模式的可行性分析》一文中提出了军官退役安置的基本思路，即以退休和复员为主要安置方式，退休与选调到地方工作相结合，复员与通过考试进入公务员队伍相结合，并逐步推行文职干部非现役制度。②

　　李昕勃（2013）提出，只有大力完善自主择业制度，减轻政府压力，才可以保持好军官进出军队通道的有序畅通。从探索中国军官人才市场制度的必要性出发，做好调节退役军官的保障制度，努力强化退役军官的自身素质，以适应地方用人单位的专业需求，彻底解决军官退役制度与地方人事制度间的矛盾问题。进一步体现出中国军官职业化制度的先进性、实用性、长远性。③

　　第二，建立以自主择业为主的转业军官安置方式。蔡春风（2010）认为，提高转业军官自主择业安置比例、减少计划安置人数是当前我国军转安置制度改革的目标，也是重点；提高自主择业比例，关键是要完善自主择业保障制度，解决自主择业转业军官的后顾之忧；加强职业技能培训是增强自主择业转业军官择业竞争力的主要途径。④ 胡磊（2006）从当前我国转业军官自主择业机制存在问题出发，对自主择业转业军官经济补偿进行了研究，提出了完善自主择业经济补偿标准、运行模式、配套措施等方面的对策和建议。⑤

　　第三，计划分配与市场手段相结合的安置方式。范军（2012）认

---

① 李孝军：《试论中国军官退役制度改革》，硕士学位论文，浙江大学，2005 年，第 19 页。

② 转引自蔡春风《我国军转干部自主择业政策改革研究》，硕士学位论文，湖南大学，2010 年，第 3—4 页。

③ 李昕勃：《中国军官职业化制度探究》，硕士学位论文，吉林大学，2013 年，第 19 页。

④ 蔡春风：《我国军转干部自主择业政策改革研究》，硕士学位论文，湖南大学，2010 年，第 26—27 页。

⑤ 胡磊：《自主择业安置政策效果的分析与思考》，《军事经济研究》2006 年第 4 期。

为，我国退役军官就业安置资源分布的有效空间，既存在于计划领域，也存在于市场领域。市场领域就业资源的配置水平，取决于保障基本生活安全后扶助就业的安置能力与水平。计划领域内就业岗位的配置水平，取决于政府调配这一领域军地人力资源法规政策的调控能力和实际执行能力。[①] 屈家权、杨征兵（2013）提出了中国特色退役军官分段安置制度构想。这一构想的总体目标是以中国特色军官职业化制度为牵引，按照"总体规划、分步实施、积极推进、配套完善"的思路，采取依据退役军官职务等级（师团职、营职、连排职）和服役年限分段安置的方法，将目前以转业为主要方式的退役军官安置，改革为以转业、退休为基本方式，以国家计划选调和复员为辅助方式的安置制度。其核心思想是采取"逐级分段、逐段分流、逐步减压"的方法，在各职务段分别设置多种"出口"，对退役军官进行合理分流，以期达到化解当前军官退役安置矛盾的目的。[②] 具体设计构想如图 2-1 所示。[③]

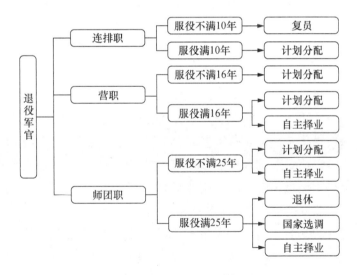

图 2-1　退役军官分段安置具体设计方法

---

① 范军：《军官退役形式与安置方式》，《中国人才·转业军官》2012 年第 6 期，第 27页。

② 屈家权、杨征兵：《中国特色退役军官分段安置制度构想》，《中国人才·转业军官》2013 年第 6 期，第 16 页。

③ 同上书，第 17 页。

综上所述，虽然众多学者在转业军官安置制度设计上观点不同，但其有一个共同的目标，即不管采用何种方式安置，从根本上解决或缓解地方国家机关和事业单位安置的压力，同时也可以使转业军官更好地发展，提升他们的转业安置满意度。基于上述梳理可认为，转业军官自主择业安置方式是世界各国退役军官安置的发展趋势，由此中国也应该以此作为转业军官安置的基本方式，但就中国目前的国情看，这需要一个逐步推进的过程，由逐步控制、缩小计划安置比例，到完全采用自主择业安置方式，这是一个社会系统过程，将需要较长的时间周期。

3. 安置规范（立法与安置政策）

2001 年建立自主择业安置制度以来，国家颁布了一系列关于自主择业转业军官安置的法规和政策。由此，学者主要对改革以来的法规政策从政策设计、政策执行、政策完善三个方面进行了较为深入的探讨。

盛大泉（2011）对 2001—2011 年十年的自主择业安置制度的政策和实施状况进行了梳理分析，汇集了大量相关数据，为其他学者自主择业安置政策的研究奠定了基础。

廖国庚（2006）将自主择业转业军官就业优惠政策分为教育优惠政策、录用优惠政策、创业优惠政策三个方面，提出优惠政策存在规定不够具体、优惠不当、系统性尚待加强、缺乏强制性和约束力四个方面问题。针对上述问题，建议一要完善教育优惠政策，增强可操作性和优惠度；二要优化录用优先政策，关于录用优先的规定要明确、具体，避免模棱两可；三要改进录用税收优惠办法，按照×××元/每年每人的标准给予税收优惠；四要细化创业信贷优惠政策，尽快制定配套政策；五要加强就业支持方面的法制建设。[①]

胡磊（2006）认为，转业军官自主择业安置政策存在设计上的缺陷，经济比较发达地区的自主择业转业军官的经济补偿偏低；自主择业转业军官的医疗、住房等保障模式不合理，由安置地政府解决住房补贴和医疗保险、由安置地财政支出的规定，没有充分考虑到自主择业转业军官分布不均衡的问题；经济补偿对不同人力资本构成的转业军官没有区别对待；退役金增发比例的累计不尽合理；自主择业安置政策的部分

---

① 廖国庚：《解析自主择业转业干部就业优惠政策》，《中国人才·转业军官》2006 年第11 期。

规定尚不够明确，使用了"应当"、"相应"、"视情"、"可以"等弹性比较大的词汇，立法层次不够。①

张毅（2011）分析了我国转业军官自主择业安置政策，其与西方相比在产生目的、产生社会条件和制度构成要素三个方面存在明显差异。归纳分析了自主择业安置政策实施中的问题，认为："从全国情况来看，自主择业安置政策正经历从冷淡到繁荣再到理性回归的过程，呈现明显的'倒 U'形分布，以 2003 年为最高，然后每年逐渐下降，形成了一个由低到高又逐步回落的态势。"② 在分析这种状况主要原因时，从政策设计实施、政府责任、转业军官个体三个方面分析安置政策效果不佳的原因，认为自主择业安置政策评估调整机制不健全，未有评估指标标准体系是其重要的影响因素。

范军（2011）认为："目前需要重点关注社会保障费用的负担问题、自主择业军转干部服务管理的有效性问题、自主择业干部社会地位问题，这三个问题直接关系到自主择业的优惠政策能不能真正落在实处，关系到自主择业政策吸引力的大小和能走多远的问题。"③

田恩进（2012）认为："我国现行的退役军官安置既具有政策的诸多缺陷和不足，又具有政策执行环节的偏差。""我国现行政策的弊病在于政策的层次性、相关性、系统性及整体性不强，致使权威性不够、概括性过强，弹性空间大。解决好退役军官安置工作中的矛盾，法制化、制度化是基础。"④

冯荣荣（2012）认为，当前我国地方政府军转安置政策执行存在的问题表现为：部分地方政府抵制军转安置工作，工作安置上采取拖延、搁置等方式不落实，级别待遇不兑现，地方政府军转安置操作缺乏透明性；地方政府军转安置"供需失衡"问题突出；地方政府军转安置存在管理缺位问题，因对现实状况不满而出现不稳定因素绝大部分来

---

① 胡磊：《自主择业安置政策效果的分析与思考》，《军事经济研究》2006 年第 4 期。
② 张毅：《自主择业转业干部安置政策效果分析》，硕士学位论文，吉林大学，2011 年，第 12 页。
③ 范军：《军转安置改革与发展的"试金石"》，《中国人才·转业军官》2011 年第 11 期，第 42 页。
④ 田恩进：《基于多源流分析的我国退役军官安置政策研究》，硕士学位论文，中南民族大学，2012 年，第 61—62 页。

自自主择业转业军官群体，军转人员维权事件频发。①

蔡春风（2010）就完善自主择业安置政策提出了极具针对性的对策，建议增加自主择业退役补助费，按军龄每满一年发给本人 3 个月原工资；将自主择业转业军官住房补贴、医疗保险等社会保障费用改由国家财政统一负担，按照各地实际接收人数从财政经费中划拨；以退役自主择业军官退役补助金、住房基金的 1 倍为标准，提供自主创业的无息贷款；自主择业转业军官从事个体经营的，经主管税务机关批准，自领取税务登记证之日起，3 年内免征营业税和个人所得税；对为安置自主择业转业军官就业而新开办的企业，凡安置自主择业转业军官占企业总人数 30% 以上的，经主管税务机关批准，自领取税务登记证之日起，3 年内免征营业税和企业所得税；对招聘转业军官的企业，3 年内按每人每年 4000 元标准扣减营业税、城市维护建设税、教育附加费和企业所得税，每名自主择业转业军官累计享受税收减免政策的时间不超过 3 年。

4. 转业军官人才开发

门相国（2003）认为，转业干部的培训是人才资源开发的必要步骤，是再造转业干部民用专业素质，由军事人才向地方建设人才转变，实现军地平稳过渡的重要环节。②

贾鸿雁（2004）认为，军队转业干部职业能力建设，是一项非常复杂的社会系统工程，需要全社会共同关注、共同努力。部队在培养军队干部时要注意提高整体素质，兼顾军地通用知识、技能的教育训练；军转安置机构尽可能做到对口安置、科学配置，使军队转业干部学有所用；接收单位要充分认识军队转业干部的优势，适才适用；军队转业干部则应正视现实、客观评价自己，以良好的心态继续发扬部队的优良传统和作风。唯有如此，才能使军队转业干部这一宝贵人才资源得到有效、合理开发。

徐伟（2006）分析了开发自主择业转业军官的必要性和存在的开发误区，认为这一问题的解决要加大宣传力度，扩大自主择业转业干部

① 冯荣荣：《当前我国地方政府军转安置政策执行研究》，硕士学位论文，云南大学，2012 年，第 20—25 页。

② 门相国：《军转干部人才开发浅析》，《人才开发》2003 年第 7 期，第 14 页。

社会影响力；完善现役干部考核评价体系，为转业后开发提供科学依据；制定创业政策；完善培训机制。[1]

张合林（2005）认为，自主择业军转干部是重要的人才资源，坚持以人为本的开发理念，依据自主择业军转干部的人才培养、开发、使用的特点和规律，逐步建立和完善自主择业军转干部人才资源开发使用理论体系、政策体系、制度体系和服务体系，充分实现自主择业军转干部人才资源的价值。[2]

周述辉（2007）运用塔尔科特·帕森斯行动模型分析了自主择业转业军官的行动目的是追求综合利益的最大化，行动过程是利益分析比较的过程，并分析了社会网络关系对转业干部选择安置方式行动的影响，构建了转业干部选择安置方式的行动模型。[3] 具体如图2-2所示。

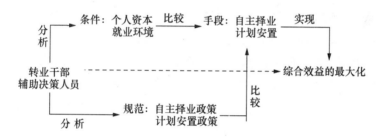

图2-2　转业干部选择安置方式的行动模型

杨彪（2008）分析了转业军官本身特有的素质优势，认为他们的开发应发挥自身素质优势。针对自主择业转业军官开发提出应提升素质、加强管理、提供服务、推进培训、完善保障、促进合理流动、重视经济补偿和支持创业八项措施。[4]

喻亚海（2010）认为，军队转业干部人才资源开发应坚持以人为本、社会需要导向、差异性、系统性的原则，建议国家相关部门研究出

---

① 徐伟：《自主择业军转干部——人才开发的新亮点》，《中国人才·转业军官》2006年第4期。

② 张合林：《自主择业军转干部开发工作设想》，《中国人才·转业军官》2005年第9期，第19页。

③ 周述辉：《军队转业干部自主择业服务研究》，硕士学位论文，国防科学技术大学，2007年，第18—20页。

④ 杨彪：《从自主择业看我国的军队转业干部人力资源开发》，硕士学位论文，贵州大学，2008年，第32—49页。

台"军队转业干部人才资源开发条例",对军队转业干部人才资源开发的相关事项进行细化；建立统一的军队转业干部人才资源开发管理机构；建立军队转业干部人才资源开发社会保障体系；营造有利于军队转业干部人才资源开发的社会舆论氛围；加强军队转业干部人才资源开发的社会化趋势。①

上述学者从系统的、以人为本的视角提出了转业军官人才开发的宏观举措，如转业军官人才开发主体应多元化，建立社会保障体系，为人才开发提供法律支持，依据转业军官素质特点实施开发；也有学者从人才开发效果视角提出开发的微观举措，如完善优化培训机制、扶持创业、强化管理等。

5. 管理服务

计划安置转业军官分配到接收单位后，纳入该组织的管理。而自主择业的转业军官面临再次就业创业、退役金领取、医疗等社会保障及其他方面的管理服务问题。因此，转业军官的管理服务主要是针对自主择业转业军官而言，众多学者和管理工作者围绕相关问题进行了研究和探索。

周述辉（2007）认为，根据马克思的劳动力生产和再生产理论，高额劳动理应获得相应的补偿，由此自主择业服务是补偿转业干部年龄人力资本缺陷、知识人力资本缺陷、社会资本缺陷的需要。将自主择业服务定义为：自主择业服务是指根据国家有关政策法规，为自主择业干部的择业与就业提供教育、咨询、指导等服务，以帮助自主择业干部合理选择职业、促进实现就业。从自主择业服务实践过程深度和广度来看，自主择业服务有广义和狭义之分。从社会现实需要和自主择业干部择业实际来看，现阶段自主择业服务主要集中在政策、思想和技术三个方面；服务方式为政府直接提供服务、政府与其他组织共同提供服务、政府组织协调社会团体提供服务三种方式。② 将转业军官个体就业素质能力的缺陷上升到了理论高度，这一定义外延过窄，将自主择业服务简

① 喻亚海：《军队转业干部人才资源开发研究》，硕士学位论文，湘潭大学，2010年，第32—36页。
② 周述辉：《军队转业干部自主择业服务研究》，硕士学位论文，国防科学技术大学，2007年，第14—16、22—25页。

单化，即自主择业服务等同于就业服务。

陈孝（2008）将自主择业转业军官的管理服务归纳为复合型管理服务、信息型管理服务和学习型管理服务三种模式，并阐述了探索管理服务新模式的必要性和具体举措。① 他认为，自主择业管理服务主要存在的问题是：管理服务体系初步形成，但存在组织机构不太完备，规章制度不健全的问题；管理服务职责明确，但尚未发挥其应有作用，如社区和街道党组织发挥作用不明显，且责任部门不明；管理服务力度不断加大，但仍存在薄弱环节，如就业培训指导力度不够、经费不足、管理服务人员素质尚需提升。② 但未对三种模式进行定义和理论分析。

胡涛（2011）认为，自主择业军转干部管理主体的归纳概括、组织协调、利益整合等公共服务能力薄弱；管理主体具有服务性、公益性、职能性、法制性和渗透性基本特征；管理主体应在符合我国国情和军情的基础上，从指令性管理向指导性管理过渡，从统一管理向分类管理过渡，从单一管理向多元管理过渡。③

夏辉（2011）认为，依据新公共行政管理思想、治理理论、国家和社会的新理论，非政府组织在退役军人社会保障制度方面发挥着重要作用，提供多元服务、扩大就业渠道、扩充社保资金、整合社会力量。我国政府应从实际出发，对现有非政府组织进行改造和优化，并优先、重点发展一批与社会主义市场经济发展和政府职能转变关系较为密切的非政府组织，使改造与新建并举，尽快填补体系空白，形成体系完整、结构合理、功能健全的非政府组织体系。④

6. 就业安置

石春燕（2005）通过将人力资本、政治资本具体为相应的维度指标研究其对转业军官再就业方式的影响程度，结果表明"选择国家计划分配的军队转业干部比选择自主择业的军队转业干部的人力资本丰

---

① 陈孝：《探索自主择业干部管理服务新模式》，《中国人才·转业军官》2008 年第 2 期，第 55 页。

② 陈孝：《自主择业干部管理服务现状调查》，《中国人才·转业军官》2008 年第 8 期。

③ 胡涛：《云南省自主择业军队转业干部管理探析》，硕士学位论文，云南大学，2011 年，第 12、20—21、27 页。

④ 夏辉：《非政府组织在退役军人社会保障供给中的作用发挥研究》，天津大学，2011 年，第 13—15、31 页。

富。""选择国家计划分配就业的军官比选择自主择业安置的军官的政治资本丰富。政治资本对女干部、文职干部安置地选择的作用不明显。"①

王众（2007）论述了新中国成立初期1950—1957年的退役军人就业安置工作，通过将时间转换为空间的方式从社会空间的角度解读当年的历史现象。依据社会学继续社会化理论，认为"退役军人继续社会化的过程可以从个性发展、文化和社会结构的三种角度来理解。退役军人通过保持其个性特色所代表的新的社会文化和价值观念，重建社会的过程，也是他们完成由军队向地方的继续社会化的过程和职业角色转换的过程。"② "从退役军人的角度来看，这是一个被作为人才移植的过程。"③

剪万兵（2009）认为，现代社会保障体系要求退役军人就业安置制度必须以货币化为其主要实现形式。以社会保险、最低生活保障等为主要内容的现代社会保障体系则以货币为主要支付手段，不仅简便易行、可操作性强，而且公开透明、公平公正，从而实现了保障权与就业权的分离。退役军人就业安置制度必须改变以实物（安排就业）为支付手段的保障方式，逐步向货币化安置方式过渡。通过提供货币支持，在体现政府安置责任的同时，确保安置保障的时效性、长效性和公平性。④

卢欢（2010）认为，我国退役军官计划安置满意度可以分为三个维度，包括工作本身满意度、社会支持满意度、收入待遇满意度。调研定量分析结果表明退役军官计划安置满意度不高，属于一般偏低水平，尤其是收入待遇满意度处于一般不满意水平。个人属性在工作满意度上的差异为：①不同性别、提干方式、职务级别和单位类型的退役军官计划安置满意度的差异不显著。②不同年龄和军龄的退役安置满意度存在

① 石春燕：《人力资本、政治资本与军队转业干部再就业的相互关系》，硕士学位论文，吉林大学，2005年，第16、20页。

② 王众：《1950—1957年的退役军人就业安置》，博士学位论文，山东大学，2007年，第8页。

③ 同上书，第146页。

④ 剪万兵：《退役军人就业安置制度与社会发展同步性研究》，硕士学位论文，西南交通大学，2009年，第37页。

较显著差异。③婚姻状况对工作本身和社会支持满意度并没有显著影响；而对收入待遇存在显著性差异。④干部的工作满意度随着其学历的提高呈递减趋势。⑤不同提干方式的退役军官其工作本身和收入待遇满意度差异不明显，但社会支持满意度差异显著。⑥担任过连营主官的退役军官在工作本身满意度和社会支持满意度上较非领导职务和连营级领导职务的要高，而在收入待遇满意度上的差异不显著。是否获得奖励、在边远艰苦地区服役、参加重大任务的差异分析对退役安置的满意度并没有显著的影响，均值差别不大。① 在上述分析的基础上提出了提升满意度的相应对策。此研究详细展示了量化分析研究过程，为对策提供科学依据，但对策部分内容比较薄弱，弱化了其应用价值。

张立（2011）通过对转业军官再就业安置法律文本梳理认为，退役军官就业安置法律制度的总体运行情况不佳，表现为政策主导，法律供给不足；自主择业并没有发挥出立法时所设想的作用，计划安置仍然是退役军官首选的再就业渠道；法律制度运行中存在服务型政府与计划安置之间的矛盾、法治社会与政策安置之间的矛盾、对退役军官再就业的"优先保护"与社会整体效率之间的矛盾、军队对人才的培养目标与市场对人才的需求之间的矛盾。针对上述问题，建议在宪法中明确对退役军官所享有的各项保障，以此为基础，制定《退役军官社会保障法》和《违反退役军官社会保障相关规定的处罚措施》，细化退役金、医疗保险、住房保障、再就业保障生存就业权利，明确违法主体的法律责任，为就业保障法律实施提供保障。②

廖国庚（2011）认为，建立退役军人就业协会可以弥补现有就业支持机构服务力量、服务方式以及提供就业信息的不足，有利于增强政府就业服务功能，促进退役军人就业。同时，有利于充分表达和反映退役军人的利益要求，维护退役军人的合法权益，实现社会利益均衡，有利于构建社会主义和谐社会。国外实践表明，退役军人组织的建立和存在有助于促进退役军人就业和社会稳定，我国的实践也表明合法民间组

---

① 卢欢：《我国退役军官计划安置满意度研究》，硕士学位论文，国防科学技术大学，2010年，第57—60页。

② 张立：《我国退役军官再就业保障法律制度研究》，硕士学位论文，中国政法大学，2011年，第6—9、30—31页。

织的存在并没有影响社会稳定。建立退役军人就业协会需坚持正确的原则，合理规划活动宗旨，加强对它的管理和引导。①

7. 国外退役军人安置制度

我国众多学者介绍梳理了国外退役军人安置制度，如美国、英国、德国、日本、法国、澳大利亚、印度等，主要集中在退役安置条件、待遇和培训等方面。田小文《外国兵役制度概览》一书比较系统地介绍了美国、俄罗斯、日本、英国、法国、德国、瑞士、印度、越南、韩国、蒙古、加拿大等国的兵役制度的历史沿革、现有制度和发展趋势。

罗平飞（2006）分析了世界主要国家的军人退役安置制度，认为以经济体制为判断标准，可分为完全市场化安置体制、完全计划性安置体制、市场和计划结合型安置体制三种类型，并分析其特点及适用范围，探讨了各国选择安置体制类型的影响因素。② 姜峰（2010）考察了国外已实现军官职业化的各国退役安置现状，认为具有物质待遇优厚，生活水平较高；政治待遇较高，职业认同感强；管理机构专业，服务优质高效；就业扶持有力，提升就业质量；法律体系完善，保证依法安置的特征。③

王书峰（2009）的《美国退役军人教育资助政策形成与变迁研究》一书系统梳理研究了美国退役军人教育资助政策的产生和变迁过程，认为退役军人安置就是军事专业人员的二次专业化过程，即首先要从一个社会人变成军队人，然后还要从一个军队人转变为社会人。军人的二次专业化路径能否得到社会认可，直接关系到退役军人能否顺利回归社会，关系到安置工作的成败。美国退役军人教育资助政策的实质，就是以向退役军人提供高等教育这种方式，发挥专业主义社会中大学的职业认证、社会认可功能，以一种社会认可的方式，帮助退役军人实现二次专业化，重新融入社会生活。在中国，以政府指令性安置为主的"二次专业化"路径不被社会专业人员认可，或者说认可程度较低，是中国退役军人安置工作出现困难的根源所在。在 21 世纪之初的中国，资

---

① 廖国庚：《建立退役军人就业协会：一个值得重视的历史性课题》，《经济与社会发展》2011 年第 1 期。
② 罗平飞：《军人退役安置制度的国际比较》，《政治学研究》2006 年第 1 期。
③ 姜峰：《透视国外职业化背景下的退役军官安置》，《中国人才·转业军官》2010 年第 5 期。

助退役军人接受大学教育，已经成为一个可行性很高的政策选项。①

马金鸽（2011）在《美国退伍军人社会保障制度研究及其对我国的启示》一文中较为系统地介绍了美国退伍军人在医疗保障、货币福利、教育培训、就业扶持、住房福利、人寿保险等方面的保障制度，提出了完善我国退伍军人保障制度的对策。韦钦云（2011）在《美国退伍军人培训概况及启示》一文中，介绍了美国退伍军人的培训体制和法规的基本情况，阐述了在培训实施过程中具体措施及对我国转业军官培训的启示。

国外退役军人安置制度的研究，由于资料的限制大多局限于制度概览及其启示，理论性探讨、规律性认知的研究成果不多。

（四）研究方法

各位学者在转业军官安置研究中运用了多种方法展开研究，探讨转业军官安置的制度设计和运行规律。除社会科学研究常用的文献研读、调查统计、实验研究、比较研究、量化研究等方法外，有些学者运用了非常规方法，但大多数学者均采用多种方法分析研究。

朱明飞（2009）在进行转业军官安置工作流程优化研究时，按照流程优化过程对现有流程和优化流程进行了描述，运用 IDEFO 方法构建了现有流程和优化流程模型，应用活动价值分析理论、ASME 方法和修正作业成本法对现有流程和优化流程进行了定性与定量的分析，并通过对成本和时间的比较分析，说明了流程优化的效果。利用网络分析法（ANP）和模糊综合评价对军转干部人岗匹配度进行了计算，避免了过多的人为因素，实现了军转干部的科学安置，使安置工作更客观、公正、科学。②

夏博（2010）以多属性决策方法为基础，结合离职意向理论，运用层次分析法（AHP 法）对驻边远地区军官转业倾向度问题进行深入研究。

田恩进（2012）以多源流理论为分析工具，对当前我国退役军官安置政策的现状进行分析，给我国当前退役军官安置政策改革与调整提

---

① 王书峰：《美国退役军人教育资助政策形成与变迁研究》，广东教育出版社 2009 年版，第 225 页。

② 朱明飞：《军转干部安置工作流程优化研究》，硕士学位论文，国防科学技术大学，2009 年，第 71 页。

供了明晰的反思框架。多源流理论认为，在整个政策场域中涉及三大溪流：问题溪流、政策溪流和政治溪流，即公共问题、政策建议的阐明与完善和政治机会。这三条溪流有着各自动力，沿着各自不同的路径流动，当这三大溪流在某个特定的时间点上路径交叉并最终汇合，会使某个问题获得政策制定者高度关注的可能性大大提高，此时问题就会被提上议事日程，议案由此进入了议程。三流汇合的这个时间点就是"政策之窗"。[①]

卢欢（2010）综合运用问卷调查、访谈、定性分析与定量分析相结合等方法，对问卷回收的数据进行处理和分析，通过探索性因子分析、验证性因子分析、均值比较、方差分析等方法进行研究，分析验证计划安置满意调查问卷量表的结构效度，并对具体的研究结果进行描述。[②]

第二节　国内转业军官安置研究评析

综观国内转业军官安置研究的现状，由于国情、军情和资料资源的限制，系统研究的文献不多，大多从局部或具体问题探讨，而且理论性和深度不足。由此，国内转业军官安置的研究，不管从数量而言，还是质量而言，整体水平尚需大幅提升。

一　国内转业军官安置研究特点

转业军官安置研究学术成果的特点，可以从宏观和微观两个层面来分析。

（一）宏观层面的特点

1. 研究成果总量少

从数量而言，研究数量总体不多。"军队转业干部"为主题在中国CNKI学术文献总库检索结果显示，从最早的 1982 年文献，到 2013 年

---

① 田恩进：《基于多源流分析的我国退役军官安置政策研究》，硕士学位论文，国防科学技术大学，2012 年，第 13—14 页。

② 卢欢：《我国退役军官计划安置满意度研究》，硕士学位论文，国防科学技术大学，2010 年，第 57—60 页。

11 月 22 日近 31 年间，仅为 1787 篇（不包括年鉴文献和科技文献），"转业军官"为主题检索，从最早的 1958 年文献，到 2013 年 11 月 22 日近 55 年间，仅为 636 篇。两个主题检索结果相加也不过 2423 篇，这和其他社会群体的研究成果而言无法比较，但转业军官从新中国成立至今已有 400 余万名，在我国各条战线发挥着重要的作用和影响。由此，社会对转业军官这一群体的关注度尚需提高。

2. 研究成果质量尚需提升

从研究成果来源看，代表社会科学研究最高水平的国家社会科学基金项目资助的研究成果非常少，从国家社会科学基金立项项目数据库中搜索"军队转业干部"关键词，仅有 1 项，"军队转业干部可持续发展职业能力开发研究"；以"军人"为关键词检索，共有 9 项，相近的有"我国退役军人组织管理模式创新研究""军人征募与退役制度改革研究""新中国成立初期退役军人与政权建设研究""军人社会保障发展研究"和"1944—1990 年美国退伍军人权利立法研究" 5 项。

从研究成果发表的学术期刊看，高水平的学术期刊非常少。按照核心期刊的标准，目前在排名前 10 位的 11 种刊物里，仅有《中国人才》作为主导刊物 1992 年至今为人才学核心期刊。

3. 研究主体单一化

从学术成果研究主体而言，主要集中在转业军官安置工作者。根据在中国知网学术文献总库搜索的结果整理，在涉及研究主体的 60 家工作单位中，转业军官安置者占 46.6%，高等院校（包括军事院校）占 28.3%，其他国家机关占 18.3%。从高等院校的学术成果看，研究主体为高校教师的成果为数不多，主要是研究生的硕士学位论文，其中公共管理硕士 MPA 居多。综观所有研究主体，不管是转业军官安置工作者，还是硕士学位论文作者，大多具有从军背景。因此，从这个意义上说，研究主体主要是具有军队服役经历的工作者和研究者，非军人群体很少。其结果是转业军官研究转业军官安置，实质是同一群体，由于有较强的同理心，研究结果客观性弱化。

（二）微观层面特点

1. 研究学科视角多元

转业军官安置从制度层面看，是党和国家的一项政治制度，也是军人退役制度的组成部分，需要从立法层面建立完善，可以从法学、哲学展开研究；从工作层面看，被作为一项政治任务，涉及党政军相关国家机关众多部门，需要相应的管理机制来保障，可以从管理学中的公共管理、人力资源管理进行研究；从环境层面看，离不开社会这个大环境，需要得到其他社会群体的理解，以获得社会的认可，可以从社会学、经济学、社会保障学开展研究。由此，学者对转业军官安置研究从多学科、多角度展开，具体涉及管理学、经济学、社会学、法学、哲学、军事学等十几门学科，这在前面已经分析梳理，这里不再赘述。

2. 应用研究居多

应用研究与基础研究相对应，通常指为了解决实践中的特定问题而进行的研究，为解决实际问题提供依据。转业军官安置研究，大多成果针对转业军官安置过程中的政策设计缺陷、制度执行过程中的管理问题探寻其解决对策，而从理论层面解释这些问题的研究成果较少。

3. 问题对策居多

综观转业军官安置研究的内容，主要涉及历史过程、安置方式、安置法规和政策、就业保障、管理服务、转业军官开发、国外退役军官安置制度等内容研究。这些研究主要依据目前存在的问题、问题原因分析、解决对策的思路进行，对这些现象从理论深度认知、探寻其规律的较少。如转业军官安置补偿问题，多数研究成果认为转业军官服役期间流血流汗，为祖国奉献青春，理应得到尊重和优待；只有少数研究成果从人力资本的投入、收益及其人力资本的专用性和通用性探讨补偿的理论依据，或者从法理学的权利义务相对应理论研究转业军官安置补偿的法理基础。

4. 定性研究居多

定性研究方法在研究过程必不可少，但运用定量分析同样重要，可强化研究结论的客观性。转业军官安置研究的现有成果，定性研究方法较多，定量方法较少，通过数学建模分析问题的更少，这也是现有研究成果质量尚需提升的原因之一。

二 国内转业军官安置研究展望

由于转业军官安置研究主体人数较少，而且地方学者对此关注度不高。军事院校学者和地方高校学者相比人数不多，只有众多地方高校、研究机构的学者关注转业军官安置的研究，才可以有效地推动研究的迅速发展。地方学者研究转业军官安置的寥寥无几。一是由于军事信息资源的保密性，可公开查阅资料不多，地方学者查阅资料渠道狭窄；二是转业军官安置制度研究属于政治敏锐性较强的课题，地方学者关注度不高；三是地方学者缺乏对军官制度和转业军官群体的了解。但随着改革的深入，转业军官安置问题的研究将会引起社会和更多学者的关注，获得更多的研究资源支持。

整体而言，国内转业军官安置研究内容应强化理论基础研究，以提升研究深度；研究方法应多采用定量研究方法，以增加研究成果的客观性；研究主体上应吸引更多地方理论工作者参与，以规避研究过程的情感效应。具体应加强以下几方面的研究：

第一，转业军官安置制度的顶层设计和立法完善研究。现行的计划安置方式已经进入了"瓶颈"，自主择业安置方式将是主导安置方式，但其需要提升立法层次，从法律层面推进，同时完善各项配套制度，形成制度体系。而这些研究加强会为转业军官安置提供依据和指导。

第二，加强自主择业安置制度运行的社会环境资源研究。任何一项制度或机制运行均需要相应的资源条件支持，而关于自主择业安置制度运行资金资源、教育资源、政策资源、舆论资源等方面研究尚需强化。

第三，关于转业军官在职业转换过程中个体责任研究。转业军官是安置工作中的主体，其转业安置方式的选择、自主择业的职业能力是转业安置制度的核心影响因素，应引导转业军官淡化身份观念，转变求职观念，明确个体在职业转换过程中的责任，弱化他们的等、靠、依心理，激发其主动性。

第四，整合社会资源，构建转业军官安置的系统工程。转业军官安置涉及部队、政府、接收或用人单位、转业军官个体和社会其他各类组织，应将所有资源整合，以保证资源价值的最大化。

第五，加强军官职业能力开发研究。转业军官安置制度无论是将来的职业化，还是目前大力推行自主择业安置方式，转业军官再就业职业能力是决定性因素。军队在军官服役期间关注他们的职业生涯规划，为退出军队和职业转换增加人力资本；地方应整合社会力量，开发他们的职业能力。

第三章　职业能力对军队转业军官
职业发展影响研究

　　职业能力是个体从事特定职业的知识和技能，是个体职业发展的内在因素，直接影响着职业机会和职业发展质量。运用量化实证分析方法研究职业能力与职业发展的关系，证明职业能力对职业发展的影响，是研究转业干部职业能力开发的客观基础。本章通过问卷调查获取相关数据，运用 SPSS21.0 统计软件进行数据处理，围绕职业能力对转业军官职业发展状况的影响进行回归分析，为转业军官职业能力开发提供依据。

第一节　理论背景与研究设计

一　理论背景

（一）归因理论

　　归因是人们对工作生活中行为和事件产生原因进行主观分析和判断的过程。心理学家对个体归因过程和结果展开了广泛研究，形成了归因理论。美国社会心理学家海德（F. Heider）开创了归因理论研究先河，归因过程应明确行为的原因在于个人还是环境。他认为，决定行为的个人原因主要包括人格、品质、动机、情绪、态度、心境、努力、能力等，决定行为环境原因主要是情景因素，像任务的难易程度、活动提供的奖赏或惩罚、运气等。① 琼斯和戴维斯（E. E. Jones and Davis，1965）认为，归因活动的目的在于对他人做出一致性推断，即行为和引起行为

---

① 转引自张爱卿《归因理论研究的新进展》，《教育研究与实验》2003 年第 1 期，第 38 页。

的意图总与人的某种重要的稳定特点（倾向性）相一致。凯利
（Kelley，1967）在对归因研究的过程中提出了协变分析模型，他认为，
人们在进行协变信息评估时，会考虑与行为相关的三种因素即区别性、
一贯性和一致性。区别性是指行动者是否对同类其他刺激做出相同的反
应；一贯性是指在其他情境、其他时候行动者对同一刺激物做出相同的
反应；一致性是指其他人对同一刺激物是否也做出与行动者相同的反
应。① 上述归因理论主要是归因前提和归因过程的研究。1986 年美国心
理学家韦纳在《动机与情绪的归因理论》一书中将归因理论与动机理
论创造性地结合在一起，形成了动机归因理论，并在 1995 年的《责任
的推断：社会行为的理论基础》一书和 2000 年《自我和人际动机归因
理论》一文中进行扩展和完善，为解释人类各种复杂行为提供了理论
基础。②

　　韦纳认为，影响个体行为成败的因素非常多，但不外乎自身能力、
付出努力程度、任务难度和运气好坏四类原因。他通过逻辑和经验分
析、数理统计分析确定了原因的三个维度：①原因源，指原因是行动者
自身原因还是外部环境的原因。②可控性，指原因能否受行动者主观意
志的控制。③稳定性，指原因是否随时间而改变。韦纳并由此提出了归
因的三维结构模式：原因源×可控性×稳定性。能力即个体评估个人对
该项工作是否胜任，属于内在原因，具有稳定性但不可控制；努力即工
作态度，也就是在工作过程中是否尽心尽力属于内在原因，具有可控性
但不稳定；任务难度即工作任务的复杂程度和困难程度，是外部环境因
素，具有稳定性而不可控制；运气是个体在工作过程中是否得到机遇的
惠顾，是外部环境因素，具有不稳定和不可控性。

　　韦纳原因归度模型是对归因理论的重要贡献之一，另一个重要贡献
则是他不仅关注归因本身研究，而且研究归因对后续行为的影响。他认
为，归因不是一个独立的过程，它是行为后果与后继行为之间的中介认
知过程，对行为后果所作的归因会影响对下次结果的预期及情感反应，
而预期及情感反应又成为后继行为的动因。③ 如果某人将在某项任务上

① 方振邦编著：《管理思想百年脉络》，中国商业出版社 2004 年版，第 244—255 页。
② 张爱卿：《归因理论研究的新进展》，《教育研究与实验》2003 年第 1 期。
③ 郭德俊主编：《动机心理学：理论与实践》，人民教育出版社 2005 年版，第 90 页。

的成功归因于稳定的原因，如他的能力很强或这项任务对他很容易，他自然会期望自己在以后类似情境中继续成功。如果成功被归因于随情境变化而变化的不稳定原因，如工作努力或运气不错，显然，对下一次成功就不那么有把握了。人们更看重由内部原因所致的成功，并为此而奖励自己。[①] 因此，开发提升转业军官职业能力有助于增加其就业机会和个体自信心。

（二）能力结构理论

1. 国外学者和组织关于能力结构的研究

国外学者对能力结构从不同的学科对能力维度及其构成方式进行大量研究，影响较大的有英国心理学家斯皮尔曼（C. Spearman，1904）提出的"二因素说"。斯皮尔曼认为，能力由两种因素组成：一种是普通能力或普遍因素，它是人的基本心理潜能，是决定一个人能力高低的主要因素，系得自先天遗传；另一种是特殊能力或特殊因素，包括口头能力、数算能力、机械能力、注意力和想象力五种，是保证人们完成某些特定作业所必需的，只与少数生活活动有关，是个人在某方面表现的异于别人的能力。美国心理学家塞斯顿（L. Thurstone）的"群因素说"、吉尔福德（J. P. Guilford）的智力三维结构模式理论、美国心理学家弗农（Vernon）的智力层次结构理论对能力构成维度和能力构成方式展开深入研究，发展了斯皮尔曼的"二因素说"。但是，心理学视角的能力结构理论侧重于人的智力结构研究，较少与人的职业发展相联系，由此心理学的能力结构理论对研究指导意义不大。

从现有文献资料看，除心理学对能力结构进行研究外，一些国际组织对能力结构构成维度的研究也较为深入，且其研究相对更具体、更明确，有较好的应用性和参考价值[②]，有利于职业能力维度的合理界定。

美国劳工部的 SCANS 项目以青年劳动者为研究对象，研究年轻人在工作中取得成功需要具备什么能力。研究结果认为，所需能力分为基础能力和职业能力两个第一层次的维度，这两个维度下又有更具体化的

---

① 向海英：《成就动机的归因理论与教学改革》，《山东师范大学学报》2000 年第 6 期，第 55 页。

② 陈勇：《大学生就业能力及其开发路径研究》，博士学位论文，浙江大学，2012 年，第 31 页。

要素：①基础能力维度。基础能力有两层组成因素：第一层由一般技能、思维能力和素质三个要素构成。第二层由第一层中的三个要素分解出的具体能力要素构成。一般技能由读、写、听、说、计算和数学能力六个基本能力构成；思维能力由创新思考、决策制定、解决问题、知道如何学习要素组成；个人素质包括负责任、诚信、自信等。②职业能力维度。职业能力也分为两个层次的因素。第一层由资源能力、沟通能力、信息能力、系统能力、技术能力等要素组成；第二层是上述各要素分解出的具体构成指标，如资源能力包括支配人、财、物等资源的能力，沟通能力主要包括与他人沟通合作的能力、融入团队能力、说服他人的能力、领导组织能力和在不同文化环境下工作能力等，信息能力包括获取、选择、维护、评价信息的能力、使用计算机处理信息的能力等，系统能力包括理解系统的能力、执行中纠错能力、改进和设计系统的能力等，技术能力包括选择和使用技术的能力。SCANS 认为，上述能力构成要素是取得职业成功发展所必备的，可以通过学习形成发展。①

　　经合组织（OECD）的 DeSeCo 项目基于劳动者面临不断变化的职业环境，应该具备什么样的能力视角，提出能力的构成要素包括知识、技能以及态度、人的价值观与动机等，具体包含有效使用工具、沟通能力和自主的行动三个方面的因素。"工具"包括语言、符号和文本等，有效使用工具就是指有效利用这些工具组成的知识和信息；沟通能力是指与人相处、善于在团队工作、解决人际冲突的能力；自主的行动是指个人对自身的规划与管理能力，包括个人的兴趣、自制和坚持能力等。② 经合组织各国参与 DeSeCo 项目过程中，各参与国也分别提出了不同的能力构成标准。德国将能力的构成要素分为知识、系统思考能力、学习能力、沟通能力、使用工具的能力、融入不同文化的能力等。澳大利亚认为，能力应由个人能力、复杂环境适应能力、社交能力和融入社会能力四个要素构成。新西兰的观点与德国类似，它的研究报告将能力的构成要素分为交流技能、计算技能、信息技能、解决问题能力、

①　沈潇文、孔寒冰：《科技人力资源能力建设：概念与思考》，《高等工程教育》2007 年第 5 期。
②　同上书，第 14 页。

自我管理能力、合作能力等。①

　　欧洲博洛尼亚计划的 Tuning 项目研究结果认为，能力由知识、理解、技能和才能的动态组成，包括两个基本维度，即通用能力和特定能力。通用能力包含学习能力、分析能力、综合能力等，并指出，由于不断变化的社会、经济、文化环境，通用能力显得更为重要，因为它有普适性。特定能力与特定的学科相联系，包含专业理解能力、感知能力和专业知识的综合能力等（European Commission，2005）。②

　　2. 国内学者对能力结构的研究

　　陈宇（2003）认为，能力包括贯穿于劳动者职业生涯的就业和创业能力、工作能力、职业转换能力，职业能力的内涵正在被重新建构，它不再只是动手能力、操作能力和理论知识的代名词，态度、敬业精神、协作精神和行为评价等开始进入能力建设的大舞台。因此，职业能力从结构上可以分为三个层次：①职业特定技能。其范围可以理解为国家职业分类大典划分的范围。我国划分为 1838 个职业，目前国家职业标准的制定，以及相应的职业资格认证考核活动均以此为依据进行。职业特定技能可以理解为从事某个职业的专业能力。②行业通用技能。其范围要宽于职业特定技能，可以理解为是在一组特征和属性相同或者相近的职业群中体现出来的共性的技能和知识要求。③核心技能。是范围最窄、通用性最强的技能，是人们在职业生涯甚至日常生活中必需的，并能体现在具体职业活动中的最基本的技能，它们具有普遍的适用性和广泛的可迁移性。我国专家依据实际情况和职业技能开发的需要，借鉴国际先进经验，将核心技能归纳为表达交流、数字应用、信息处理、与人合作、解决问题、自我学习、创新革新和外语应用能力八个方面。

　　石伟平（1997）分析了英国学者曼斯菲尔德职业能力观决定职业能力标准的观点，提出围绕"任务"和"工作角色"开发"职业能力"，由"职业能力"开发"职业标准"，再由"职业标准"开发"评定方法"与"培训方案"或"学习计划"。要做到这一点，必须拓宽我

---

① 沈漪文：《基于能力框架的 HRST 能力建设研究》，博士学位论文，浙江大学，2009年，第40—42页。

② 陈勇：《大学生就业能力及其开发路径研究》，博士学位论文，浙江大学，2012年，第31—33页。

们现有的职业能力观，把我们的能力视野从与特定职业岗位相关的知识、技能和态度扩展到更广的领域。[1]

吴晓义（2006）认为，职业能力即指从事职业活动所必须具备的本领，它是成功进行职业活动所必须具备的知识、技能、态度和个性心理特征的整合，其中包括特定职业能力、通用职业能力和综合职业能力。[2]

徐国庆（2005）认为，通常把职业能力解释为"工作任务的胜任力"，但对此可以有两种理解：①职业能力是从工作任务中另外分析出来的心理要素，因此其获得需要在工作任务分析基础上进一步进行；②职业能力虽然是心理要素，但其内容是由工作任务确定的，因此职业能力与工作任务是相互对应，应当用工作任务来定义职业能力，在工作任务分析结束时也就获得了职业能力，而没有必要继续进行分析。徐国庆（2007）认为，职业能力概念远比职业资格概念的外延要广泛，能力发展涉及工作和生活两个方面，也就是说，它不仅仅包括工作和职业这个领域。[3]

邓泽民等（2002）认为："个体将所学的知识、技能和态度在特定的职业活动或情境中进行类化迁移与整合所形成的能完成一定职业任务的能力。"[4] 这一概念界定是在职业教育框架内，从完成工作任务的资格和过程角度提出的，并将职业能力特征归纳为应用性、层次性、专门性、个体性和可变性五个方面。

陈勇（2012）通过就业能力研究文献的回溯、能力结构理论的回顾，结合访谈，得出大学生就业能力结构由专业能力、通用技能、个人品质和职业规划能力四个要素组成。[5]

二　变量界定

（一）自变量

韦纳的成败归因理论将个体能力划为内在、稳定性因素。职业能力

① 石伟平：《职业能力与职业标准》，《外国教育资料》1997年第3期，第64页。
② 吴晓义：《"情景—达标"式职业能力开发模式研究》，博士学位论文，东北师范大学，2006年，第30页。
③ 徐国庆：《职业能力的本质及其学习模式》，《职教通讯》2007年第1期，第25页。
④ 邓泽民、陈庆合、刘文卿：《职业能力的概念、特征及其形成规律的研究》，《煤炭高等教育》2002年第2期，第105页。
⑤ 陈勇：《大学生就业能力及其开发路径研究》，博士学位论文，浙江大学，2012年，第133页。

是能力的属概念，也会对个体行为成败产生影响。转业军官职业能力是其获得、保持工作并取得成就，应对工作环境变化保持职业持续良好发展的本领，包括知识、技能和个性心理特征，对其职业发展成败会产生影响。由此可以推断转业军官职业能力对职业持续发展具有相关性，且职业能力具有稳定性和不可控性，故选择职业能力作为自变量。

职业能力作为自变量不易测量，需通过概念操作化确定具体自变量指标因素，以方便测量和研究。职业能力是个体从事职业活动需要的知识、技能和个体素质的总和。职业能力中的知识是形成能力的基础，技能是职业能力的核心要素，而职业技能是影响职业发展的显著因素，故依据能力结构理论及其相关研究。本章在职业能力概念下确定了专业能力、通用能力、职业规划能力和个人品质四个维度。通用能力也有学者称为关键能力或核心能力，是从事各种职业活动必备的基本能力，考虑转业军官群体特点，将通用能力确定沟通能力、适应能力、信息获取能力、决策能力和学习能力五个维度。开拓进取精神为个性品质演化出的变量，是体现工作态度的重要指标，而态度则是影响个体行为的重要因素。由此确定了专业能力、沟通能力、适应能力、信息获取能力、决策能力、学习能力、职业规划能力和开拓进取精神作为自变量职业能力的测量变量。

专业能力：从事某种职业所具备特殊需要的特殊知识、技能与经验。

沟通能力：人们通过语言和非语言方式传递并理解信息、知识的能力。

适应能力：个体随外界环境条件变化而改变自身特性或工作、生活方式的能力。

信息获取能力：运用各种渠道获得信息并转化为机遇的能力。

决策能力：根据一定目标认识现状，预测未来，决定最优行动方案的能力。

学习能力：个体在正式学习或非正式学习的环境下，自我获取知识、工作技能并运用到工作中的能力。

职业规划能力：科学选择职业与岗位、确定职业发展目标及其实现策略的能力。

开拓进取精神：主动适应工作环境的个性心理特征，表现为积极主动探索完成工作任务、解决现有问题的新方法和新途径。

（二）因变量

本章旨在探析转业军官职业能力与转业后的职业持续发展的相关性，职业发展是外延宽泛的抽象概念，其发展状况可以用职业发展转化数量、职业发展质量、职业发展机会等指标来衡量。"质量"在《辞海》中解释为："事物的优劣程度，如产品质量、教学质量。"[1] 职业发展质量则是指职业发展的优劣状况，是体现转业军官退役后职业发展状况的最有效指标，因此选择职业发展质量作为因变量。

职业发展质量作为一个抽象概念的描述，非具体产品，属于不能准确、直接测量的潜变量，只能通过工作岗位、晋升空间、薪酬水平、工作成绩、工作强度和工作时间六个外显指标作为变量测项来测量。基于转业军官群体的职业观念和需求，选择转业军官对岗位、收入、晋升、成绩、强度、时间等指标的满意程度作为职业发展质量的变量测项。

根据上述理论背景，建立本章研究理论模型，具体见图 3-1。

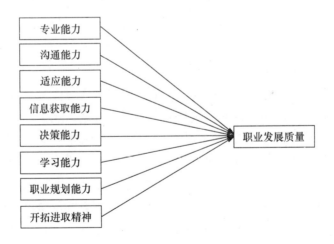

图 3-1　职业发展质量研究模型

基于上述相关理论和研究的回顾，可以得知职业能力和转业军官职业发展质量存在着紧密的联系。依据归因、能力结构理论，职业能力作为转业军官个体内在、稳定性因素，会对其职业发展、转换产生正向

---

[1]　夏征农、陈至立：《辞海》第 4 卷，上海辞书出版社 2009 年版，第 2951 页。

影响。

三　量表设计

本研究的对象是军队转业军官，其个体所拥有的职业能力适应范围很窄，而且职业发展阶段具有其特有的特点，再加上相关研究非常少，可以直接借鉴的相关量表非常少。因此，量表设计在明确、界定核心概念的基础上，收集反映职业能力、职业发展质量核心概念内涵的相关因素，借鉴相关研究成果，结合课题组调研和访谈状况，确定了问卷测项项目。

（一）因变量测项选择

弗里德曼和格林豪斯（Friedman and Greenhaus）经过实证研究后提出了由五个指标组成的客观职业生涯成功的标准：社会性、地位、独立的时间、挑战性和安全性。布德林斯、贾奇斯和塞伯茨（Boudreans, Judgesz and Seiberts, 2001）等的研究认为职业满意是员工对工作状况各个方面的感知与情感反应，这些方面包括：工作的满意；薪酬的满意；晋升机会的满意；对职业生涯所取得成就的满意；对所学到的新技能的满意。这一分类也成为组织行为学中惯常做法。尼塞尔、尼科尔森（Nisel, Nicholson）等学者对客观职业成功的标准做了更深入的探讨后，又提出了六个客观成功的指标：物质成功（财富、财产、收入能力）；地位和头衔（等级位置）；知识与技能；社会声誉与尊敬、威望、影响力；友谊、社交网络；健康与幸福。①

美国心理学家亚伯拉罕·马斯洛（1943）的层次需求理论认为，人类需求从低到高按阶梯层次分为生理需求、安全需求、社交需求、尊重需求和自我实现五种需求。而个体对工作岗位、晋升空间、薪酬水平、工作成绩、工作强度和工作时间等维度的满意程度可以分别满足个体的五类需求，并且可以衡量职业发展质量。由此依据相关研究成果本书研究选择此6项指标作为职业发展质量的测项（测量变量）。

工作岗位是职权和职责的集合体，可以通过决策、管理、执行、操作四个层次体现工作岗位职权和职责的差异。职权和职责的大小体现着岗位等级的高低和对组织价值的大小，是衡量职业发展质量的重要

---

① 转引自杨凡《员工就业能力与职业生涯成功的关系研究》，博士学位论文，暨南大学，2011年，第27、69、82页。

指标。

晋升空间即职务晋升幅度的大小或职业发展前景。转业军官在服役期间均有不同级别的职务，转业后将职务晋升作为职业持续发展的重要衡量因素，职务晋升空间对他们效价很高。

薪酬水平指组织内部各类职位和人员平均薪酬的高低状况。薪酬作为劳动者付出劳动回报，体现工作的复杂程度、责任大小，反映了个体的岗位等级和资历深浅，更是个体能力价值的直接衡量指标，也是衡量生活水准的直接因素。因此，薪酬水平是职业发展质量的重要测量指标。

工作成绩即工作绩效状况，指个体或群体在工作过程的工作表现、直接业绩和最终效益。工作绩效是确定职务晋升、薪酬水平的直接依据，职业成就感的来源，成为衡量职业发展质量的指标也是应有之义。

工作强度即工作负荷，个体在国家法定工作时间内所承担的工作任务及数量。工作强度会对个体心理、身体素质产生重要影响，工作强度过大，会导致个体心理压力增大，产生焦虑不能获得及时排解，会影响身体健康，产生心理疾病。因此，工作强度是衡量职业发展质量的重要指标。

工作时间是法律规定的劳动者在工作场所履行劳动义务而消耗的时间，标准工作日为每天 8 小时，每月 20.83 天。长期超过法定工作时间，通过加班来完成任务，长期超过身心所能承受的程度，会导致生活无序，影响身体健康。由此，工作时间也是职业发展质量的衡量指标之一。

从上述分析看，工作岗位、晋升空间、工作成绩可以产生个体的成就感，从而满足个体的自我实现、尊重的需求；薪酬水平、工作强度可以满足个体生理、安全需求，保障一定的生活水准；工作时间可以满足个体的社交需求，个体拥有更多的可自由支配时间，可以参加更多的社会活动和社交活动，在这个过程中满足个体的人际交往需求。心理学研究表明，人的需求得到满足就会强化行为动机，产生激励因素，促使个体努力工作，提升工作绩效，随之薪酬水平会相应增加，晋升空间也会不断拓展，使职业发展进入良性循环，这样职业发展质量就会处于高水平状态。

（二）　自变量测项选择

研究证实，信息与资源的获取，能提高组织中个体动机水平和工作绩效（Spreitzer，1996），并影响个体的客观职业生涯成功。[①] 而客观职业生涯的成功、工作环境适应程度、任务完成和绩效状况是衡量项目的重要组成部分。基于职业能力对职业发展的正向影响，专业能力、沟通能力、适应能力、信息获取能力、决策能力、学习能力、职业规划能力、开拓进取精神对个体工作任务、工作绩效、工作环境、工作岗位、工作机会等方面也会产生正向影响。考虑转业军官从部队到地方工作环境的差异性，选择工作环境、任务完成、提高绩效作为测项（测量变量）。

军队转业军官在服役期间从事军人职业，其所拥有的专业技能具有很强专属性，转业到地方工作后，其所拥有的军人职业专业能力在地方基本没有需求，由此地方工作专业技能对其转业后能否尽快适应新的工作环境、完成工作任务、提高绩效至关重要。

军队的组织机构、组织纪律、管理风格均同地方有较大差距，沟通能力、适应能力、信息获取能力、决策能力、学习能力作为通用职业能力具有广泛的适应性，对于转业军官完成工作环境的重大转换、完成工作任务继而提升绩效具有重要影响。职业规划能力是个体职业生涯顺利发展的必备能力，转业军官由军队到地方，职业角色发生重大转换，由于国家机关职位数量限制，许多转业军官转业到地方后会降低安排职务或不再担任职务，而职业规划能力则可以帮助转业军官尽快完成职业角色的过渡，促进工作环境的适应、完成任务和提高工作绩效。开拓进取精神对于转业军官突破服役期间固有的思维模式、行为方式非常重要，而思维、行为方式的改变对于适应工作环境、完成工作任务和提高绩效可产生正向影响。

基于上述分析，确定问卷变量测项如表 3 - 1 所示。

本书研究的变量测量全部采用了 5 点 Likert 评分量表的形式，将问卷中对测项的评价分为 5 个等级，对每一个测项的评分等级赋予相应的分值，如非常同意为 5 分、同意为 4 分、不确定为 3 分、不同意为 2 分、非常不同意为 1 分。

---

① 转引自杨凡《员工就业能力与职业生涯成功的关系研究》，博士学位论文，暨南大学，2011 年，第 83 页。

表 3 – 1 　　　　　　　　　　　问卷变量测项

变量	测项	来源
职业发展质量	我对目前的工作岗位感到满意 我对目前工作岗位的晋升空间感到满意 我对目前的薪酬水平状况感到满意 我对转业后取得的所有工作成绩感到满意 我对目前工作的强度感到满意 我对目前的工作时间感到满意	布德林斯、贾奇斯、塞布茨 弗里德曼和格林豪斯
专业能力	拥有专业能力有助于适应工作环境 拥有专业能力有助于完成工作任务 拥有专业能力有助于提高工作绩效	杨凡（2011）
沟通能力	拥有沟通能力有助于适应工作环境 拥有沟通能力有助于工作完成任务 拥有沟通能力有助于提高工作绩效	陈宇（2002）
适应能力	拥有适应能力有助于适应工作环境 拥有适应能力有助于完成工作任务 拥有适应能力有助于提高工作绩效	课题组调研
信息获取能力	拥有信息获取能力有助于适应工作环境 拥有信息获取能力有助于完成工作任务 拥有信息获取能力有助于提高工作绩效	斯普里策（Spreitzer，1996）
决策能力	拥有决策能力有助于适应工作环境 拥有决策能力有助于完成工作任务 拥有决策能力有助于提高工作绩效	陈宇（2002）
学习能力	拥有学习能力有助于适应工作环境 拥有学习能力有助于完成工作任务 拥有学习能力有助于提高工作绩效	陈宇（2002）
职业规划能力	拥有职业规划能力有助于适应工作环境 拥有职业规划能力有助于完成工作任务 拥有职业规划能力有助于提高工作绩效	陈怡（2013）
开拓进取精神	拥有开拓进取精神有助于适应工作环境 拥有开拓进取精神有助于完成工作任务 拥有开拓进取精神有助于提高工作绩效	杨凡（2011）

四 样本选取

本次问卷调查选择计划转业军官作为样本。计划转业军官一般分布在国家机关、事业单位和大型国有企业，相对自主择业转业干部分布更为集中，而且占转业军官的80%以上；而自主择业转业军官稳定就业人数不多、分布也非常分散，数据难以收集。基于上述情况，问卷调查样本选择了工作单位稳定、工作岗位明确、收入有据、晋升有序分布在国家机关政府部门的计划转业军官作为样本，而放弃了工作单位、收入、岗位均不稳定的自主择业转业军官调研计划。

本次问卷调查共发放问卷200份，回收调查问卷184份，调查问卷的回收率为92.0%。剔除答题不完整的无效问卷后，共有有效问卷172份，有效问卷率为86.0%。本次问卷调查选择了某省人力资源和社会保障厅、安全生产监督管理局、发展和改革委员会及审计厅市直机关作为问卷发放范围，因为这些部门计划转业军官分布集中程度最高。

五 探索性因子分析

本章研究首先使用SPSS 21.0对172个样本进行了探索性因子分析，进一步对测量项目进行合理化处理。结果如表3-2、表3-3和表3-4所示。由表中数据可知样本的KMO为0.849，Bartlett检验近似卡方值为7919.010，自由度为435，$p < 0.001$，显示原始数据适合做因子分析。探索性因子分析结果显示，所有30个测项共汇集成为6个特征值大于1的有效因子，所有测项的因子载荷都在0.6以上。各个测项均没有出现多重负载的情况，所得到的6个因子一共可以解释83.9%的方差。

表3-2   KMO 和 Bartlett 球体检验

KMO 检验		0.849
Bartlett 球体检验	近似卡方分布	7919.010
	自由度	435
	显著性	0.000

根据上述探索性因子分析结果，把沟通能力、适应能力和信息获取能力归为一个变量，重新命名为适应能力；把决策能力和学习能力合并为一个变量，重新命名为决策能力。

表 3 - 3 　　　　　　　　　特征值和方差解释贡献率　　　　　　　单位:%

成分	初始特征值			因子提取结果			转轴平方和载荷		
	总和	占总方差的比例	累计贡献率比例	总和	占总方差的比例	累计贡献率比例	总和	占总方差的比例	累计贡献率比例
1	15.540	51.801	51.801	15.540	51.801	51.801	7.870	26.235	26.235
2	3.294	10.979	62.780	3.294	10.979	62.780	4.451	14.838	41.073
3	2.166	7.219	70.000	2.166	7.219	70.000	4.089	13.631	54.704
4	1.591	5.303	75.303	1.591	5.303	75.303	3.157	10.522	65.226
5	1.481	4.938	80.241	1.481	4.938	80.241	2.834	9.446	74.672
6	1.098	3.660	83.901	1.098	3.660	83.901	2.769	9.229	83.901
7	0.779	2.597	86.499						
8	0.651	2.169	88.668						
9	0.558	1.860	90.528						
10	0.482	1.605	92.134						
11	0.444	1.479	93.613						
12	0.319	1.063	94.676						
13	0.242	0.807	95.483						
14	0.208	0.694	96.177						
15	0.185	0.615	96.792						
16	0.165	0.550	97.343						
17	0.138	0.460	97.802						
18	0.126	0.419	98.222						
19	0.112	0.374	98.596						
20	0.082	0.273	98.869						
21	0.067	0.222	99.091						
22	0.057	0.191	99.282						
23	0.053	0.177	99.459						
24	0.042	0.139	99.598						
25	0.032	0.108	99.706						
26	0.028	0.094	99.800						
27	0.024	0.079	99.879						
28	0.018	0.060	99.939						
29	0.012	0.040	99.979						
30	0.006	0.021	100.000						

注:提取方法:主成分分析法。

表 3-4   旋转后的职业发展质量量表因子负荷矩阵

因子	测项	成分					
		1	2	3	4	5	6
职业发展质量	1. 职业发展质量			0.686			
	2. 职业发展质量			0.783			
	3. 职业发展质量			0.756			
	4. 职业发展质量			0.642			
	5. 职业发展质量			0.759			
	6. 职业发展质量			0.712			
专业能力	1. 专业能力					0.846	
	2. 专业能力					0.859	
	3. 专业能力					0.844	
沟通能力	1. 沟通能力	0.773					
	2. 沟通能力	0.866					
	3. 沟通能力	0.868					
适应能力	1. 适应能力	0.762					
	2. 适应能力	0.821					
	3. 适应能力	0.860					
信息获取能力	1. 信息获取能力	0.865					
	2. 信息获取能力	0.844					
	3. 信息获取能力	0.808					
决策能力	1. 决策能力		0.666				
	2. 决策能力		0.701				
	3. 决策能力		0.711				
学习能力	1. 学习能力		0.777				
	2. 学习能力		0.804				
	3. 学习能力		0.813				
职业规划能力	1. 职业规划能力				0.890		
	2. 职业规划能力				0.882		
	3. 职业规划能力				0.868		
开拓进取精神	1. 开拓进取精神						0.795
	2. 开拓进取精神						0.797
	3. 开拓进取精神						0.824

适应能力作为个体主动适应环境的能力需要获取新环境下的各种信息，而信息的获取则需要具备沟通能力和信息获取能力。沟通能力可以通过与新组织中的管理者、工作伙伴等进行口头和书面沟通获得信息，加快适应环境的过程；获取信息能力可以广泛运用各种传统和现代化信息渠道获得大量信息，为适应新环境提供信息基础。决策是在充足信息量的前提下通过比较分析，做出科学选择的过程，这一过程的完成需要学习相关的知识和方法，以便做出正确判断，由此决策能力和学习能力可合为决策能力。

调整后的研究模型如图 3 - 2 所示。

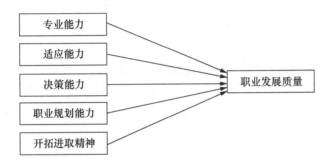

图 3 - 2　调整后的职业发展质量研究模型

第二节　实证分析与假设检验

一　描述性统计分析

本章采用统计软件 SPSS21.0 对被调查者的基本情况进行了描述性统计分析，基本情况分转业军官基本信息和转业军官职业现状两部分内容，结果如表 3 - 5 至表 3 - 12 所示。

（一）转业军官个人基本信息情况

转业军官个人基本信息情况分为军龄、职务性质、文化程度和转业年限四部分内容。具体结果如表 3 - 5 至表 3 - 8 所示。

在转业军官服役期限状况中，转业军官服役 10 年及以下的占 12.8%，11—20 年的占 58.7%，21 年以上的占 28.5%。87.2% 的转业军官在军队服役 10 年以上，其思维、行为方式军人职业特色较重，与其他劳动者相比较，会增加职业转化的适应难度。

表 3 – 5   军　龄

		频数	比例（%）	累计比例（%）
军龄	6 年以下	4	2.3	2.3
	6—10 年	18	10.5	12.8
	11—15 年	60	34.9	47.7
	16—20 年	41	23.8	71.5
	20 年以上	49	28.5	100.0
	总计	172	100.0	

注：因四舍五入，表中百分比之和不等于100%。

表 3 – 6   服役期间职务性质

		频数	比例（%）	累计比例（%）
服役期间职务性质	政治教育	37	21.5	21.5
	军事指挥	59	34.3	55.8
	后勤管理	34	19.8	75.6
	专业技术	33	19.2	94.8
	文职干部	7	4.0	98.8
	其他	1	0.6	99.8
	缺失值	1	0.6	100.0
	总计	172	100.0	

表 3 – 7   转业文化程度

		频数	比例（%）	累计比例（%）
转业文化程度	研究生以上	27	15.7	15.7
	大学本科	130	75.6	91.3
	专科	13	7.6	98.9
	高中以下	1	0.6	99.5
	缺失值	1	0.6	100.1
	总计	172	100.1	

注：因四舍五入，表中百分比之和不等于100%。

表 3-8　　　　　　　　　　　转业年限

		频数	比例（%）	累计比例（%）
转业年限	1—3 年	54	31.4	31.4
	4—6 年	34	19.8	51.2
	7—10 年	41	23.8	75.0
	10 年以上	42	24.4	99.4
缺失值		1	0.6	100.0
总计		172	100.0	

转业军官职务性质分布状况显示，大多数转业军官在转业后的职业发展过程中面临职业能力结构完善问题，这一问题会对职业发展产生一定的影响。政治教育、军事指挥和后勤管理三类转业军官占 75.6%。这三类职务的职业活动带有鲜明的军人职业特点，其所拥有的职业能力结构地方适应性较窄，会增加职业转换的难度，影响职业发展。专业技术和文职干部两类转业军官占 23.2%，这两类转业军官职业能力结构在地方有较宽的适应性，有助于转业后的职业发展。

转业军官文化水平分布状况表明，转业军官整体文化素质较高。其中 91.3% 的转业军官具有大学本科以上文化水平，专科及以下的仅占 8.2%，依据人力资本理论和相关研究，这对于转业军官职业转化和职业发展产生正向影响。

在转业军官退役时间年限分布中，3 年以下的转业军官最多，占 31.4%；10 年以上的占 24.4%。转业军官转业后的时间年限 75.0% 为 10 年及以下，可以反映其转业后的职业发展状况。

（二）转业军官职业发展基本情况

由于调查样本范围为计划转业军官，分布在国家机关，其薪酬水平依据职务状况由国家统一确定，故职业发展基本状况选择工作岗位、晋升状况两部分内容，具体情况如表 3-9、表 3-10、表 3-11 和表 3-12 所示。

在工作岗位状况中，转业军官工作岗位主要分布在一般工作岗位，专业技术岗位很少。一般职员占 58.7%，基层管理者占 18.0%，中层管理者占 15.7%，专业技术人员占 2.3%。从岗位晋升状况看，62.8%

表 3 – 9 目前工作岗位

		频数	比例（%）	累计比例（%）
目前工作岗位	中层管理者	27	15.7	15.7
	基层管理者	31	18.0	33.7
	一般职员	101	58.7	92.4
	专业技术人员	4	2.3	94.7
	其他	8	4.7	99.4
	缺失值	1	0.6	100.0
	总计	172	100.0	

表 3 – 10 是否晋升过工作岗位

		频数	比例（%）	累计比例（%）
是否晋升过工作岗位	是	64	37.2	37.2
	否	108	62.8	100.0
	总计	172	100.0	

表 3 – 11 目前晋升的可能性

		频数	比例（%）	累计比例（%）
目前晋升的可能性	非常大	3	1.7	1.7
	大	6	3.5	5.2
	不确定	71	41.3	46.5
	不大	47	27.3	73.8
	没有	45	26.2	100.0
	总计	172	100.0	

表 3 – 12 目前岗位晋升空间

		频数	比例（%）	累计比例（%）
目前岗位晋升空间	空间广阔	11	6.4	6.4
	空间不大	37	21.5	27.9
	空间很小	44	25.6	52.5
	没有空间	33	19.2	71.7
	不好说	46	26.7	98.4
	缺失值	1	0.6	100.0
	总计	172	100.0	

的人没有晋升过工作岗位，37.2%的人晋升过工作岗位。晋升前景整体不理想，晋升可能性非常大、大的占5.2%，晋升可能性不大的占27.3%，没有晋升可能性的占26.2%，晋升可能性不确定的占41.3%。晋升空间整体不大，晋升空间广阔的仅占6.4%，晋升空间不大的占21.5%，晋升空间很小的占25.6%，晋升没有空间的占19.2%，晋升不好说的占26.7%。影响转业军官晋升的因素很多，政府机关领导职务编制限制是重要原因之一。

模型中各变量的描述性统计分析如表3-13所示。

表 3 - 13　　　　　　　　　描述性统计分析

	样本数	最小值	最大值	均值	标准差
职业发展质量	172	1.00	5.00	3.2820	0.86016
专业能力	172	1.00	5.00	3.8236	1.06904
适应能力	172	2.11	5.00	4.1938	0.55189
决策能力	172	1.00	5.00	4.1076	0.66121
职业规划能力	172	1.00	4.00	3.7713	0.50793
开拓进取精神	172	1.00	5.00	4.1919	0.62855

由表3-13中的数据可以看出各变量的基本情况，所有研究变量的平均得分均在中等偏上范围水平，标准差也在合理的范围之内，基本符合调查的预期目标。

二　量表信度与效度分析

(一) 信度分析

"信度"指的是一份量表所测分数的可信度或稳定性。同一群受测者在同一份量表多次填答的答案如有一致性，就表示信度高；反之，如果同一份量表前后两次所测结果相差很大，表示这份量表的信度低。测量信度主要是指论证方法和数据的可信性。在测量中，是指同一测量工具对同一测量对象得到一致的结果数据或结论的可能性。一般而言，如果测项采用5点Likert量表形式，则应采用Cronbach'α系数值作为信度的判断标准。因此本研究采用Cronbach'α值作为信度的判断标准，测量同一维度下各变量间的内部一致性以及量表的整体一致性，检验每一组问题能否可靠测量出对应的维度。

　　关于信度标准，不同学者有不同观点。纽纳利（Nunnally，1979）提出的判断标准为：Cronbach'α 系数值≥0.50 表示比较可信，Cronbach'α≥0.70 表示可信，Cronbach'α≥0.90 表示十分可信，即各指标间的内部一致性高。沃策尔（Wortzel，1987）认为，Cronbach'α 系数值若基于0.7—0.98，则表明各衡量指标间存在高信度值。一般来说，多数学者认为，0.7 是一个合适的标准阈值，也有少数学者认为，Cronbach'α 值达到0.6 即可接受（李怀祖，2004）。

　　本章采用统计软件 SPSS21.0 测度了量表的信度。如表 3 – 14 所示，结果显示，所有变量的 Cronbach'α 值均大于 0.7，表明量表具有较高的信度。

表 3 – 14　　　　　　　　　　　　　量表信度

变量	测项数	各变量 Cronbach'α
职业发展质量	6	0.870
专业能力	3	0.991
适应能力	9	0.975
决策能力	6	0.949
职业规划能力	3	0.952
开拓进取精神	3	0.972

（二）效度分析

　　效度是指问卷测试结果的有效性，即问卷项目是否测的就是研究者所要测量的问题。是指观察值之间的差异所反映的物体之间被测特性的真实差异程度，而不是系统误差或随机误差。效度分析包括内容效度分析和结构效度分析。测量的效度越高，表示测量的结果越能显现其所测量对象代表的真正意义。

　　效度分类有很多种，包括预测效度、内容效度和建构效度。

　　1. 预测效度

　　预测效度也称为标准关联效度，是指一个量表是否能够像预期的那样反映与选作标准的其他变量（标准变量）之间的关系。标准变量可以包括人口统计和心理特性、态度和行为测量值，或者从其他量表得来的分值。评价预测效度需要研究人员在一个时间点收集量表数据，而在后面一个时间收集标准变量上的数据。本章采用横截面数据，限于时间和精力，很难再去收集另一个时间点的标准数据，而且预测效度并不会影响本研究的其他分析，因此这里不对此效度进行过多讨论。

2. 内容效度

内容效度也叫表面效度或逻辑效度，是对量表的内容表现特定测量任务的优劣程度的一个主观而系统的评价，即指的是测量内容或测量指标与测量目标之间的适合性和逻辑相符性，也可以认为内容效度是指测量所选择的项目"看起来"是否符合测量的目的和要求。在本章研究的变量测量项目设置中，尽可能围绕研究问题和研究模型，进行项目的设置。所有项目的设置，均是在参考已有的文献，根据变量定义和已有的相关文献中的量表，结合实际问题的背景进行设置，并就问卷的内容与形式与相关专家和学者进行了多次深入讨论，对问卷进行修改，补充遗漏测项，删除语意重复测项，调整问卷结构。因而，本章研究的量表具有相当程度的内容效度。

3. 建构效度

建构效度致力于解决量表实际测量的是什么概念或特性问题。当评价建构效度时，主要是考察量表为什么有用，以及根据相应的理论可以得到哪些推论。因此，建构效度要求对被测量的概念的本质及其与其他概念之间的关系有一个合理的理论。建构效度包括收敛效度、区别效度。以不同的方法来测量同一测评维度时，其两个测量的结果之间，应具有较高的相关程度（同质异法相关性），即具有收敛效度；具体指采用两种方法测量同一测评维度时其测评所得分数两两之间积差相关系数的平均数，其值越大，收敛效度越大；若以相同的方法来测量不同构面时，其两个测量结果之间，应具有较低的相关程度（异质同法相关性），即具有区别效度；具体指用同一方法测评的各测评维度得分两两之间的相关系数的平均数，其值越小，区别效度越大。

对收敛效度采用主成分因子分析法，通过计算因子负荷进行。作主成分因子分析时，当测量同一测评维度的一组题目确实落在一个因子上时，则量表具有收敛效度。并不是所有的数据都适合进行因子分析，在进行主成分分析之前，需要对量表测项进行因子分析适度性检验，由KMO（Kaiser – Meyer – Olkin）以及巴特利特（Bartlett）球体检验来判断各个测项数据是否适合进行因子分析，其中 KMO 是用于比较观测相关系数值和偏相关系数值的一个指标，值越接近 1，表明对这些变量进行因子分析的效果越好，一般而言，KMO 值高于 0.7 时方可进行因子分析。

本章研究的所有变量测量项目均参考已有文献。而且在相关专家学者讨论的基础上，结合实际问题的背景对测项进行设置，因而本章研究的量表内容效度良好。本书首先使用 SPSS21.0 对 172 个样本进行了探索性因子分析，结果如表 3 - 2、表 3 - 3 和表 3 - 4 所示。因此，量表的收敛和区别效度良好。

三 研究假设与检验

(一) 研究假设

转业军官在我国是一个特殊群体，国内关注学者不多，关于职业能力与转业军官职业发展的相关性理论研究无法为本书提供参考。但国内外学者的能力与职业发展相关性研究成果可为本书提供参考和借鉴。

克雷默、塞伯特和利登 (Kraimer, Seibert and Liden, 1999) 通过研究发现拥有获得信息和资源的渠道能通过提高工作胜任感和控制感，以及促进工作丰富化来提高个体的职业满意度。基顿 (Keeton) 等以成功的女性管理者为研究对象，对人力资本中的各因素与职业生涯成功的关系进行了实证研究，并得出了人力资本中的教育、智力、工作竞争力和工作技能与女性管理者的职业生涯成功有高度相关性，而且教育、智力和工作竞争力是职业成功的必要条件。托马斯 (Thomas) 等基于竞争流动和支持流动的理论研究了人力资本、组织支持、社会人口状况和稳定的个人差异等因素与职业生涯成功的关系，结果显示人力资本中的工时、工作中心、教育水平与个人的职业生涯成功是完全相关的。哈森 (Hassan) 通过实证研究认为人力资本中的教育水平、工作投入、工作经验和工作的时间等因素对职业生涯成功有正向影响。[1]

陈宇 (2003) 认为，核心技能 (通用能力) 是人们在职业生涯甚至日常生活中必需的，并能体现在具体职业活动中的最基本的技能，它们具有普遍的适用性和广泛的可迁移性，其影响辐射到整个行业通用技

---

[1] 杨凡:《员工就业能力与职业生涯成功的关系研究》，博士学位论文，暨南大学，2011年，第 64—65 页。

能和职业特定技能领域，对人的终身发展和终身成就影响极其深远。①
杨凡（2011）认为，我国员工就业能力的内容结构包含五个因素，分
别是职业技能、主动适应性、被动适应性、合作精神、平衡。员工就业
能力的五个因素都对职业满意度产生显著的影响，职业技能正向影响收
入水平，其他因素不明显。② 任福战（2008）认为，大学生人力资本投
资和职业自我效能是职业发展和职业成熟度的重要影响因素，它将直接
影响未来职业的发展状况，而职业期望是职业发展和职业成熟的动力和
源泉。③ 陈怡等（2013）以大学生为研究对象，通过实证研究提出学生
的职业生涯规划能力、职业道德、事业心、进取心、合作能力、工作能
力和工作态度 7 项指标与职业发展质量有及其显著的正向关系，学生的
职业能力素质好，其相应的职业发展质量也会好。④

国内外学者虽然是以非退役军人群体为研究对象开展的研究，但研
究对象和退役军人相似，均为个体劳动者，可用于职业能力与转业军官
职业发展相关性研究的借鉴。另外，国内外学者关于人力资本因素与职
业发展相关性研究虽然自变量与本章研究有所不同，但能力是人力资本
的核心要素，由此可以推断能力与职业发展具有相关性，人力资本对职
业发展有正向影响的研究结果也可以借鉴。本章中职业能力是广义意义
上的，可以和就业能力通用。因此，关于就业能力和职业生涯成功相关
性研究成果同样可以用于本章研究借鉴。

基于归因理论和能力结构理论及其相关研究成果，可形成如下
假设：

H1：专业能力对职业发展具有正向影响

H2：适应能力对职业发展具有正向影响

H3：决策能力对职业发展具有正向影响

H4：职业规划能力对职业发展具有正向影响

① 陈宇：《职业能力以及核心技能》，《职业技术教育》2003 年第 11 期，第 27 页。
② 杨凡：《员工就业能力与职业生涯成功的关系研究》，博士学位论文，暨南大学，2011
年，第 103 页。
③ 任福战：《大学生人力资本投资与职业发展》，博士学位论文，河北工业大学，2008
年，第 136 页。
④ 陈怡等：《应用型本科生职业发展质量的院校影响因素》，《北京城市学院学报》2013
年第 6 期，第 9 页。

H5：开拓进取精神对职业发展具有正向影响

（二）相关分析

相关分析是一种常见的用于研究变量之间密切程度的统计方法，相关关系是指两类现象在发展变化方向与大小方面存在一定关系，但不能确定这两类现象之间哪个是因、哪个是果。在对模型进行回归分析之前，首先来检验各自变量和因变量之间的相关关系。

运用 Pearson 相关分析来分析本章研究所涉及的研究变量之间的相关关系。结果如表 3 - 15 所示。表中数据显示，各个变量间相关系数均在 0.01 的水平上，达到了显著，即各变量间均有显著的正相关关系。

表 3 - 15　　　　　　　　　　相关分析结果

	1	2	3	4	5	6
1. 职业发展质量	1					
2. 专业能力	0.493 **	1				
3. 适应能力	0.453 **	0.602 **	1			
4. 决策能力	0.522 **	0.567 **	0.673 **	1		
5. 职业规划能力	0.433 **	0.404 **	0.289 **	0.533 **	1	
6. 开拓进取精神	0.408 **	0.484 **	0.621 **	0.583 **	0.484 **	1

注：＊＊p 表示 < 0.01。

以上是各变量的简单相关分析结果，由于变量间简单相关关系会受到变量之间的相互影响以及其他很多相关因素的影响，只能回答变量之间相关的紧密程度和方向，而不能说明变量之间的因果关系。因此，还需要进一步通过回归对其进行检验，以确定它们之间的真实关系。

（三）假设检验

回归分析是用来确定因变量和自变量之间因果关系的一种统计分析方法，用于分析事物之间的统计关系。与相关分析不同，它侧重于考察变量之间的数量变化规律，并通过回归方程的形式描述和反映这种关系，帮助人们准确把握变量受其他一个或多个变量影响的程度，进而为预测提供科学依据。

本章应用 SPSS21.0 进行回归，得出因变量对于自变量的回归系数，回归系数表示假设在剔除其他所有自变量的情况下，某一个自变量变化引起因变量变化的比率。其目的旨在研究回归方程中的每个解释变量与被解释变量之间是否存在显著的线性关系，也就是研究解释变量能否有效地引起被解释变量的线性变化。本章在相关分析的基础上，对因变量和自变量作回归分析，得出自变量对因变量变化的影响程度和显著性，其中影响程度用标准化回归系数进行判定，而显著性则是通过检验统计量的概率 p 值是否小于显著性水平 0.05，若小于则表明被解释变量与解释变量间的线性关系显著，若大于则线性关系不显著。

在进行多元线性回归分析之前，必须先检验数据是否符合线性回归分析的前提假设，这样建立的回归模型才是合适和有效的。回归的前提假设和检验方法分别有线性趋势（观察残差的散点图）、正态分布（观察残差的直方图与累计概率图）、多重共线性（容许度和 VIF）、方差齐性和序列相关（误差项独立性，Durbin – Watson）。下面对后三个条件进行介绍：

1. 多重共线性

多重共线性是指变量之间存在近似的线性关系，即某个自变量能近似用其他的自变量的线性函数来描述，当多重共线性趋势非常严重时会对模型的拟合带来严重的影响。在 SPSS 中自变量间是否有多重共线性，可以通过三个主要数据加以判别：

（1）容忍度：容忍度的值介于 0—1，如果一个自变数的容忍度太小，表示此变数与其他自变数间有共线性问题。

（2）变异数膨胀因素（Variance Inflation Factor，VIF）：变异数膨胀因素为容忍数的倒数，VIF 的值越大，表示自变数的容忍度越小，越有共线性问题。经验判断方法表明：当 $0 < VIF < 10$ 时，不存在多重共线性；当 $10 \leqslant VIF < 100$ 时，存在较强的多重共线性；当 $VIF \geqslant 100$ 时，存在严重多重共线性。

（3）条件指数（Condition Index，CI）：条件指数为最大特征值与个别特征值比例的平方根。CI 值越大，越有共线性问题。当 CI 值小于 30 时，共线性不严重；当 CI 大于 30 时，则表示有严重的共线性问题。

2. 方差齐性

方差齐性是指对自变量的任一组合因变量方差均相同。异方差问题是指随着解释变量的变化，被解释变量的方差存在明显的变化趋势，不具有常数方差的特征。如果出现异方差，则回归分析的结果不再具有无偏、有效的特点。

3. 序列相关

序列相关（自相关）是指随着不同编号的样本值之间存在相关关系。其可以通过计算回归模型中的 Durbin – Watson 值（D—W 值）来检验模型的序列相关问题。若 D—W 值接近 2，则表示误差项之间不存在自相关现象。

张文彤（2013）指出，如果只是建立方程，探讨自变量与因变量间的关系，而无须根据自变量的取值预测因变量的容许区间、可信区间等，则方差齐性和正态分布这两个条件可以适当放宽。因此，本章的回归分析中主要通过多重共线性和误差项独立（序列相关）来检验数据是否适合做回归分析。

通过回归分析可以深入理解各个变量对职业发展质量的影响。把专业能力、适应能力、决策能力、职业规划能力和开拓进取精神作为自变量，职业发展质量作为因变量进行回归分析，采用强迫进入法进行分析，结果如表 3 – 16 所示。

表 3 – 16　　　　　　　　　　回归分析结果

研究变量	标准化回归系数	多重共线性诊断		是否支持假设
		容忍度	VIF	
专业能力	0.221**	0.565	1.770	支持
适应能力	0.115	0.393	2.547	不支持
决策能力	0.208*	0.408	2.454	支持
职业规划能力	0.192*	0.614	1.628	支持
开拓进取精神	0.016	0.505	1.978	不支持
R^2	0.359			
F 值	18.612***			
D – W 值	1.461			

注：因变量：职业发展质量。* 表示 $p < 0.05$；** 表示 $p < 0.01$；*** 表示 $p < 0.001$。

由表 3 – 16 中的回归分析结果可以看出，回归模型的 F 统计值为18.612，回归效果显著。回归模型的 $R^2 = 0.359$，即这些自变量联合解释因变量比例为 35.9%。对于回归分析中的多重共线性问题，通过容忍度和方差膨胀因子（VIF）进行检验。从表 3 – 16 可以看出在回归方程模型中，方差膨胀因子（VIF）值均小于 3，容忍度均远大于 0.1，模型的五个自变量之间不存在多重共线性问题。回归模型中 D – W 值为

1.461，不存在严重的一阶序列相关问题。因此数据经检验，回归模型不存在多重共线性和序列相关问题，符合线性回归分析的前提假设，建立的回归模型是合适和有效的。由此可见，这个回归模型的拟合度很好。

在回归模型中专业能力、决策能力和职业规划能力的标准化回归系数均达到显著水平，其中专业能力在 0.01 水平达到显著，其余变量在 0.05 水平显著。因此，我们的假设 H1、H3 和 H4 得到了验证，即专业能力、决策能力和职业规划能力对职业发展质量具有显著的正向影响。适应能力和开拓进取精神的标准化回归系数未达到显著水平，表明其与职业发展质量之间没有因果关系，于是 H2 和 H5 被证伪。

回归分析结果显示，转业军官的职业发展质量关键影响因子包括专业能力、决策能力和职业规划能力，即对转业军官职业发展质量具有明显正向影响。这一实证结果也验证了相关文献中（杨凡，2011；陈怡，2013）的研究结论，同时也为转业军官可持续发展职业能力开发内容提供了客观依据，即专业能力、决策能力和职业规划能力是转业军官可持续发展职业能力开发的核心要素。

回归分析结果同时也表明，适应能力和开拓进取精神对职业发展质量不存在显著正向影响。适应能力和开拓进取精神与职业发展质量存在相关性，但未形成直接因果关系。适应能力可以帮助个体尽快适应新的工作环境，熟悉工作流程，但不直接产生工作绩效，由此对职业发展质量没有显著的影响。开拓进取精神是个体工作态度的衡量指标，可以体现个体在工作过程中的创新、积极向上的工作意识，但创新往往会经历多次之后才会取得成功，所以对职业发展质量也没有显著影响。另外，本次调查样本分布在国家政府部门，政府组织与企业组织相比较而言，对组织成员个体的开拓进取精神要求的强烈程度不同，由此存在一定的差异。

实证研究结果表明，转业军官职业能力与其职业发展质量有正相关性，而专业能力、决策能力、职业生涯规划能力则和职业发展质量有直接因果关系。由此可以得知，职业能力是转业军官转业后职业持续发展的重要影响因素，在目前开发基础上必须加大开发力度，为转业军官转业后职业持续发展提供能力保障。

第四章 军队转业军官职业能力开发的必然性

军队转业军官安置制度作为我国一项重要的政治制度，建立于20世纪50年代的计划经济基础之上。随着我国经济体制改革的深化，社会主义市场经济体制的建立和完善，指令性分配转业军官到国家机关、企事业单位的安置方式与市场经济的劳动力资源市场配置相悖。为此，转业军官安置制度在2001年实施重大改革，由计划分配安置方式改革为计划分配和自主择业两种安置方式，而自主择业安置方式的贯彻实施，转业军官的个体职业能力是重要影响因素。因此，开发提升转业军官的职业能力，推进转业军官安置制度改革深入发展，也就成为历史的必然。

第一节 职业能力开发是转业军官安置制度改革的客观要求

1993年11月，中共中央召开了十四届三中全会，通过了《中共中央关于建立社会主义市场经济体制若干问题的决定》，把建立社会主义市场经济体制的目标和原则具体化、系统化，社会主义市场经济建立。而市场经济的市场配置资源的基本属性与军队转业军官指令性计划安置方式相矛盾，由此军队转业军官安置制度的改革创新也就成为社会的客观要求。

一 转业军官安置制度要适应社会主义市场经济发展规律

社会主义市场经济也是市场经济的一种表现形式，具备市场经济的一般特征。市场经济作为实现资源优化配置的一种有效形式，它具有自主性、竞争性、平等性和法制性的特征。转业军官安置制度只有适应市场经济的发展规律，才可以促进经济的发展。

（一）市场经济基本特征

1. 市场经济的自主性

市场经济是一种自主经营、自负盈亏的经济，通过分散决策和价格机制实现资源配置。因此，独立的市场主体是市场经济基石，而企业是最主要的市场主体。由此，在市场经济下参与市场活动的所有主体都必须具备生产经营自主权，具体表现为生产经营决策权、产品定价权、人事劳动和工资奖金分配权等；同时，市场主体都拥有一定独立的财产，以追求物质利益为目的，即有明晰的产权关系，以形成自我约束机制、确保自负盈亏。

市场经济的自主性要求市场主体拥有劳动力资源使用自主权，自主决定人员使用数量和薪酬待遇，这和军队转业军官安置制度的指令性计划安置相矛盾。

2. 市场经济的竞争性

竞争是市场经济最突出的一个特征，是市场经济有效性的最根本保证。市场机制正是通过优胜劣汰的竞争，迫使企业降低成本、提高质量、改善管理、积极创新，从而达到提高效率，优化资源配置的结果。李震寰、权衡（1993）认为，市场经济在价值规律和供求关系及竞争机制的作用下，市场只接受符合社会实际需要的产品。谁的产品符合市场需要，谁就会占领市场；在竞争中处于有利地位；反之，谁就会被市场挤掉，在竞争中破产。因此，每个平等的市场主体总处于市场占领与反占领的矛盾运动过程中。

3. 市场经济的平等性

市场经济是交换经济，其交换是以平等为基础的。首先，表现在等价交换，即"就是我给你一个东西，你就得给我一个价值相等的东西，无论是价值相等的商品也好，价值相等的货币也好"。① 其次，表现为市场上交换双方都有平等的所有权，并处于平等经济和社会地位，共同遵守供求、竞争、价值、货币、流通等经济规律。因此，任何企图凭借个人权力或财势打破这种公平交易的经济方式的做法都与市场经济的内

---

① 刘国光：《关于社会主义市场经济理论的几个问题》，《经济研究》1992年第12期，第13页。

在要求不相容，在时间上也必然是短命的。商品交换的实质就是等价补偿性。① 这种平等交换，不仅包括生产、流通环节的交换，也包括劳动力使用者和劳动力拥有者之间的交换，即企业和劳动者可以自由平等选择，形成劳动法律关系。

4. 市场经济的法制性

市场经济是法治经济，其市场秩序依赖于法律建立。首先，市场经济中的市场主体企业平等地拥有进入市场的资格、平等地从事市场活动，遵循统一的市场规则，公平竞争、优胜劣汰。其次，劳动力也是市场经济的主体之一，为企业市场主体提供劳动力使用资源，也应有一个平等的劳动权利、择业权利和获得报酬的权利。因此，劳动力市场主体——劳动者在岗位流动、就业选择、职业培训、劳动报酬、社会劳动保障等方面，也需要一个平等的竞争环境与竞争机会。而企业和劳动者市场经济主体平等竞争的市场环境，唯有法律规范才可充分保障。法律规范由国家制定，是国家意志的体现，以国家强制力作为实施保障，而团体规范、道德规范、宗教规范等其他社会规范，其实施分别以纪律、社会舆论、个体信仰为实施保障，其保障刚性弱于法律规范。由此，公平的竞争环境才可有机会的公平，才可实现社会公正和经济效率相统一的有效途径。

(二) 经济基础决定上层建筑的基本原理

马克思、恩格斯创立的历史唯物主义是马克思主义哲学的重要组成部分，揭示了人类社会发展的普遍规律。1845—1846 年，马克思和恩格斯在比利时的布鲁塞尔合著了《德意志意识形态》一书，第一次广泛阐述了历史唯物主义的基本原理，揭示了生产力和生产关系发展的客观规律。②

历史唯物主义认为，生产是人们创造物质财富的过程，是历史中所有社会进步的尺度。生产包括生产力和生产关系两个方面，生产力的发展水平，决定人类社会的进程。恩格斯说："根据唯物主义观点，历史中的决定性因素，归根结蒂是直接生活的生产和再生产。"③ 生产力决

① 李震寰、权衡：《市场经济特征论》，《社科纵横》1993 年第 4 期，第 14 页。
② 高放：《国际共产主义运动史教本》，天津人民出版社 1986 年版，第 31 页。
③ 《马克思恩格斯选集》第 4 卷，人民出版社 1995 年版，第 2 页。

定生产关系，一定的生产关系是在一定的生产力基础上产生的。马克思说："为了进行生产，人们相互之间便发生一定的联系和关系；只有在这些社会联系和社会关系的范围内，才会有他们对自然界的影响，才会有生产。"① 与生产力一定发展相适应的生产关系，构成一定的社会形态和经济结构的现实基础，它规定着社会形态的主要特征。即经济基础决定上层建筑，上层建筑又积极服务和反作用于经济基础。1859 年马克思在《〈政治经济学批判〉序言》中做了精辟表述：人们在自己生活的社会生产中发生一定的、必然的、不以他们的意志为转移的关系，即同他们的物质生产力的一定发展阶段相适合的生产关系。这些生产关系的总和构成社会的经济结构，即有法律的和政治的上层建筑竖立其上并有一定的社会意识形态与之相适应的现实基础。②

经济基础即社会的经济结构，是指一定社会中占统治地位的生产关系各方面的总和。上层建筑是指建立在一定经济基础之上的社会意识形态以及相应的政治法律制度、组织和设施的总和。我国社会经济结构表现为公有制为主导、多种所有制结构并存基础上的社会主义市场经济，军队转业军官计划安置制度是我国上层建筑的重要组成部分。依据社会存在决定社会意识、经济基础决定上层建筑的基本原理，军队转业军官计划安置制度与市场经济资源市场配置相矛盾，建立军队转业军官自主择业安置制度，尝试协调两者之间的矛盾，是适应社会主义经济基础的需要。适应社会主义的经济基础，即社会主义市场经济体制，才能促进社会主义社会的发展，反之会成为发展的障碍。因为任何社会的上层建筑都是由其经济基础决定的，但其具有相对的独立性，并尽可能表现出追求独立性的倾向，能动地反作用于经济基础。但两者的这种相互作用表现为上层建筑必须适合经济基础发展状况的规律。

二　转业军官安置制度要适应人事制度改革的要求

经济基础决定上层建筑。为了适应社会主义市场经济体制的建立与运行，我国政治体制、人事制度改革也相应全面开展。我国人事制度改革以分类管理为基点，对国家干部进行分类管理，逐步形成了国家公务员、法官、检察官、教师、医生、职员等分类管理的格局。随之，国家

---

① 《马克思恩格斯选集》第 1 卷，人民出版社 1995 年版，第 344 页。
② 《马克思恩格斯文集》第 2 卷，人民出版社 2009 年版，第 591 页。

机关、事业单位和国有企业等各类组织的人员进入、管理、退出机制进行了深入改革，而进入机制直接与军队转业军官指令性计划安置产生碰撞。由此，转业军官安置方式需要改革，以适应人事制度的改革要求。

（一）国家公务员制度实施：建立考试进入机制

1993年4月24日国务院第二次常务会议通过《国家公务员暂行条例》，自1993年10月1日起施行。该条例对除工勤人员以外的国家行政机关工作人员的权利义务、录用、考核、奖惩、交流、薪酬、培训、辞职辞退等做出明确规定。其中录用制度对军队转业军官安置制度影响最大。《国家公务员暂行条例》第四章第十三条规定：国家行政机关录用担任主任科员以下非领导职务的国家公务员，采用公开考试、严格考核的办法，按照德才兼备的标准择优录用。民族自治地方人民政府和各级人民政府民族事务部门录用国家公务员时，对少数民族报考者应当予以照顾。第十四条规定：录用国家公务员，必须在编制限额内按照所需职位的要求进行。2005年4月27日《中华人民共和国国家公务员法》通过，第二十一条、第二十五条对国家公务员录用制度进行了完善。第二十一条规定：录用担任主任科员以下及其他相当职务层次的非领导职务公务员，采取公开考试、严格考察、平等竞争、择优录取的办法。民族自治地方依照前款规定录用公务员时，依照法律和有关规定对少数民族报考者予以适当照顾。第二十五条规定：录用公务员，必须在规定的编制限额内，并有相应的职位空缺。

因此，军队转业军官计划分配进入国家行政机关面临考试和编制问题，虽然国家对军队转业军官在实际操作中有特殊政策，可以增加编制，单独考试，但与国家行政机关机构精简、提升执政能力的改革趋势相悖，也与《中华人民共和国国家公务员法》相悖，不利于国家法律的权威性和严肃性。因此，必须对军队转业军官计划安置制度进行改革。

（二）赋予企业用人自主权：确立择优进入机制

1984年5月10日颁布的《国务院关于进一步扩大国营工业企业自主权的暂行规定》明确提出，进一步下放企业经营自主权。第八条规定："厂长（经理）、党委书记分别由上级主管部门任命；厂级行政副职由厂长提名，报主管部门批准；厂内中层行政干部由厂长任免。企业可以根据需要从外单位、外地区招聘技术、管理人员，并自行确定报酬。企业可根据需要从工人中选拔干部，在任职期间享受同级干部待遇，不担任干部时仍当工人，不保留干部待遇。厂长（经理）有权对职工进行奖惩，包括给予晋级奖励和开除处分。企业有权根据生产需要和行业特点，在劳动部门指导下公开招工，经过考试，择优录用。有权抵制任何部门和个人违反国家规定向企业硬性安插人员。"① 这标志着企业用人自主权的确立，平等竞争、择优选择用人机制的建立。这一制度在之后法律、法规和政策文件中进一步明确和完善。

1984 年 10 月 20 日中国共产党第十二届中央委员会第三次全体会议通过的《中共中央关于经济体制改革的决定》明确指出，按照政企职责分开、简政放权的原则进行改革，是搞活企业和整个国民经济的迫切需要。因此，企业拥有选择灵活多样的经营方式，安排自己的产供销活动，拥有和支配自留资金，依照规定自行任免、聘用和选举本企业的工作人员，自行决定用工办法和工资奖励方式，在国家允许的范围内确定本企业产品的价格等经营权利。

1986 年 7 月 12 日，国务院发布《国营企业劳动合同制度暂行规定》明确了在国有企业全面推行劳动合同用工制度，在明确企业用人自主权的同时对企业的用人自主权进行细化规定，明确规定了用工要订立劳动合同和续签、终止、解除劳动合同的程序与条件，以防止企业滥用用工自主权，保护劳动者合法权益。

1992 年国务院颁布实施《全民所有制工业企业转换经营机制条例》第十八条明确规定企业享有人事管理权。"企业按照德才兼备、任人唯贤的原则和责任与权利相统一的要求，自主行使人事管理权。企业对管理人员和技术人员可以实行聘用制、考核制。对被解聘或者未聘用的管理人员和技术人员，可以安排其他工作，包括到工人岗位上工作。企业可以从优秀工人中选拔聘用管理人员和技术人员。经政府有关部门批准，企业可以招聘境外技术人员、管理人员。企业有权根据实际需要，设置在本企业内有效的专业技术职务。按照国家统一规定评定的具有专业技术职称的人员，其职务和待遇由企业自主决定。企业中层行政管理人员，由厂长按照国家规定任免（聘任、解聘）。副厂级行政管理人

① 《国务院关于进一步扩大国营工业企业自主权的暂行规定》，《中华人民共和国国务院公报》1984 年第 10 期。

员，由厂长按照国家规定提请政府主管部门任免（聘任、解聘），或者经政府主管部门授权，由厂长任免（聘任、解聘），报政府主管部门备案。法律另有规定的除外。"①

1994 年 7 月 5 日，《中华人民共和国劳动法》颁布，自 1995 年 1 月 1 日起实施。其中第三章对劳动合同和集体合同做了具体规定，对劳动合同的订立原则、无效劳动合同确认、劳动合同内容、劳动合同终止解除条件做了具体规定，并明确列举了用人单位单方解除劳动合同的法定条件，使企业用人自主权的行使更加规范化、科学化。这也是我国第一次在法律（狭义）层面上对企业用人自主权进行细化和规范，使企业用人自主权的稳定性、权威性得到进一步强化。

在国家行政机关、企业人事制度深入改革的同时，其他国家机关和社会团体（如共青团、妇联、工会等）参照公务员管理也实施考试进入机制，事业单位改革主要是一部分事业单位转为企业，按照企业管理，保留事业单位性质的其用人编制严格由国家控制。因此，事业单位改革不再单独阐述，其用人机制分别与公务员和企业类似。这样，在我国人事制度全面、深入改革的背景下，军队转业军官指令性计划安置的方式，一要受人事编制数额的限制，二要受企业用人自主机制和企业劳动合同用工制度的约束。这些变化无疑会使军队转业军官安置难度增大。而改革军队转业军官指令性安置制度，创新安置方式，也就成为客观必然。

基于社会主义市场经济体制的客观需要，2001 年 1 月 19 日中共中央、国务院、中央军委颁布实施的《军队转业干部安置暂行办法》明确提出："军队干部转业到地方工作，是国家和军队的一项重要制度。国家对军队转业干部实行计划分配和自主择业相结合的方式安置。"②这是党和国家干部人事制度改革的一项重大举措，是建立适应社会主义市场经济需要的有中国特色退役军官安置制度的具体步骤，对于进一步做好军队转业军官安置工作，实现人才资源的合理配置，促进经济和社会发展，加强国防和军队建设，都具有十分重要的意义。

---

① 国务院：《全民所有制工业企业转换经营机制条例》，《企业管理》1992 年第 9 期。
② 中共中央、国务院、中央军委：《军队转业干部安置暂行办法》，2001 年 1 月 19 日。

第二节　军队转业军官自主择业安置制度建立

《军队转业干部安置暂行办法》（以下简称《办法》）对自主择业转业安置方式的条件、待遇、培训、就业、经费及相关方面做了具体规定，构建了自主择业安置制度的基本框架。在以后十余年中，陆续颁布实施了 16 个自主择业安置制度的法律性文件，使自主择业安置制度逐步完善发展。

一　自主择业安置制度设计依据

自主择业制度作为军队转业军官安置制度改革的重大举措，有其理论基础和现实基础，是建立在科学理论依据和客观现实基础上的科学选择。

（一）理论依据

1. 权利义务相一致原理

权利义务相一致是我国法学理论中的传统命题之一，其核心内容可表述为："权利和义务都是相辅相成的。对于个体自身而言，当一个人主张或者行使某一权利时，意味着负有一定的义务；对于他人而言，某一个体的权利需伴随着他人的义务。"① 这是我国学者郑贤君（2007）在分析著名法理学家霍菲尔德和凯尔森的权利义务理论后做出的高度概括。具体可表述为两个方面：一是权利义务的不可分离性，对于个体而言，在享有权利的同时一定会履行一定的义务，不存在没有义务的权利，也不存在没有权利的义务。正像马克思所说："没有无义务的权利，也没有无权利的义务。"② 二是权利义务的对等性，即对他人而言，一方享有权利，另一方必然负担义务；反之亦然。在任何法律关系中都是如此。如一方享有人身自由权利，除权利主体外所有组织和个体都要履行人身自由不受侵害的义务；个体享有诉讼权利时，法官要履行依法规定审理案件的义务。由此，可以看出权利义务相一致原理表现为权利

---

① 郑贤君：《权利义务相一致原理的宪法释义——以社会基本权利为例》，《首都师范大学学报》（社会科学版）2007 年第 5 期，第 43 页。

② 同上书，第 44 页。

义务的对立统一关系，其不可分离性和对等性成为军队转业军官安置工作制度改革的理论依据。

军队军官作为我国特殊公民比一般公民履行了相对多的义务。《中华人民共和国国防法》第五十六、第五十七、第五十八条对现役军人的义务做出了明确规定：现役军人必须忠于祖国，履行职责，英勇战斗，不怕牺牲，捍卫祖国的安全、荣誉和利益。现役军人必须模范地遵守宪法和法律，遵守军事法规，执行命令，严守纪律。现役军人应当发扬人民军队的优良传统，热爱人民，保护人民，积极参加社会主义物质文明、精神文明建设，完成抢险救灾等任务。其中，"英勇战斗，不怕牺牲""执行命令，严守纪律""保护人民，完成抢险救灾任务"是军人的法定义务，必须履行；而对于普通公民，则为道德范畴上的义务，公民可自愿履行。另外，我军的《纪律条令》规定了29种应承担的违纪责任的行为，《刑法》规定了31种军人违反职责罪及其刑事责任，其中以下几种犯罪最高可处以死刑：战时违抗命令罪，谎报军情罪，拒传、假传军令罪，投降罪，战时临阵脱逃罪，阻碍执行军事职务罪，军人叛逃罪，为境外窃取、刺探、收买、非法提供军事秘密罪，战时造谣惑众罪，盗窃、抢夺武器装备、军用物资罪，非法出卖、转让武器装备罪，战时残害居民、掠夺居民财物罪。①

《中华人民共和国宪法》第三十三条规定：任何公民享有宪法和法律规定的权利，同时必须履行宪法和法律规定的义务。因此，《中华人民共和国国防法》规定退出现役的军人享有与义务相应的权利，第六十一条规定：国家妥善安置退出现役的军人，为转业军人提供必要的职业培训，保障离休退休军人的生活福利待遇。县级以上人民政府负责安置转业军人，根据其在军队的职务等级、贡献和专长安排工作。接收转业军人的单位应当按照国家有关规定，在生活福利待遇、教育、住房等方面给予优待。这一规定是权利义务相一致原理的体现。军队军官在服役时履行了相对多义务，退出军队转业到地方时就应享有工作安置的优先权利和相对多的生存保障权利。这既是法理应有的公正之义，也由军人独特的职业特点所决定。

军人职业相对于其他职业而言，具有事关国家安危、面临极高风

---

① 赵东斌：《军人法律地位研究》，博士学位论文，中国政法大学，2008年，第19页。

险、职业常年压力极大、职业生活艰苦封闭、职业受到很强管制、职业过错代价巨大、军人家庭成员共同奉献、军人职业难以终身为业[①]等特点，因此军人在服役时工资待遇高于地方。但军人退出现役时由于职业特点缺乏地方就业的技能和能力，就业竞争力较弱，而享有劳动权利也是《中华人民共和国宪法》赋予公民的基本权利，第四十二条规定：中华人民共和国公民有劳动的权利和义务。国家通过各种途径，创造劳动就业条件，加强劳动保护，改善劳动条件，并在发展生产基础上提高劳动报酬和福利待遇。劳动是一切有劳动能力的公民的光荣职责。国家对就业前的公民进行必要的劳动就业训练。军队转业军官作为我国公民，于法于理都应有劳动的权利。因此，军队转业军官安置制度改革为计划安置军队转业军官分配工作岗位、为自主择业军队转业军官提供退役金是法理中权利义务相一致原理的具体应用。

2. 党和国家领导人关于军队转业军官安置的论述

党和国家历代领导集体都十分重视军队转业军官安置工作，也非常关心军队转业军官再次就业的发展。毛泽东、邓小平、江泽民、胡锦涛、习近平在不同时期均对军队军官转业安置的原则、安置制度改革、军队转业军官培训做出了重要指示。

毛泽东同志指出，军队转业军官安置要坚持"服从国家经济建设与国防军建设的需要，并使二者联系起来"。[②] 军队是干部的重要来源，人民解放军永远是一个战斗队，又是一个工作队，我们必须把210万野战军看成一个巨大的干部学校。"回乡转业建设人员是人民的功臣"，"应给以应有的尊重和政治待遇"，"人民解放军和地方人民政府对回乡转业建设人员必须妥善安置，使之各得其所"。[③] 妥善安置即保障转业的军队军官应有的政治待遇，从优的生活待遇，认同的工作岗位；各得其所即在军队转业军官工作岗位分配的过程中，在现有的条件下，充分考虑军队转业军官的个人能力特点、教育背景、工作经历，使其人尽其才。这一原则也成为我国军队转业军官工作岗位安置的基本准则。

---

① 赵东斌：《军人法律地位研究》，博士学位论文，中国政法大学，2008年，第10—11页。

② 毛泽东主席、周恩来总理签署的《关于人民解放军1950年的复员工作的决定》。

③ 国务院军队转业干部安置工作小组办公室编：《军队干部转业复员工作文件汇编》(1950—1982)，劳动人事出版社1983年版，第88—89页。

　　1977 年 12 月 28 日，邓小平在中央军委全体会议上的讲话强调：
"要把教育训练提高到战略地位，就包括把军队办成一个大学校，使干
部既学到现代战争知识，又学到现代科学知识和生产知识，还要学会做
政治工作和管理工作。这样，我们的军队干部既能在军队建设中发挥作
用，到地方上也能发挥作用，打起仗来，又可以在战争中发挥作用，就
成为军队和地方都合用的干部。"① 这一思想成为军队人力资源管理开
发和军队转业军官培训的依据。他提出："要根据地方需要，按专业办
训练班、速成学校等培训干部，解决'消肿'后的干部安排问题。"② 这
一论述明确了军队转业军官就业培训内容，即要根据地方工作需要的知
识技能进行培训，这也成为我国军队军官转业后培训的基本原则。对于
军队转业军官的工作分配问题，邓小平同志主张依据军队转业军官的能
力素质特点安排相应的工作。③ 这为转业军官职业能力开发指明了方向。

　　1994 年，江泽民指出，"做好军队转业干部安置工作，是关系大局
的一件大事。它对促进军队建设和经济建设，保证军队稳定和社会安
定，推进改革开放顺利发展，都具有重要意义"。同时要求"各级党委
和政府，要把军队转业干部安置工作作为一项重要政治任务认真抓好，
千方百计克服困难，把每一个转业干部安置好、使用好，使他们各得其
所，人尽其才"。④ 在 2002 年 5 月 18 日全国军转安置工作会议上提出
军队干部转业到地方工作，是我们党和军队的一项重要制度。"军队转
业干部是国家的宝贵财富，是社会主义现代化建设的一支重要力量，在
人民解放军这所大熔炉里，锻炼培养了一批又一批的优秀干部，他们有
较好的政治素质和较强的组织领导能力，有较高的文化水平和一定的专
业技术知识，有优良的作风和无私奉献精神。"⑤ 江泽民同志的这些论
述充分阐述了军队转业军官这个特殊人才群体的特殊素质优势，为军队
转业军官的人才开发提供了科学依据。对于转业军官安置制度的改革问
题，江泽民强调"不管怎么改，对转业干部还是要'包'下来，怎么

---

　　① 《邓小平文选》第二卷，人民出版社 1994 年版，第 79 页。
　　② 同上书，第 286—287 页。
　　③ 同上。
　·　④ 国务院军队转业干部安置工作小组办公室编：《军队干部安置工作文件汇编（三）》
(1991—1999)，中国人事出版社 1999 年版，第 213—214 页。
　　⑤ 同上书，第 213、414—415 页。

'包'，可以研究"。① "改革既要积极推进，又要稳妥可行。各项改革实施的时机和力度，要充分考虑保持军队稳定、保持国家稳定这个大局的需要。"② 确定了转业军官转业安置制度改革的基本原则。

胡锦涛同志在 2000 年、2001 年全国军队转业干部安置工作会议上强调："军队干部转业到地方工作，是国家和军队的一项重要制度。""综观世界各国，尽管社会制度、经济实力和兵役制度不同，但对退役军官的安置都有一套比较完备的法规制度作保障。""从国家的法律法规和政策制度上，保证军队转业干部在社会生活中享有应有的政治地位和政治荣誉"。③ 这些论述直接推动了 2001 年《军队转业干部安置办法》的颁布与实施，成为军队转业军官安置工作法制化的理论依据。他进一步指出，"积极接收、妥善安置军队转业干部，是地方各级党委、政府分内的事和义不容辞的责任。"④ 自主择业只是安排方式的变化，绝不意味着可以撒手不管。军队转业干部的自主择业，也不同于其他社会成员求职就业。对这部分干部要同计划分配的转业干部一样重视，一样关心，一样爱护。不仅要认真落实他们的各项待遇，而且要注意做好经常性的管理服务工作，尤其要积极为他们就业创造条件。"随着改革开放和社会主义市场经济的发展，社会人才资源的配置方式发生了巨大变化，特别是国家干部人事制度、劳动用工制度，以及各项社会保障制度改革的不断深入，现行的安置办法越来越不适应。"解决问题的关键是"要从新的实际出发，逐步改革同新形势新任务不相适应的安置办法，积极探索适应社会主义市场经济发展要求，符合国家建设、军队建设和军转干部实际的有效机制，建立和完善具有中国特色的军队转业干部安置制度"。⑤ 这些论述成为具有中国特点退役军官制度建立的理论依据。

习近平同志在 2009 年第五次全国军转表彰大会上强调，军队转业

① 转引自顾伯冲《试论江泽民同志军转安置思想》，《理论前沿》2003 年第 9 期，第 20 页。
② 《江泽民文选》第二卷，人民出版社 2006 年版，第 88 页。
③ 胡锦涛：《在全国军队转业干部安置工作会议上的讲话》，《中国转业军官》2000 年第 6 期。
④ 同上。
⑤ 同上。

干部安置工作事关党和国家工作全局，事关改革发展稳定大局。努力建设既承接我国军转安置工作光荣传统，又符合时代发展要求的中国特色退役军官安置制度。建立公开、公平、公正的安置工作机制，探索科学合理的安置办法，最大限度地实现军队转业干部人才资源合理化配置，努力使军队转业干部人尽其才、各得其所。① 习近平在第六次全国军转表彰大会暨 2014 年军转安置工作会议上指出，军转安置工作是实现"两个一百年"目标、实现中华民族伟大复兴的中国梦的重要力量。军转干部是党和国家的宝贵财富，我们要倍加关心、倍加爱护。各级党委和政府、军队各级组织要高度重视并满腔热情做好军转安置工作。广大军转干部要到党和人民最需要的地方去，积极适应改革开放时代大潮，牢记生命中有了当兵的历史，自觉弘扬人民军队光荣传统和优良作风，在人生的不同阶段、不同岗位上继续出色工作、活出精彩人生。② 习近平同志的安置思想为军转安置制度改革指明了方向，对转业军官个体在转业安置过程中及以后的工作提出了具体要求。

党和国家领导人关于军队军官转业安置工作所做的一系列重要指示和论述，明确了军队转业军官的地位和有效开发这一人才群体的重大意义，强调了国家各级政府部门在军队军官转业安置工作中的责任和妥善安置的原则，对新时期军队军官转业安置工作的改革创新指明了方向，因而成为我国军队军官转业安置制度改革的重要理论依据。

（二）客观依据

1. 军队的特殊使命

军人服役的组织军队与其他社会组织不同，有其特殊使命和任务。《中华人民共和国宪法》第二十九条规定，中华人民共和国的武装力量属于人民。它的任务是巩固国防，抵抗侵略，保卫祖国，保卫人民的和平劳动，参加国家建设事业，努力为人民服务。国家加强武装力量的革命化、现代化、正规化的建设，增强国防力量。《中华人民共和国国防法》第二十二条规定：中华人民共和国的武装力量，由中国人民解放

---

① 中国网 - 新闻中心：http：//www. china. com. cn/news/txt/2009 - 06/02/conten t_ 1787 6690. htm。

② 彭波：《到党和人民最需要的地方建功立业，为"两个一百年"奋斗目标作出新贡献》，《人民日报》2014 年 5 月 27 日第 1 版。

军现役部队和预备役部队、中国人民武装警察部队、民兵组成。同时进一步明确了我国武装力量的建设要求，第二十一条、第二十三条对武装力量建设的质量和数量要求分别做了规定，质量上，中华人民共和国的武装力量应当适应现代战争的要求，加强军事训练，开展政治工作，提高保障水平，全面提高战斗力；数量上，中华人民共和国武装力量的规模应当与保卫国家安全和利益的需要相适应。由此，军队这一武装力量要完成保卫祖国和人民和平稳定的国防任务，既要保持部队的战斗力和活力，又要保持一定的规模，军队军官服役到一定年限退出部队是一种客观规律，是现代化军队建设的需要。而如何安置好退出现役的军队军官，则直接关系现役军官的士气和稳定，直接关系现代化的军队建设，关系国家的安全和社会的稳定。因此，改革军队军官转业安置制度实行自主择业的安置方式，必须服从国家和军队建设的需要，促进国家稳定和社会经济发展，这是自主择业安置制度设计的基点。

2. 市场经济的人才资源市场化配置

1992年中国共产党十四大报告中明确提出建立社会主义市场经济。市场经济的基本特征之一是社会资源市场化配置，包括劳动力资源。而军队军官转业安置制度自新中国成立后一直实行计划分配安置方式，即通过指令性计划将退出现役的军队军官安置到党政机关、国家机关和企事业单位工作。而在社会主义市场经济体制的框架下，计划安置的转业方式与市场经济资源市场配置的规律相矛盾。军队转业军官安置制度改革也应体现社会资源市场化配置的要求，与计划经济向市场经济社会转型的总体趋势协调起来，使单纯的任务性转业安置过渡为开发军队转业军官人才资源，通过市场机制配置转业军官这一人才资源。所以，国家各级军队转业军官安置部门应转变工作理念，强化服务意识，为军队转业军官自主择业提供科学、规范的就业指导服务，提升其在二次就业过程中的职业能力，实现人尽其才。

3. 军队转业军官安置工作改革的实践探索

军队转业军官安置工作的改革探索，始于20世纪90年代初。1992年4月24日颁布的《关于做好1992年军队转业干部安置工作的意见》中提出："在坚持计划分配的原则下，进一步完善指令性和推荐选用相结合的分配办法。"① 这是我国军队军官转业安置工作改革探索的开端。1993 年 4 月 26 日颁布的《关于做好 1993 年军队转业干部安置工作的意见》进一步完善了分配原则，提出 "在坚持指令性计划分配的前提下，积极改进和完善分配办法，多渠道安置转业干部。" 同时，积极鼓励军队转业军官到企业就业或自主创业。各地在这一思想指导下展开了军队转业军官安置改革的探索，有的在安置方式上进行了自主择业的尝试。1995 年 4 月 5 日，时任人事部部长的宋德福在《服从大局扎实工作，认真落实军转政策不断探索安置新路》讲话中指出："军转安置工作的出路在于改革，这已成为军地双方的一个共识。"② 同时要求改革的重点放在拓宽安置渠道、搞活分配办法、深化改革研究、建立工作依托机构、加强法规建设五个方面。

1995 年 "国务院军转工作小组已经开始了《暂行条例》的起草工作"③，1996 年军队转业军官安置工作改革有了初步成果，形成《军队转业干部安置暂行条例》④，并在以后几年里对其广泛调研论证，多次召开专题会议征求意见。1998 年在各地军队转业军官安置改革实践探索和理论研究的基础上，将军转安置工作改革的目标表述为："按照国家政治、经济体制改革和转业干部人才资源开发的要求，拓宽安置渠道，改善分配办法，逐步建立政府宏观管理、社会各方面主动安排、转业干部自主择业、人才市场发挥基础作用、军转干部的利益得到合理保障的安置机制；逐步完善面向社会需求、适应转业干部特点、注重实际效果、规范化的军转培训制度；逐步健全适应新形势要求的军转安置法规、政策体系，使军队转业干部的安置工作逐步向制度化、法制化过渡。"⑤ 同时，"军地双方初步明确了改革的原则和思路，研究论证了改革安置办法的具体内容和实施步骤。"⑥

总之，国家和地方各级军队转业干部安置工作办公室在军队转业军

---

① 国务院军队转业干部安置工作小组办公室编：《军队转业干部安置工作文件汇编（三）》，中国人事出版社 1999 年版，第 148 页。
② 同上书，第 323 页。
③ 同上书，第 366 页。
④ 同上书，第 506 页。
⑤ 同上书，第 615—616 页。
⑥ 同上书，第 769 页。

官安置工作中所进行的大量调查研究、改革实践和理论上的改革研究，为军队军官转业安置制度改革和自主择业制度设计提供了客观依据。

二　自主择业安置制度的内容

2001 年 1 月 19 日，中共中央、国务院、中央军委颁布了《军队转业干部安置暂行办法》，开启了军队转业军官安置方式里程碑意义的改革，明确规定了自主择业是军队转业军官的重要安置方式，并对自主择业的条件、退役金标准、就业、培训、待遇等做出了具体规定，将军队转业军官自主择业的安置方式制度化、规范化、科学化。2001 年 8 月颁布《关于自主择业的军队转业干部安置管理若干问题的意见》（国转联〔2001〕8 号）、同年 12 月颁布《自主择业的军队转业干部退役金发放管理办法》（国转联〔2001〕9 号）对于自主择业军队转业军官的退役金制度、社会保障、就业培训、家属安置等相关问题做了详细具体的规定，形成了军队转业军官安置制度的框架体系（见图 4-1）。

为了保障军队转业军官自主择业安置制度的顺利实施，2001 年 8 月 24 日，国务院军队转业安置工作小组等 13 个国家部门颁布《关于自主择业的军队转业干部安置管理若干问题的意见》，进一步细化自主择业转业军官参加医疗、养老、失业等具体政策，形成了自主择业转业军官社会保障机制。2001 年 12 月 13 日国务院军队转业干部安置工作小组、人事部、财政部颁布《自主择业的军队转业干部退役金发放管理办法》，建立了自主择业的军队转业干部退役金预算、拨款、支付的正常运行机制。因此，这次重大改革是在刚性保障自主择业转业军官正常生活的前提下进行的，制度设计的基点是保障自主择业转业军官较高的生活待遇，引导更多转业军官自主择业。

（一）退役金制度保障自主择业转业军官生存权利

2001 年 12 月 13 日国务院军队转业干部安置工作小组、人事部、财政部颁布《自主择业的军队转业干部退役金发放管理办法》（国转联〔2001〕8 号）规定：退役金由中央财政专项安排，参照公务员统发工资办法，由军转、财政部门委托国有商业银行（代发银行）直接拨付到个人账户。退役金发放实行"军转部门核准人数、核定标准、编制预算，财政部门拨付经费，银行代发到人"的管理办法，为自主择业转业军官生活需求提供了根本保障。

退役金发放范围为"自主择业并未被党和国家机关、人民团体或者

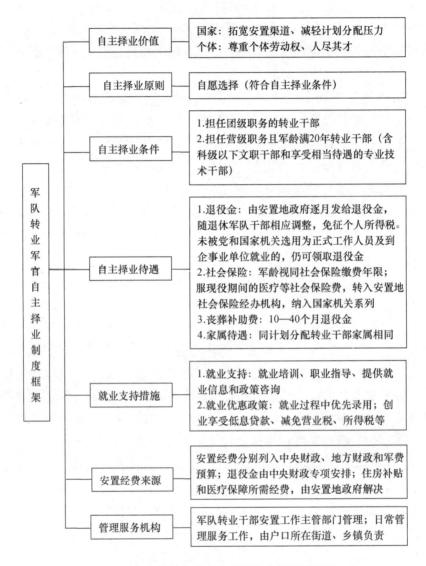

图 4-1 军队转业军官自主择业安置制度框架

财政拨款的事业单位选用为正式工作人员的军队转业干部"。这意味着在企业单位工作的、民营事业单位工作的自主择业转业军官可在领取退役金的基础上，还可以获得用人单位支付的劳动报酬，而且退役金水平一般高于或持平地方城镇职工年平均工资。第九条规定退役金发放数额计算办法为：

退役金数额 ＝｜［职务工资＋军衔（级别）工资＋军队统一规定的津

贴补贴〕×（80% +增发%）}+基础工资+军龄工资

同时，对立功、受奖、边远地区工作的自主择业转业军官有相应的增加退役金办法规定，并且退役金免征个人所得税。由此，双份报酬既可以增加转业军官的经济来源，保障生活水平，又可以激励更多转业军官选择自主择业安置方式，但这需要转业军官具备良好的可持续发展职业能力。

《自主择业的军队转业干部退役金发放管理办法》还对自主择业的军队转业军官退役金发放部门职责、发放程序、决算和管理监督、停发调整做出了明确具体规定，建立了自主择业的军队转业军官退役金预算、拨款、支付的正常运行机制，形成了军队转业军官自主择业退役金制度，为自主择业转业军官的生活来源提供了刚性保障。

（二）社会保障机制保证自主择业转业军官生活质量

2001 年8 月24 日，国务院军队转业安置工作小组等13 个国家部门颁布《关于自主择业的军队转业干部安置管理若干问题的意见》，依据《军队转业干部安置暂行办法》（中发〔2001〕3 号），对自主择业军队转业军官的社会保障问题做出了更加具体的规定，初步形成了自主择业军队转业军官的社会保障机制。

1. 医疗保障

首先，明确建立医疗保障地区自主择业军队转业军官医疗保险享受的范围、标准和经费来源。①享受范围和标准。建立基本医疗保险制度的地区，自主择业军队转业干部未被党和国家机关、人民团体、企业事业单位录用聘用期间，按照安置地政府的有关规定，统一参加安置地的基本医疗保险，并享受公务员医疗补助待遇。②单位缴费部分。参加基本医疗保险所需缴纳的单位缴费部分和公务员医疗补助，由安置地军队转业干部安置工作部门向当地统筹地区社会保险经办机构缴纳，所需经费由安置地政府解决。③个人缴费部分。军队转业干部个人以退役金为计算基数，按规定费率缴纳基本医疗保险费。④医疗账户管理。安置地社会保险经办机构按照当地医疗保险的规定为自主择业军队转业干部建立个人账户。其服现役期间的医疗保险个人账户基金余额并入本人新的基本医疗保险个人账户。⑤变化调整。自主择业军队转业干部被党和国家机关、人民团体、企业事业单位录用聘用后，按照当地政府的规定，享受所在单位同等条件人员的医疗保险待遇，所需费用由所在单位和个人按规定缴纳。

其次，对未建立医疗保障地区自主择业军队转业军官的医疗待遇问题做出了具体规定。①服役期间个人账户余额处理。未建立基本医疗保险制度的地区，自主择业的军队转业干部服现役期间的医疗保险个人账户基金余额，由其个人暂存，待安置地建立基本医疗保险、自主择业的军队转业干部参加基本医疗保险后，并入其个人账户。②就业前医疗待遇享受范围和标准。自主择业的军队转业干部未被党和国家机关、人民团体、企业事业单位录用聘用期间，享受安置地政府机关与其军队职务等级相应或者同等条件人员的医疗待遇，所需经费由安置地政府解决。③就业后医疗待遇。自主择业军队转业干部被党和国家机关、人民团体、企业事业单位录用聘用后，按照当地政府有关规定，享受所在单位同等条件人员医疗待遇。

2. 养老、失业保险

人力资源同其他资源的明显区别之一在于其闲置过程中依然要消耗资源，即失业、退休之后依然需要维持生命的生活资源。因此，自主择业军队转业军官作为我国公民，应和其他劳动者一样，享有我国的各项社会保障权利。为此，《关于自主择业的军队转业干部安置管理若干问题的意见》规定：自主择业的军队转业干部就业后，应当按照《社会保险费征缴暂行条例》（国务院令〔1999〕第259号）《失业保险条例》（国务院令〔1999〕第258号）等法规的规定，依法参加当地基本养老保险和失业保险，缴纳养老、失业保险费，并享受相应养老、失业保险待遇，其社会保险缴费年限从其在当地缴纳社会保险费之日算起。

3. 就业服务支持

自主择业安置制度实施关键环节是自主择业军队转业军官在地方顺利实现再就业，《军队转业干部安置暂行办法》（中发〔2001〕3号）明确了政府具有协助自主择业军队转业军官就业的责任。而《关于自主择业的军队转业干部安置管理若干问题的意见》则将政府协助就业责任具体化，具体包括就业指导、就业培训和就业创业政策。

（1）就业指导。由军队转业干部安置工作部门负责。主要提供就业咨询，发布就业信息，组织人才交流，建立自主择业军队转业干部人才网。党和国家机关、人民团体、企业事业单位从社会上公开选用人员时，在同等条件下，应优先选用自主择业的军队转业干部。

（2）就业培训。就业培训由军队转业干部培训中心具体实施，也可以委托地方院校、成人教育机构、职业培训机构承担具体工作。培训单位应当根据社会人才需求合理设置专业课程，加强定向职业技能培训，以提高自主择业的军队转业军官的就业竞争能力。

（3）就业创业政策。主要体现在优先录用权利和优化就业环境与创业支持。"参加全国统一组织考试取得专业技术资格证书或者执业资格证书以及参加职业技能鉴定取得国家职业资格证书的自主择业的军队转业干部，地方用人单位应在同等条件下优先录用、聘用。""为安置自主择业的军队转业干部就业而新开办的企业，凡安置自主择业的军队转业干部占企业总人数60%（含60%）以上的，经主管税务机关批准，自领取税务登记证之日起，三年内免征营业税和企业所得税。"对于自主择业转业干部自主创业的，在优化创建新企业流程和税收方面有相应优惠政策。

上述自主择业转业军官的就业支持服务与政策，为自主择业军队转业军官快速适应地方工作环境，获取广泛就业信息，拓宽就业渠道，实现就业创造了有利条件，也有利于自主择业安置制度的实施。

4. 家属安置制度

为了保障自主择业军队转业军官家庭收入、生活和谐，《军队转业干部安置暂行办法》第五十四条至第五十七条规定了自主择业军队转业军官家属的就业安置、社会保障政策和子女入学政策，赋予了就业、入学的优先权利，这也是对军队转业军官家属履行其义务的一种政策补偿。

（1）家属就业安置。第五十四条规定：军队转业干部随调配偶的工作，安置地党委、政府应当参照本人职务等级和从事的职业合理安排，与军队转业干部同时接收安置，发出报到通知。调入调出单位相应增减工资总额。对安排到实行合同制、聘任制企业事业单位的军队转业干部随调配偶，应当给予二年适应期。适应期内，非本人原因不得擅自违约解聘、辞退或者解除劳动、聘用合同。第五十五条规定：军队转业干部随迁配偶、子女符合就业条件的，安置地政府应当提供就业指导和服务，帮助其实现就业；对从事个体经营或者创办经济实体的，应当在政策上给予扶持，并按照国家和安置地促进就业的有关规定减免税费。

（2）子女入学政策。第五十六条规定：随迁子女需要转学、入学的，由安置地教育行政管理部门负责安排；报考各类院校时，在与其他考生同等条件下优先录取。同时规定，各地在办理军队转业军官子女转学、入学事宜时，不得收取国家政策规定以外费用。

（3）社会保障。第五十七条规定：军队转业干部随调随迁配偶、子女，已经参加医疗、养老、失业、工伤、生育等社会保险的，其社会保险关系和社会保险基金，由社会保险经办机构按照国家有关规定一并转移或者继续支付。未参加社会保险的，按照国家和安置地有关规定，参加医疗、养老、失业、工伤、生育等社会保险。

上述规定满足了自主择业转业军官家庭成员工作、学习的生活需求，为家庭生活水平提供了保障，解除了自主择业转业军官的后顾之忧，对自主择业安置制度起间接促进作用。

第三节　职业能力开发是破解改革困境的核心举措

2001年军队转业军官安置制度改革，实施计划分配和自主择业相结合的安置方式，旨在减轻国家机关接收转业军官的安置压力，拓宽转业军官安置渠道。但从现实来看，改革未达到预期目的，计划安置渠道越来越窄，自主择业安置制度推进遇到重大困难。

一　军队转业军官安置方式现状

（一）军队转业军官计划安置方式现状

1. 计划安置配置方式

1955年国务院颁布《关于中国人民解放军退出现役干部就业的指示》，把"计划分配"作为军队军官转业安置的主要方式。计划安置即由国家根据个人品德、能力、职务和服役期间表现统一安排工作，落实相应的职务及待遇。这种安置方式在2001年以前，一直是我国转业军官安置的主体方式。在实施的近60年中，尤其是自2001年以来，计划安置方式随着社会的发展和军官转业安置工作形势任务的变化，多次调整，逐步完善。工作分配方式由最初的指令性计划分配，发展到指令性分配、考试考核分配、双向选择三种方式，有效地保证了军转安置工作的公平性、公正性和科学性。

目前转业军官计划安置的三种配置方式有不同适用对象。指令性配置方式主要用于师团职转业军官和经考试考核后未被接收的转业军官。考试考核配置方式主要运用于配置到国家机关、事业单位的营职及以下的转业军官。双向选择配置方式主要适用于自愿到企业工作的转业军官，由转业军官和接收单位双向选择。

2. 计划安置配置流程

由于各地情况不同，各省安置程序有的简单一些，有的则复杂一些。但基本流程为接收档案、政策宣讲、量化考核、志愿填报或积分选岗（主要是团职转业军官）、考试面试、录取、培训、报到等环节。浙江省在计划安置工作中制定了非常细化的配置流程，具体如图 4 - 2 所示。①

从浙江省计划安置转业军官安置流程图中可以看出，这是基于管理学中的闭合原理设计的一个闭合管理流程，可确保安置工作的有效完成。在其 18 个主要环节中，量化考核、考试面试为核心环节，决定着计划安置的公正性和规范性。由此，浙江省制定了《浙江省军队转业干部考核赋分暂行办法（2013 年 5 月修订）》作为量化考核的依据。具体考核指标体系如表 4 - 1 所示。

从表 4 - 1 的内容看，量化考核的指标主要是军龄、职级、优待、奖励、学历学位和惩戒（处分和退档）6 项指标，基本反映目前转业军官量化指标体系。陕西省在此基础上还将参加适应性培训作为量化考核指标，考勤和考核合格的计 5 分。② 总体来看，量化考核在转业军官计划安置过程中，其功能主要体现在激励、调节和公正三个方面。

从激励功能看，军龄可激发现役军官安心服役，也可以引导更多现役军官延长服役时间；职级优待可以有效引导现役军官积极努力和积极进取，为职务晋升提供强大动力；奖励可激发现役军官拼搏奉献，建功

---

① 浙江省军队转业干部安置办公室。

② 陕西省军转办：《省军转关于 2013 年省级机关和参照公务员管理的事业单位选用军转干部考核工作有关问题的通知》（陕军转办发〔2013〕6 号），陕西省人力资源和社会保障网：www. shaanxihrss. gov. cn。

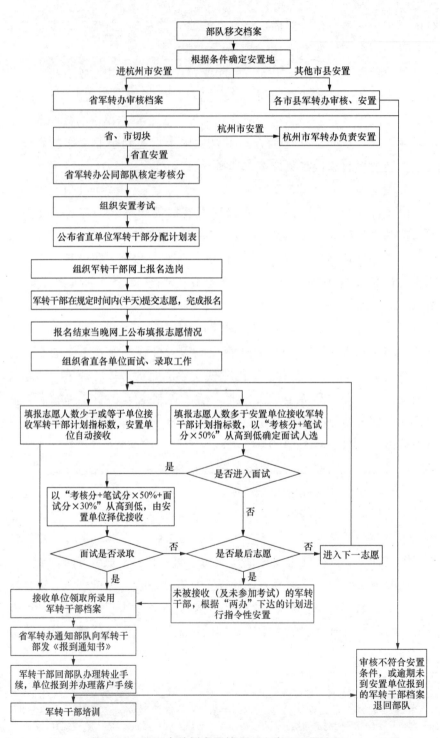

图 4-2 浙江省计划安置转业军官岗位配置流程

表 4 - 1　　　　浙江省（团以下）转业军官考核量化指标体系　　单位：分

考核指标		指标标准		操作规则
军龄		每年计1分		部队特招人员，以前在地方工作国家承认工龄的，在地方工作年限一并计算军龄分
职级	行政职务	正团职	25分	1. 团职任现职满3年加1分，以后每满1年加0.5分 2. 正营职含相应职级的文职行政干部和专业技术干部 3. 为主官的加2分，担任其他领导职务的加1分
		副团职	20分	
		正营职	16分	
		副营职	14分	
		正连职	12分	
		副连职	10分	
		排职	8分	
	技术职务	技术5级	21分	
		技术6级	20分	
		技术7级	19分	
		技术8级	18分	
		技术9级	17分	
优待（特殊地域、岗位加分）		满5年	1分	1. 在艰苦边远地区和特殊岗位服役时间可累计合并计算 2. 同时在艰苦地区和特殊岗位工作的，不重复计算年限
		满10年	3分	
		满15年	5分	
		满20年	7分	
奖励	荣誉称号	中央军委	25分/次	1. 荣誉称号获得者累计奖励总得分分别不超过30分、25分 2. 立功者累计奖励总得分分别不超过20分、15分和10分 3. 同一原因多次受奖的，只按最高奖项计分1次 4. 战功按上述标准提高一个层次计分 5. 奖励不含集体奖励。有参战经历的计6分
		大军区（公安部）	20分/次	
	立功	一等功	20分/次	
		二等功	15分/次	
		三等功	2分/次	

续表

考核指标		指标标准		操作规则
学历学位		本科	1分	1. 有硕士以上学位的可计2分
		研究生	2分	2. 以国家承认的学历文凭或学位证书为准
惩戒	行政	警告	2分/次	1. 受多次处分的，累计扣分
		严重警告	4分/次	2. 因同一问题受多种处分的，按最高扣分项减分
		记过	6分/次	3. 受团纪处分的参照党纪处分执行
		记大过	8分/次	4. 扣分仅针对在现职级上所受处分，干部提任后对其以前职级上所受处分不再追溯扣分
		降职、降衔	10分/次	
		撤职	12分/次	
	党纪	警告	3分/次	
		严重警告	5分/次	
		撤销职务	12分/次	
		留党察看	14分/次	
		开除党籍	16分/次	
	退档	已发出报到通知，且安置符合国家政策，又无正当理由，但拒不到地方报到或者落户，档案退回部队的，减2分。因同一原因，受部队处分的，按最高扣分项减分，不累计减分		
适用对象		行政（团处级以下）、专业技术军转干部考核		

资料来源：依据《浙江省军队转业干部考核赋分暂行办法（2013年5月修订)》整理，http://www.zjhrss.gov.cn/art/2013/5/27/art_28_49203.html。

立业；学历学位鼓励现役军官积极提升自身知识素质；惩戒属于负激励，限制和军队建设要求不符合的动机，并通过惩罚改变行为方向。由此，量化测评通过正负激励功能对现役军官形成前有引力、内有动力、后有推力的激励机制。前有引力即退役后在量化测评中获取优势，内有动力即职级的晋升既可满足成就需求，又伴随工资待遇提升，后有推力即违反军纪军规不仅在服役期间受到职级、待遇的损失，而且退役安置时仍要继续付出代价，加大了违纪成本，从而产生积极向上的推动力。

从调节功能看，主要引导现役军官向特殊岗位和边远地区流动。特殊岗位相对于一般岗位而言，需要承担更多义务，如保密岗位不仅在岗期间比一般岗位承担更多保密义务和其他限制，而且退役通常需要一个解密期过渡；边远地区相对于其他地域工作环境较差，任职者无论在物质生活，还是精神生活，较其他地域更为艰苦、匮乏，付出也会更多。由此，特殊岗位、边远地区除了服役期间的相应补贴外，退役安置时较其他一般岗位、地域有所差别，给予优待，这样有利于引导军队现役军官流向特殊岗位和边远地区工作，有利于军队人力资源的合理配置。

从公正功能看，对于转业军官个人素质能力通过评价指标进行量化评价，既可以有效规避在转业安置过程中的人为因素，又可以引导转业军官在服役期间努力提升个体素质和能力，有利于提升军队战斗力。在以往计划安置过程中，转业军官往往顾虑重重，千方百计寻找人脉资源，不惜成本投入，以期获得理想安置，并认为安置后可收回成本，这种思想为以后违纪行为埋下了隐患。量化测评根据转业军官个体素质能力量化评分，个体签字确认并公开结果，评价结果成为计划安置的重要依据，而且便于横向比较。人脉资源的作用则大幅度弱化，从而使计划安置被人为干扰的因素大幅降低，公平、公正、公开的程度大幅度提高，有利于转业军官职业能力的开发。

3. 计划安置考试内容

目前，由于国家没有统一的考试大纲，在具体实践操作中，各个省份考试内容、考试考核权重比例等分配不一。但考试方式是一致的，均采用闭卷考试，在考前颁布当年的考试大纲。从考试大纲内容看，各省、市的考试大纲差异性不大。由于目前转业军官计划安置的单位90%以上在国家机关、参照公务员管理和事业单位，各地的考试大纲基本上以国家公务员考试大纲或《党政领导干部公开选拔和竞争上岗考试大纲》为基础，分为政治、经济、法律、管理、国情国力、行政职业能力测试、申论、公文写作与处理等。

江西省考试内容分为"行政职业能力测验"、"作文"、"专业知识"三部分，其中报考政法部门、国税系统、地税系统和国家安全部门的需加试"专业知识"。①政法部门"专业知识"内容以法律基础知识为主，政法委、法院、检察院、公安、司法行政五家政法部门同卷。②国税系统的"专业知识"内容以财经、税务和计算机基础知识为主；地税系统的"专业知识"内容以写作为主。③国家安全部门的"专业知识"单独命题，内容为英语和计算机知识。①

陕西省在《省军转办关于 2013 年全省各级机关和参照公务员管理的事业单位实行考试考核办法选用军转干部的通知》（陕军转办发〔2013〕5 号）规定考试内容为公共科目和时事政治两部分，公共科目依据《党政领导干部公开选拔和竞争上岗考试大纲》确定政治、经济、法律、管理、国情国力五部分内容。

浙江省考试内容分为政治、经济、法律、管理、公文、时事六部分内容，政治包括马克思主义哲学、毛泽东思想、邓小平理论、"三个代表"重要思想、科学发展观、十八大报告、政府工作报告、省第十三次党代会报告；经济主要是社会主义市场经济体制的知识；法律主要包括宪法、行政法、公务员法；管理包括管理学基本原理、行政管理、公共政策 3 门学科知识；公文主要是公文写作与处理；时事为考前 1 年的国内外重大时事，如 2013 年时事是指 2012 年 7 月至 2013 年 6 月的国内国际重大时事。②

安徽省每年由军队转业干部安置工作小组办公室、安徽省人事考试院统一编印安徽省军队转业干部统一考试大纲，包括：①政治相关知识，包括邓小平理论、"三个代表"重要思想、科学发展观、《中国共产党章程》基础内容，其他依据社会发展动态调整。②经济相关知识，包括市场经济基础知识、社会主义市场经济的特点、体系框架、市场体系、政府职能等相关知识。③法律相关知识，包括宪法和公务员法。④省情，包括安徽省社会经济和社会发展"十二五"规划纲要、安徽概况、政府工作报告三类内容。⑤时事政治，包括考前半年内的国际国内重大事件。⑥军队条令，包括内务条令、纪律条令、队列条令三项内容。⑦写作，材料或命题作文，要求 800 字。

---

① 江西省军队转业干部安置工作小组办公室：《关于江西省 2013 年军队转业干部考试考核的通知》，2013 年 7 月 24 日，江西省人事考试中心：http://www.jxpta.com/news/1_1123.html。
② 《2013 年浙江省军转干部考试范围及有关事项（除杭州、宁波外）》，浙江省人力资源和社会保障厅网站：http://www.zjhrss.gov.cn/art/2013/5/27/art_28_49209.html。

从上述四省份考试内容看，范围宽窄不一，但内容均涉及了公职人员的基本素质和能力，如政治素质、法律和经济知识、专业知识、写作能力等，从这个意义上而言，国家可制定统一的转业军官计划安置考试大纲，各地根据各自情况可适当加考相关内容，以增加考试的规范性。

4. 转业军官计划安置的组织实施

为了保障考试考核的规范和公平、公正，各省制定了相应的考试考核和录用办法，对考试考核的适用对象、考试考核的组织实施和录用规则做出了明确规定。在此以浙江省 2012 年 7 月制定的《在杭省部属单位安置营级以下（含营级）军队转业干部考试考核录用办法》（以下简称办法）① 为例进行分析。

浙江省师职级转业军官主要采用计划指令性分配，团职采用"量化考核、积分选岗"方式配置，按照上述考核评价结果依分从高到低选岗；营职及以下采用考核考试的方式配置。但"荣立一等功以上（含一等功）奖励的军队转业干部可选择免考。具体由省军队转业干部安置工作小组办公室（以下简称省军转办）根据其专长、意愿和工作需要，报经省军队转业干部安置工作小组同意后，予以优先安置。""自愿选择到在杭省直属和中央部属企业单位安置的军队转业干部，可不参加考试。具体由本人提出书面申请，省军转办采取双向选择的办法予以安置。"

考试考核工作由省军转办会同部队转业办、在杭省直属单位和中央部属单位共同组织实施，分为志愿报名、考核评分、考试（笔试和面试）、成绩统计四个步骤。①报名通过网上报名系统完成。②考核依据档案材料和考核赋分标准完成，本人签字确认。③考试分为笔试、面试两个环节，满分均为 100 分。笔试采用闭卷形式，具体由省军转办委托有关考试机构承担。军队转业干部填报同一单位志愿的人数多于该单位分配计划数的，应组织面试。面试由各接收安置单位自行组织，面试考官一般应由接收单位领导和人事、监察等相关处室负责人组成。每个计划指标有 5 人以上（含 5 人）报考的，按分配计划数的 1∶3 进入面试；每个计划指标 5 人以下报考的，按 1∶2 进入面试。参加面试的人员按

---

① 中共浙江省委办公厅、浙江省人民政府办公厅：《在杭省部属单位安置营级以下（含营级）军队转业干部考试考核录用办法》，2012 年 7 月 27 日，浙江省人社厅网站：http：//www.zjhrss.gov.cn/art/2012/8/7/art_ 28_ 39443. html。

"考核分＋笔试分×50％"的总分值从高到低确定。进入面试人员名单及其笔试成绩由省军转办向面试单位提供。④成绩统计。考试考核成绩由省军转办按"考核分＋笔试分×50％＋面试分×30％"汇总，结果保留小数点后两位，尾数四舍五入。

录用工作由省军转办会同各有关单位按军队转业干部考试考核成绩和单位计划指标数，做好军队转业干部接收录用工作。①填报同一单位志愿人数少于或等于该单位计划指标数的，由该单位接收。②填报同一单位志愿人数多于该单位计划指标数的，按军队转业干部考试考核成绩，从高分到低分依次接收。③报考同一单位的军队转业干部考试考核成绩相等的，以考核分高者优先接收；若考核分也相等的，依次按职级分、军龄分、奖励分、优待分高者优先接收。④第一志愿未被接收的，退至第二志愿，以此类推。⑤经考试考核未被接收的军队转业干部实行指令性分配。

由上面内容可以看出，浙江省转业军官计划安置已形成制度，并以政策性文件规范和保障。从整个实施过程看，从网上报名、考试，到最后录取，不仅有具体细化的操作规则，而且全面实行信息公开化，志愿统计、考试成绩、录取结果等环节均在人力资源和社会保障厅网站公开公示，以便于监督。公开是公正的保障，计划安置过程的公开有效保障了计划安置的公平性，许多省市均已实施公开原则，这是我国转业军官计划安置的发展趋势，符合人力资源管理人职匹配原则，有利于人力资源的开发和职业发展。

（二）计划安置方式存在的问题

计划安置方式作为转业军官安置的主导方式自1955—2013年已实施58年。在计划经济体制时期，这一安置方式在社会主义建设过程中发挥了重要作用。但随着我国社会、经济、政治的改革，尤其是社会主义市场经济体制建立和人事制度改革，计划安置方式的压力日益加大，问题日益凸显，这一安置方式的实施进入了历史"瓶颈"期。

1. 地方接收安置转业军官的空间和渠道日益狭窄

从地方接收安置转业军官空间看，转业军官安置地域、城市较为集中，大多为经济发达的大、中城市；从安置渠道看，国家机关、事业单位为主要渠道，企业安置的极少，如浙江省2012年全省共安置1755名计划分配军队转业军官，安置在机关、事业、企业的比例分别为

87.5%、12%和0.5%。① 该省在人力资源和社会保障厅网站公布的2013年省直、中央部属在杭有关单位军队转业军官接收安置任务表显示，接收单位共计95家，企业仅有9家，占9.5%，而且是银行、机场、烟草、出版、交通等垄断性行业企业；事业单位30家，占31.6%，有7家大学、15家政府部门下属事业单位，其他为团省委、工会下属单位或研究机构；机关56家，占58.9%，有省委办公厅、公安厅、人力资源和社会保障厅、财政厅等政府组成部门，法院等司法机关，共青团、妇联、工会等参照公务员管理的组织机构。这些数字表明，地方接收安置渠道逐步向高校等事业单位和效益好的企业拓展，国家机关接收压力已经非常大。而计划安置的转业军官却都希望进入国家机关，没有达成预期目标的也是出于职务、考核积分、考试成绩因素被动选择事业单位或企业。

2. 转业军官计划安置和劳动力资源市场配置的矛盾日益突出

随着社会主义市场经济体制的建立和发展，企业拥有用人自主权，我国劳动力资源已实现市场配置，企业和劳动者双向选择，国家机关的公务员自1993年通过公开考试录用，大、中专应届毕业生从1998年实行双向选择，自主择业。在我国目前实行计划配置劳动岗位的只有转业军官这一群体，这既有军队的特殊使命性质，也有管理体制的历史延续问题。由此，转业军官成为社会劳动力资源中的特殊群体，加之社会对这一群体和安置制度缺乏了解，对他们产生抵触情绪，使转业军官适应地方环境的难度加大。同时也使一些人在就业竞争日益激烈的环境中，把从军作为进入国家机关的桥梁，这既不利于军队战斗力的提高，也不利于公平就业。

3. 国家机关尤其是政府机构陷入精简与膨胀的怪圈

为了适应社会经济发展的需要，提高政府工作效率、转变政府职能、适应建设社会主义市场经济的需要、解决政企不分和降低行政成本，自1982—2013年共进行了6次大的机构改革，通过精简、合并、新建的形式整合各部门及组成机构。目前国务院组成部门已由1982年

---

① 浙江省人力资源和社会保障厅军官转业安置处：《我省召开军队转业干部安置工作电视电话会议》，浙江省人力资源和社会保障厅网站：http://www.zjhrss.gov.cn/art/2013/4/27/art_122_47170.html。

的 100 个削减为 2008 年的 27 个，减少了 73 个。① 2013 年 3 月为进一步探索大部门体制，最新一轮的国务院机构改革启动，整合后的政府组成部门由 27 个变为 25 个。而每一次政府机构改革，都会伴随编制的减少和人员的精减。但计划安置转业军官分配任务的完成，则是通过优先使用空缺编制、增加编制完成。

《军队转业干部安置暂行办法》第二十五条规定：各地区、各部门、各单位应当采取使用空出的领导职位、按规定增加非领导职数或者先进后出、带编分配等办法，安排好师、团级职务军队转业干部的工作和职务。党和国家机关按照军队转业干部安置计划数的 15% 增加行政编制，所增加的编制主要用于安排师、团级职务军队转业干部。第二十七条规定：国家下达的机关、团体、事业单位的年度增人计划，应当首先用于安置军队转业干部。编制满员的事业单位接收安置军队转业干部，按照实际接收人数相应增加编制，并据此增加人员工资总额计划。这样，国家机关一方面精简，另一方面通过增加编制安置转业军官，使国家机构陷入精简与膨胀的怪圈。

通过增加编制安置计划转业军官带来的问题不仅使机构膨胀，而且会使工作效率低下，影响转业军官职业发展质量。因为编制可以增加，但国家机关管理的职责是相对固定的，不可能随着编制增加职责和管理功能，由此又会出现一个人可以完成的工作，由两个人、三个人来做，这既不符合人力资源管理人员配置中的最低职位数量原则，影响工作效率，而且转业军官会因为新工作环境的适应期影响工作效能，这也和我国机构改革的整体目标相悖。同时，由于消化增编人员国家机关通过公开考试录用的人员数额也会相应减少。某市某机关 2002—2012 年的人员进入情况已证明了这个事实，具体人员增加情况见表 4-2。

该局于 2002 年成立，初始人员 25 人，截至 2012 年共新增人员 81人，其中转业军官 44 人，占新增人数的 54.3%。而该局的职责没有变化，管理功能由于机构调整增加 1 项，但管理业务处室由建立之初的 2个，发展到目前的 8 个。而且该局 10 年没有通过公务员考试录用新人员，其中编制因素是一个重要原因。

---

① 朱书缘：《盘点：改革开放以来六次国务院机构改革》，人民网 - 理论频道：http://theory. people. com. cn/GB/n/2013/0226/c148980 - 20606301. html。

表4-2　　　　　　　2002—2012年某局新增人员情况　　　　单位：人

年份	转业军官	一般人员	总数
2002	0	25	25
2003	1	1	2
2004	9	4	13
2005	9	1	10
2006	11	0	11
2007	3	2	5
2008	1	1	2
2009	0	2	2
2010	1	0	1
2011	4	1	5
2012	5	0	5
合　计	44	37	81

资料来源：笔者调研获取。

4. 计划安置转业军官满意度降低

课题组对河北省、山东省相关调查结果显示，计划转业军官对地方安置工作和国家安置、培训、使用政策的满意度不高。安置工作非常满意的占17.99%，政策方面非常满意的占17.11%，具体分布情况如表4-3和表4-4所示。

表4-3　　　　　　转业军官对地方安置工作满意度分布

选项：您对地方安置工作的满意度为	小计（人）	比例（%）
B. 满意	475	36.07
C. 基本满意	457	34.70
A. 非常满意	237	17.99
D. 不太满意	110	8.35
E. 不满意	38	2.89
本题有效填写人次	1317	

表4-4   转业军官对国家安置、培训、使用政策的满意度分布状况

选项：您对国家安置、培训、使用政策的满意度为	小计（人）	比例（%）
B. 满意	529	39.36
C. 基本满意	473	35.19
A. 非常满意	230	17.11
D. 不太满意	83	6.18
E. 不满意	29	2.16
本题有效填写人次	1344	

从目前计划安置现状看，安置接收单位90%以上为国家机关和事业单位，是社会其他劳动者非常期望并且努力考取的单位，因此安置接收单位对转业军官安置满意度影响不大。影响安置满意度的主要是职务落实，而这也是转业军官最看重的安置结果。随着安置压力加大，尽管转业军官期望值有所降低，但职务安排依然是影响计划安置转业军官满意度的重要因素。新中国成立后我国转业军官职务安排难度日益加大，具体变化情况如表4-5所示。[①]

表4-5   转业军官职级安排变化

时间	职级安排
新中国成立初期	转业干部提职安排较多（如营长任县长等）
1955年后	转业干部大多平职任用（如团职任县长等）、少数提职使用
1966年	转业中断
1969年	转业干部全部作复员处理，1980年才按转业落实政策
1975年开始	转业干部平职任用，营以下转业干部职务降职安排
1982年开始	团级退役军官降职安排，有实际领导职务，保留处级政治、生活待遇
1985年开始	师职转业干部降职安排，有实际领导职务，保留地厅级政治、生活待遇
1990年开始	首次就团级退役军官的职务安排做出规范

①   总政治部干部部：《军队干部政策文件汇编》，2001年。转引自韩苗苗《职业化视角下团级军官退役安置问题研究》，硕士学位论文，国防科学技术大学，2011年，第27页。

时　间	职　级　安　排
1995 年开始	可增加非领导职数降职安排师团级退役军官；师团级退役军官自此不但降职安排，而且大多没有实际职务
2001 年开始	不再保留师团级退役军官的政治、生活待遇问题
2002 年开始	鼓励师团级退役军官参与面向社会的领导干部公开选拔

从表 4 - 5 的资料信息可以看出，转业军官职级安排和待遇呈逐步向下的发展趋势。1955 年以前，转业军官提级安排者居多，当时国家刚刚成立，需要大量的管理者，而转业军官成为最好的资源；1955 年后大多为平职安排；1975 年营职以下转业军官开始降职安排，1982 年团职转业军官降职安排，但保留原级别待遇；1995 年开始通过增加非领导职数降职安排转业的师团级军官。这一变化趋势说明计划安置压力日益加大。课题组对河北省、山东省转业军官的调查结果显示，只有23.66%的人同转业前职务相当，27.67%的人低于转业前职务，41.95%的人保留待遇、没有安排职务。具体见表 4 -6。

表 4 -6　　　　　　　　转业军官职务安排分布

选项	小计（人）	比例（%）
C. 保留待遇、没有安排职务	555	41.95
B. 低于转业前职务	366	27.67
A. 同转业前职务相当	313	23.66
D. 其他情况	89	6.72
本题有效填写人次	1323	

5. 计划安置转业军官难以人职匹配

虽然计划安置转业军官带编制分配到接收单位，但各个单位岗位职责相对固定，有空缺职位优先考虑安置转业军官，但无法顾及转业军官的个人素质能力特点，很难做到人职匹配。在岗位满员的情况下，增加的编制没有实际职责，有的单位优先安排转业军官承担扶贫任务，有的借调出去帮忙。这既违反人力资源管理的科学规律，而且造成新的人浮于事，工作效率低下，也不利于转业军官的个体发展。

上述分析显示，地方政府感觉转业军官安置压力巨大，安置渠道日益狭窄；作为转业军官尽管期望值已经降低，仍难尽如人意。

二 军队转业军官自主择业安置方式现状与困境

（一）军队转业军官自主择业安置方式现状

2001年《军队转业干部安置暂行办法》颁布实施以来，截至2012年，国家先后出台16项完善自主择业管理服务配套政策，自主择业安置政策逐步完善①；20多个省区市成立了专门的自主择业管理服务机构，探索了许多行之有效的管理服务办法；选择自主择业安置方式的人数比例渐趋平稳，择业观念趋于成熟和理性。通过自主择业转业军官数量、自主择业转业军官的就业状况、政府相关部门的管理服务可以了解这一制度的基本现状。

1. 自主择业转业军官数量

2002—2013年，全国转业军官共计66.8万人，选择自主择业的转业军官共计12.1万人，占转业军官总数的18.11%。具体分布状况如图4-3所示。

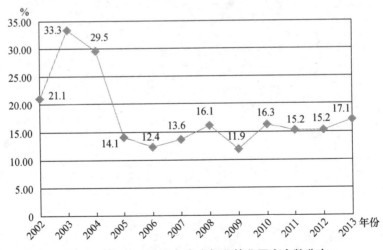

图4-3 2002—2013年自主择业转业军官人数分布

资料来源：盛大泉、罗晶晶：《计划—使命分配这十年》，《中国人才·转业军官》2012年第7期；《"数"说这五年》，《中国人才·转业军官》2014年第6期，依据两文数据整理制图。

————————

① 何宪：《探索自主择业就业服务新模式》，《中国人才·转业军官》2013年第1期，第7页。

图 4-3 数据状况显示，2004 年之前呈上升趋势，2003 年自主择业人数到达高峰，占当年转业军官安置总数的 33.3%，2004 年略有下降，占 29.5%，2005 年则出现锐减，仅占 14.1%，以后基本以此为基准线在上下浮动。自主择业人数的走向表明，对于自主择业安置制度方式最初转业军官并不抵触，并积极探索尝试这一新的安置方式，但 2005 年以后锐减，在平均比例 17.98% 以下徘徊，这表明转业军官对自主择业安置制度信心不足，安置方式遇到较大困难。

2. 自主择业转业军官的就业现状

自主择业即在政府协助下实现二次就业。从目前就业状况看，就业行业分布在国有企业、民营企业、民办学校等社会组织；从就业形式看，主要为稳定就业、灵活就业、创业三种形式，也有少部分赋闲居家。辽宁省是转业军官安置的大省，其省会大连市 2001—2008 年共接收了自主择业转业军官 3143 人，对其中的 1000 人进行问卷调查，79% 的人实现了不同形式的就业，但整体就业状况不太理想。①

从就业形式看，主要有稳定就业、灵活就业、自主创业、赋闲居家几种形式，分别占 39.4%、36.2%、3.4%、21.0%；从就业区域看，大连市内区就业的占 71%，在其他区市县就业的占 29%；从就业企业性质看，国有企业就业的占 37%，民营企业就业的占 40%，外资企业就业的占 19%，个体经营的占 4%；月收入 5000 元以上的占 5%，3000—5000 元的占 15%，1000—3000 元的占 62%，1000 元以下的占 18%；享受"五险"的占 0%；享受"四险"的占 2.2%；享受"三险"的占 24.2%，享受"二险"的占 33.3%，无社会保险的占 40.3%。②

3. 政府相关部门的管理服务

《军队转业干部安置暂行办法》（中发〔2001〕3 号）对自主择业转业军官的管理职责做了原则规定，《关于自主择业的军队转业干部安置管理若干问题的意见》（中发〔2007〕8 号）文件进一步细化了政府相关管理部门的职责，主要为负责自主择业军队转业军官政策指导、就

---

① 刘义、鲍宣成：《自主择业干部就业状况调查》，《中国人才·转业军官》2009 年第 2 期，第 31 页。

② 同上。

业培训、协助就业、退役金发放、档案接转与存放，并协调解决社会保障等问题，指导街道、乡镇的日常管理服务。各项职责的落实，需要相应的组织机构保障。截至2011年，全国有23个省区市和199个地市先后成立了专门的管理服务机构，没有成立机构的省区，军队转业干部安置办公室也配备了专门人员进行管理，为开展管理服务工作提供了组织保障。① 在自主择业转业军官管理实践方面，各省市依据各地具体情况进行了多样化探索。

云南自主择业管理服务工作建立了三条管理服务"网络"。①建立了州（市）、县（市、区）、乡镇（街道）、社区"四位一体"的管理服务工作网络。在街道办事处成立了自主择业军队转业干部管理服务中心党支部，党支部下设党小组，街道党工委把自主择业军队转业军官支部建设和党员教育管理纳入党建工作建设目标，除定期组织学习和开展活动以外，还组织自主择业转业军官体检、外出考察疗养等，以丰富党员的生活。②2003年5月，省管理中心自主开发了《自主择业军转干部综合信息管理系统》软件，建立了全省自主择业军转干部管理网络，实现了人员信息、退役金数据和管理工作文档传输网络化。③建立了"云南自主择业军转干部服务网"，为全省自主择业转业军官提供了安置政策咨询的平台，化解质疑与误解；同时提供人才供求信息，宣传转业军官的优秀事迹，激发其就业创业动机。除服务工作体系建设外，云南注重自主择业转业军官个性化培训，引入"中国中小企业竞争力讲堂"和国际劳工组织免费创业培训项目SIYB部分模块，建立企业实习基地，有效激发了转业军官的就业创业动机。②

辽宁省盘锦市在自主择业转业军官安置工作中注重提升服务质量，构建了四级管理服务体系，明确职责，各司其职。①盘锦市组建了"自主择业军转干部管理服务办公室"，负责自主择业转业军官的政策指导、就业培训、协助就业、退役金发放、档案接转与存放，并协调解决有关问题；②县（市）区和街道突出管理职能，并做好对上协调和

---

① 何宪：《坚定信心深入探索推进自主择业工作新发展》，《中国人才·转业军官》2011年第9期，第4页。

② 转业军官编辑部：《十年云岭军转情——云南省自主择业军转干部管理服务工作10年历程》，《中国人才·转业军官》2011年第12期。

对社区工作的指导检查；③社区把自主择业转业军官管理服务纳入经常性工作，根据自主择业转业军官党员数量成立党支部、党小组或直接编入社区党支部，负责党组织生活制度落实，成立了管理服务专抓组，采取专人承包、定向服务的办法，确保管理服务责任落实到人。由此，形成了分级负责、层层落实、运转高效的工作格局。①

河北省通过建立制度，规范完善自主择业转业军官的管理。具体建立了八项制度：①定期联系制度。各市管理中心将每个自主择业转业军官联系方式登记造册，每半年给自主择业转业军官打一次电话。②节日慰问制度。每年八一、春节两个节日，省市两级转业军官安置管理部门要去自主择业转业军官比较集中的企业看望慰问，或者座谈慰问。③伤病探望制度。对因伤因病住院的自主择业转业军官，市级军转管理服务部门及时到医院去探视伤情病情，帮助他们解决住院期间的医药费报销等具体困难。④困难帮扶制度。对自主择业转业军官就业创业、家庭生活、子女就业、身体健康等方面遇到的困难，在政策、条件许可的范围内主动提供帮助。⑤年度签到制度。每年第四季度，自主择业转业军官要亲自到市级军转管理中心去签名报到，作为来年核拨退役金的重要依据。⑥情况报告制度。对自主择业转业军官提出的带有普遍性、倾向性、政策性的建议要及时向上反映，不能隐瞒和拖延。⑦技能培训制度，依照"政府主导、依托社会、个人自愿、按需培训"的原则，有针对性地开展多渠道、多层次、多形式的专业技能培训和特色培训。⑧就业洽谈制度。省市两级自主择业军转部门及时掌握自主择业转业军官个人特长和就业愿望，召开不同类型自主择业转业军官就业洽谈会，为他们提供就业平台。②

总之，全国各地自主择业管理服务机构在十余年的管理实践中，为落实各项职责进行了多样化的探索。从管理机构设置看，各地初步建立起以省级、地（市）、街道（社区）和乡镇三级管理服务结构，明确了各级管理服务的内容、程序和标准，形成了独特的自主择业管理服务组

---

① 董建忠等：《"四级管理"模式提升服务质量》，《中国人才·转业军官》2009 年第 1 期。

② 河北省军转办：《用制度提升管理服务水平》，《中国人才·转业军官》2010 年第 2 期，第 27 页。

织体系；从就业培训看，针对自主择业转业军官的特点开展了适应性培训、个性化培训体系，2008 年每位自主择业转业军官培训经费由 1100元提升为 4800 元，2010 年中国转业军官培训中心开通了覆盖全国的转业军官网络培训课程，形成了由转业安置部门、高等院校、社会培训机构共同实施的培训体系；从就业支持看，管理机构通过与政府其他部门、企业合作，召开自主择业转业军官专场人才招聘会，建立自主择业转业军官就业基地，同时加强创业培训、制定创业优惠政策、建立创业企业孵化器，以创业带动就业；从自主择业组织生活看，辽宁大连、内蒙古包头、四川成都等省市建立街道、社区自主择业党支部，既可以提升基层党支部政治素质，又可以保障自主择业转业军官组织归属感。

经过十余年来的摸索和实践，自主择业转业军官群体正在引起社会各界的关注与重视，一部分学者对这一社会群体从不同视角展开研究，以期将他们纳入人才开发的社会开发体系中。

（二）自主择业安置方式存在的问题

自主择业安置方式作为中国特色转业军官安置制度改革的里程碑意义上的成果，是适应社会主义市场经济的客观要求，旨在减轻计划安置的压力。但这一政策的调控作用由于各种原因效果不明显，未达到改革的预期目标，尚需进一步推进和完善。

1. 自主择业安置方式推进受阻

自主择业安置方式的推出，目的在于引导更多转业军官选择走自主择业之路，以此缓解计划安置压力。但从目前情况看，选择自主择业安置方式的转业军官人数并未出现期望的逐年增加的发展趋势，而计划安置的人数却呈增加趋势。

从全国情况看，2002—2013 年，计划安置比例最少的是 2003 年为66.7%，2005 年以后，呈逐年增长趋势，最高的 2009 年高达 88.1%，计划安置平均比例为 81.6%，具体情况如图 4 - 4 所示。①

图 4 - 4 中数据变化趋势表明，计划安置的巨大压力没有明显缓解，自主择业安置方式的推进遇到了较大困难。

---

① 盛大泉、罗晶晶：《计划—使命分配这十年》，《中国人才·转业军官》2012 年第 7期；《"数"说这五年》，《中国人才·转业军官》2014 年第 6 期，依据两文数据整理制图。

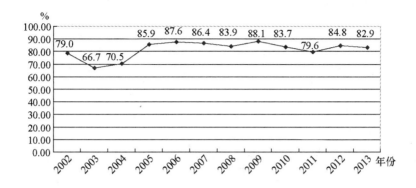

图 4 - 4　2002—2013 年计划转业军官分布比例

2. 自主择业转业军官的管理开放性不足

自主择业转业军官管理开放性不足，主要表现在管理机构和管理人员两个方面。从管理机构看，目前自主择业转业军官管理机构主要是人力资源和社会保障部门的政府机构、事业单位，这些机构是管理职能的主体，社会管理机构鲜有介入。

从管理机构人员构成看，其成员大多为转业军官。这些管理人员从部队转业到地方，了解转业军官特点和工作流程，具有管理优势，但他们对地方工作环境了解不多，对地方就业市场特点、需求不够了解，加之工作环境也大多为转业军官，其在部队形成的管理理念、方法不容易改变，管理视野不够开阔，导致管理技能提升不快，从而使自主择业转业军官就业服务水平不高，对自主择业转业军官就业支持力度不足，如就业培训效果不理想、就业培训过于强调个性化培训、忽略对自主择业转业军官一般职业能力的培训；培训需求分析尚需强化，培训目标定位尚需准确，培训方法需进一步多元化。

3. 管理机构尚需完善，管理经费保障不足

2001 年年初，吉林、上海率先成立专门的自主择业转业军官服务机构"军队转业军官服务中心"，随后一些省市相继成立专门机构服务于自主择业转业军官。但截至 2010 年 12 月，全国还有 9 个省区市没有建立省级自主择业管理服务机构①；已经建立省级专门机构的省份，仅

①　盛大泉：《2001—2011 自主择业十年报告》，《中国人才·转业军官》2011 年第 1 期，第 19 页。

少数省份形成了省、市、县区、乡街道四级服务机构，一些省份存在基层管理机构不够健全，人员配备不足，经费缺乏刚性保障等问题。《军队转业干部暂行办法》（中发〔2001〕3 号）规定，自主择业军转干部的日常管理服务工作，由户口所在街道、乡镇负责。但对管理服务经费的来源和保障没有明确规定，限制了一些服务项目的开展，弱化了管理服务功能。

4. 自主择业转业军官组织生活缺乏保障

2004 年颁布的《关于加强自主择业军队转业干部党员教育管理工作的通知》（组通字〔2004〕13 号）规定：安置地县级以上党委组织部门在党员报到时，要根据党员的居住、就业情况，逐一落实党员组织关系。对已就业党员，可将党员组织关系转入就业单位党组织或居住地街道社区党组织管理；对未就业党员，可将党员组织关系转入街道社区党组织管理；对流动性大的党员，可按照流动党员管理办法管理。

自主择业转业军官都是党员，具有较高的政治素质，有较强的组织归属感，渴望靠近组织、过组织生活，也愿意为组织贡献自己的力量。但目前的情况是，有少数地市建立了转业军官基层党支部，但多数转业军官无法过正常组织生活。西安市真正参加组织活动的党员不到50%。[①] 由于地方街道、社区管理的积极性不高，自主择业转业军官流动性大，一些私企、外企本身组织机构不健全、活动不经常，有些转业军官组织关系长期落不下来，党费也无法交纳。自主择业转业军官的组织生活成为管理服务中的最薄弱环节。

5. 自主择业转业军官就业扶持政策执行环境尚需优化

我国对自主择业转业军官就业优惠政策涉及教育优先录用、就业创业支持的几个方面，如同等条件优先录取、优先录用自主择业转业军官，创业扶持政策除了在转业军官安置政策中做出明确规定外，在国家其他部门出台的创业优惠政策，均惠及了自主择业转业军官。目前，主要问题是，政策的执行不畅。如创业政策中的管理费用优惠、税收减免、创业低息贷款等方面政策，涉及多个政府和社会的各级相关部门，就业支持政策不能完全落实，加之自主择业安置管理部门的行政协调能

① 范峰：《关于完善自主择业军转干部管理服务工作的几点思考》，《中国人才·转业军官》2010 年第 10 期，第 36 页。

力的限制，许多政策被打折执行甚至无法落实。

三　军队转业军官安置方式困境的原因分析

2001 年实施计划安置和自主择业两种安置方式，转业军官可自愿选择，旨在引导更多转业军官选择自主择业，减轻计划安置的压力。但这一政策的调控作用由于各种原因效果不明显，计划安置渠道越来越窄，自主择业推进困难重重。这既有安置政策的设计、执行问题，也有转业军官个体因素的影响。

（一）自主择业转业军官对自主择业安置政策信任度不足

转业军官自主择业安置制度目前主要是通过法律和政策两种形式确立。从法律层面看，没有一部法律层次的转业军官安置立法来保护转业军官的合法权益，尤其是自主择业安置的转业军官，主要是行政法规、规章立法保障转业军官权益。行政法规、规章的法律效力低于宪法和法律，法律位阶层次偏低。

现有的转业军官安置立法位阶最高的为 2001 年颁布的《军队转业干部安置暂行办法》，由中共中央、国务院、中央军委共同制定，属于行政法规的范畴。其余大多为国务院议事机构和组成部门联合发布的规章，还有一些政策。从法理学范畴看，由人民代表大会或常务委员会通过的法律其权威性、稳定性较强，未经立法机关不得修改。而政策的稳定性则较弱，常常会因为社会各方面的因素变化进行调整。

截至 2015 年，现行的《军队转业干部安置暂行办法》至今已经暂行 14 年了，还是暂时执行，而且其中的自主择业安置条件做过两次修改。

第一次是 2004 年《中共中央、国务院、中央军委关于做好 2004—2006 年军队体制编制调整改革期间转业干部安置工作的通知》（以下简称《通知》）中规定，师、团级职务军队转业干部（含相应职级文职干部和享受相当待遇的专业技术干部），以及军龄满 18 年的营级职务军队转业干部（含相应职级文职干部和享受相当待遇的专业技术干部），可以选择自主择业的方式安置。自主择业方式安置对象由团级扩大到了师级转业军官，师、团级转业军官没有军龄要求，营级转业军官的军龄也由满 20 年降低为满 18 年。这一变化主要是为了适应 2004—2006 年军队编制调整改革，转业军官数量剧增的状况，三年安置转业军官 25.6

万名，其中计划分配 20.7 万名。①

　　第二次是 2007 年的《中共中央、国务院、中央军委关于进一步做好军队转业干部安置工作的意见》对自主择业安置的对象范围做出了新的规定，军龄满 20 年的师、团、营级职务（含相应职级文职干部和享受相当待遇的专业技术干部）军队转业干部，本人提出申请，经组织审核批准，可以选择自主择业方式安置。自主择业安置的军龄条件统一规定为 20 年，实际上是提高了自主择业安置的条件。这一调整可解释为三年大裁军任务已经完成，转业军官数量恢复到常规状态而致。

　　基于上面的梳理，可以发现转业军官安置制度作为行政法规规定的自主择业转业条件随着安置任务量的变化而调整，并未考虑作为法律的稳定性和权威性，在实际安置工作中政策发挥了主导作用。由此，转业军官对自主择业安置待遇的稳定性产生顾虑，怕将来会发生变化，生活无法得到保障，在转业安置方式选择中还是稳为上策，选择计划安置方式，出现了计划安置转业军官逐年增长趋势，从而使转业军官安置制度陷入困境。

　　（二）计划安置渠道过于集中国家机关和事业单位

　　从近十余年计划安置转业军官看，各地计划安置的接收单位大约 95% 以上为国家机关、事业单位，企业安置的极少，而且大都是效益较好的大型国企。2009 年 5 月底，南京军区转业办一份统计表明：近五年来，华东六省市军转干部安置进党政机关占 84.3%，事业单位占 14.2%。② 而这些单位则是社会公认的理想就业单位，进入其中要通过国家或企业组织考试，经过激烈竞争后才能实现。这无疑产生了示范效应，计划安置的待遇、社会地位均有保障。而自主择业安置方式由于配套政策未完全到位，退役保障未完全到位，加之管理服务中存在问题，就业支持力度不够和自主择业转业军官就业技能不足导致无法顺利就业，社会地位下降，产生较强的失落感。两种安置方式的不同结果，产生了强烈反差，这无疑促使部队现役军官在选择转业安置方式时向计划安置倾斜。这种作为政治任务指令性保障安置质量的做法对转业军官安

---

① 盛大泉：《使命：计划分配这十年》，《中国人才·转业军官》2012 年第 7 期，第 18 页。

② 陈国瑜：《新思路　新探索　新变化》，《解放军报》2009 年 6 月 2 日第 1 版。

置个体而言，似乎是负责任的做法，但它与自主择业安置制度设计的初衷相悖，使自主择业安置方式的调控功能无法发挥作用，也使转业军官安置制度走入了"瓶颈"。

（三）自主择业转业军官就业支持不足

自主择业转业军官的就业支持，在现阶段主要体现在政策扶持、就业培训、提供就业信息、建立就业基地、扶持创业五个方面，但并未达到预期的支持效果。

从政策扶持看，目前的政策对自主择业转业军官的就业支持大多停留在法律层面，并没有转化为现实权利。如《军队转业干部暂行办法》规定的就业优先权利，仅仅是法律权利，规定同等条件下优先录用自主择业转业军官，但企业拥有用人自主权，对没有优先录用应承担什么责任、有何制约、谁来监督没有相应规定，就业优先权也只是文件上的权利。

从就业培训看，难以满足自主择业转业军官就业需求。从培训内容看，分为适应性培训和就业培训，大多为市场营销、企业管理、法律知识等内容，缺乏统一的培训指导大纲，与就业需求的针对性不强；从培训形式看，较为单一，以集中授课、网络授课为主要形式；从培训实施主体看，以转业安置部门培训中心为主体，有些因为利益因素不愿引入其他社会培训主体；从培训师资看，渠道来源多为高校、政府和已经转业的军官，师资来源需要多元化。

从提供就业信息看，目前主要是通过组织自主择业转业军官专场招聘会和在相关网站提供就业岗位信息，但从现实看，效果不理想。课题组的调查显示，从就业成功的渠道看，熟人介绍占26.2%、人才市场占6.6%、毛遂自荐占6.6%、网络应聘占4.9%、招聘会占3.3%。转业军官多年的军营封闭式生活，有些人不习惯于网络资源的使用和人才市场应聘方式，尤其是年龄偏大的转业军官，他们更习惯于熟人介绍。

从建立自主择业转业军官就业基地看，可以扩大就业渠道，但并不能成为主渠道。每个企业有其行业特点，需要专业技能的岗位居多，能适应这类岗位的转业军官不多。依据岗位设置规律，管理类岗位少，操作类岗位多，而转业军官均不愿意从事操作类岗位工作。由此，就业基地岗位有限，建立就业基地只能作为补充。

从创业扶持看，虽然规定了在办理营业执照、税收减免、资金贷款等方面的优惠政策，但由于申请优惠程序复杂、涉及的相关部门不积极配合，往往需要较大的时间成本和其他成本，而时间机会对于创业者至关重要。因此，很多自主择业转业军官放弃了创业优惠政策，使创业政策的扶持功能弱化。

（四）自主择业转业军官就业能力不足、择业观念滞后

课题组对河北、山东的 382 名自主择业转业军官调查显示，在"您认为部队在培养军地两用人才时应侧重的知识、技能调查"选项中，专业知识、专业技能均位居第一。转业军官二次就业的主要困难中，就业技能不足居首位，占 43.75%，具体分布状况见表 4 - 7。

表 4 - 7　　　　　　　　　转业军官二次就业困难状况分布

选项	小计（人）	比例（%）
B. 就业技能不足	154	43.75
G. 理想就业岗位不足	138	39.2
D. 社会关系少	130	36.93
F. 政策扶持不够	126	35.8
C. 就业岗位不足	115	32.67
E. 就业信息少	95	26.99
J. 社会对军队转业干部不了解	65	18.47
H. 创业技能不足	52	14.77
K. 其他	31	8.81
A. 文化程度低	26	7.39
I. 不了解就业扶持政策	23	6.53
本题有效填写人次	352	

调查结果显示，相对于其他劳动者而言，自主择业转业军官专业技能弱化。同时自主择业转业军官择业观念滞后。自主择业转业军官均具有从军 18—20 年的经历，作为管理者也大多在 10 年以上，在求职过程中大多期望从事管理工作，但现实岗位中管理类岗位数量有限，有些即使应聘成功管理岗位也因为和军队的管理风格、方法差异难以适应岗位需求，保持岗位的持续性。而对于操作类岗位大部分自主择业转业军官难以接受，从事操作类岗位他们认为社会地位下降，难以适应由管理者到被管理者的角色转换，宁可选择赋闲在家，这无疑缩小了就业空间。

四　提升转业军官职业能力是走出改革困境的核心举措

从转业军官安置方式现实困境看，既有客观原因，也有主观原因。客观原因主要在于安置政策尚需完善、政策执行环境优化等方面，主观原因主要在于转业军官个体的职业能力和择业观念。从理论基础看，辩证唯物主义认为，内因决定外因，作为内在因素的转业军官职业能力对其职业选择与职业发展具有决定性作用，开发职业能力的政策、制度、途径等外在因素起加速作用。从相关理论研究看，职业能力尤其是专业能力、管理能力对个体职业发展质量呈显著正向影响，这一研究成果也在实践中得到证实。大连市自主择业转业军官就业现状表明，专业技术转业军官在就业机会、就业质量方面具有优势，具体可通过就业形式、就业岗位来分析。

（一）基于就业形式的分析

大连市自主择业转业军官就业形式分为稳定就业、灵活就业、自主创业、赋闲居家四种形式。稳定就业是指与用人单位订立劳动合同、有固定的工作场所、收入的全日制就业方式；灵活就业相对于稳定就业而言，是指没有相对固定的劳动岗位、收入报酬、劳动关系表现为非全日制、临时性、季节性、弹性工作等就业形式。如自雇型就业、自由职业者、临时就业的小时工等。大连市转业军官稳定就业占39.4%，灵活就业占36.2%，赋闲居家占21.0%，自主创业占3.4%，整体就业状况不尽如人意，以创业带动就业效果不明显，具体分布状况见表4-8。

表4-8　　　　　　大连市自主择业转业军官就业形式分布

形式	团职		营职		技术		合计	比例（%）
	人数（人）	比例（%）	人数（人）	比例（%）	人数（人）	比例（%）		
稳定就业	68	25	125	35	201	54	394	39.4
灵活就业	107	38	116	33	139	38	362	36.2
自主创业	14	5	18	5	2	1	34	3.4
赋闲居家	89	32	96	27	25	7	210	21.0
合计	278	100	355	100	367	100	1000	100

资料来源：依据刘义、鲍宣成《自主择业干部就业状况调查》一文（《中国人才·转业军官》2009年第2期）数据整理。

表 4 - 7 中的数据表明，技术转业军官二次就业成功率最高，营职次之，团职最低。具体分析如下：

第一，技术转业军官二次就业率最高。调查数据显示，其稳定就业比例 54% 居首位，而自主创业、赋闲居家则比例最低，分别为 1%、7%，这说明技术转业军官就业机会高于团职、营职转业军官。其原因在于技术转业军官大多拥有某一专业技能，其人力资本通用性较强，就业机会比较多，故成功就业概率较高。而创业则是非常复杂、艰难的创造性活动，需要强大的动力源，具有较多就业机会的技术转业军官创业动力弱于团职、营职转业军官。由此，可以认为拥有专业技能，可增加就业机会，提高就业率。

第二，营职转业军官二次就业率低于技术转业军官，高于团职转业军官。从稳定就业率来看，营职为 35%，高于团职 10 个百分点，低于技术转业军官 19 个百分点，这表明营职转业军官因为年龄低于团职获得了较多就业机会，但因专业技能不足就业机会少于技术转业军官。就自主创业而言，团职、营职转业军官基本没有差异，说明年龄对创业影响不大；从灵活就业、赋闲居家而言，营职就业率低于团职和技术转业军官，赋闲在家比例则高于技术转业军官、低于团职转业军官，说明营职在就业过程中求稳心理、就业动机更为强烈，这与他们的家庭生活负担和领取退役金数额低于团职转业军官相关。由此，可以说明年龄对于就业机会而言有一定的影响作用，但其影响作用低于专业技能。

第三，团职转业军官二次就业率最低，赋闲居家比例最高。从稳定就业看，团职就业率为 25%，低于营职转业军官 10 个百分点，技术转业军官 29 个百分点；从赋闲居家比例看，高达 32%，高于营职 5 个百分点，高于技术转业军官 25 个百分点。这种现状表明，团职转业军官求职期望值高于营职，更关注自身价值的实现，否则选择居家，这与团职转业军官的年龄大于营职、退役金标准高于营职、家庭负担低于营职相关。由此，可以看出，对于不具有专业技能的转业军官而言，年龄越大，就业机会越少。

上述分析表明，人力资本的通用性与就业机会、成功率呈正相关。因此，军队基于军官职业生涯规划基础上的军官通用人力资本的培养至关重要，这是转业军官自主择业后再次就业的关键要素，直接影响自主择业安置方式的推进。

（二）基于就业岗位的分析

大连市 790 名自主择业转业军官就业岗位管理类占 60%，技术类占 25%，操作类占 15%，其中，管理类岗位中中层以上的占 16%，这表明转业军官具有一定的管理素质和能力。[①] 具体情况如表 4 - 9 所示。

表 4 - 9　　　　　　　大连市自主择业转业军官就业形式分布

岗位		团职		营职		技术		合计	比例（%）
		人数（人）	比例（%）	人数（人）	比例（%）	人数（人）	比例（%）		
管理类	综合	195	52	137	35	14	16	346	44
	中层	89	24	37	14	3	1	129	16
技术类		3	1	4	1	187	82	194	25
操作类		89	24	96	15	25	11	121	15
合计		376	101	274	100	229	100	790	100

注：因为四舍五入，表中百分比之和不等 100%。

资料来源：依据刘义、鲍宣成《自主择业干部就业状况调查》一文（《中国人才·转业军官》2009 年第 2 期）数据整理。

表 4 - 8 数据显示，技术类转业军官就业质量高于团职、营职转业军官，其在操作类岗位比例明显低于团职、营职转业军官。具体分析如下：

管理类岗位中，团职、营职转业军官优势明显，位居中层管理岗位比例分别高于技术转业军官 23 个、28 个百分点，而技术转业军官就业岗位位居中层管理者的仅为 1%。这种现象与他们在军队服役期间的不同岗位工作经历相关。由此，可以认为转业军官的管理素质能力在二次就业过程中发挥了重要作用。

技术类岗位中技术转业军官具有绝对优势，229 名就业技术转业军官中有 187 名从事技术岗位工作，占就业技术转业军官的 82%；操作类岗位营职、团职非技术转业军官居多，分别占就业团职、营职转业军官的 24%、27%。

---

① 刘义、鲍宣成：《自主择业干部就业状况调查》，《中国人才·转业军官》2009 年第 2 期。

操作类岗位中，团职、营职转业军官居多。团职在操作类岗位为
89人，占376名团职就业人员的24%；营职为96人，占274名营职就
业人员的35%，而技术转业军官其操作岗位仅25人，占229名从业技
术转业军官的11%，低于团职、营职分别为13个、22个百分点。

通过自主择业转业军官就业岗位类型的分析，可以看出管理类岗位
团职、营职优势明显，获得较多就业机会，技术类岗位技术军官优势明
显，转业军官人力资本的质量与就业质量呈正相关。但整体而言，具备
专业技能的就业机会多于具备管理素质的就业机会，因为社会能够提供
的管理岗位数量低于技术类岗位。由此，培养具备管理素质和专业技能
的复合型转业军官，将会获得更多的就业机会，拓宽转业军官的就业
渠道。

基于上述分析，可以认为提升开发自主择业转业军官的职业能力，
则可有效扩大就业机会、提升就业质量，对待选择安置方式的转业军官
产生良好的示范效应，引导更多转业军官选择自主择业安置方式，推进
自主择业安置制度改革的深入。

第五章 国内外退役军人职业能力开发比较分析

退役军人是指退出现役的士兵和军官。国外对军人退役后的安置管理一般不区分士兵、军官，其待遇通常和服役时间相关。我国转业军官是退役军人的重要组成部分，自主择业转业军官也需要在政府协助下自谋职业。尽管我国和其他国家的社会政治制度、经济制度、军事制度相比，由于历史、文化等因素有自己独特特点，但是，了解其他国家退役军人安置制度和职业能力开发状况，可为我国自主择业转业军官职业能力开发提供有益的借鉴，可引导更多转业军官走自主择业之路。由此，本章分析了我国转业军官职业能力开发现状，侧重介绍了美国、俄罗斯、英国、法国、日本等发达国家的退役军人职业能力开发制度、体系和方法，进行比较分析，以期为我所用。

第一节 我国转业军官职业能力开发现状

职业能力开发主要研究个体如何科学地获取技能，获取哪些技能以适应社会发展对岗位知识、能力的需求，为个体职业能力价值体现创造良好环境。职业能力开发的途径主要有两个方面：一是通过培训教育获得；二是在职业实践中积累获得。转业军官目前的职业能力开发也不外乎这两个途径，主要通过适应性培训、专业培训、就业培训、企业体验来开展。

一 我国转业军官职业能力开发现状分析

转业军官培训开发是我国转业安置制度中的重要组成部分，在转业安置的相关政策文件中均对此有相应的规定，以保障转业军官顺利完成职业转换。近十年来，从2001年的《军队转业干部安置暂行办法》到2010年《军队转业干部教育培训大纲》，对转业军官培训的目标、内容、途径方法、组织实施、经费保障均做出了具体规定，形成了较为完善的转业军官培训制度，取得了一定的培训效果。计划安置转业军官和自主择业转业军官再次就业的途径不同，由此他们职业能力培训开发的内容方法也有所不同。

（一）计划安置转业军官职业能力开发

计划安置转业军官的职业能力开发主要通过教育培训完成。2010 年 8 月国务院军队转业干部安置工作小组办公室颁布了《军队转业干部教育培训大纲》——计划分配类（试用），明确了计划分配转业军官教育培训的指导思想与目标任务、基本原则、培训内容、培训形式、培训考核和教育培训的实践探索，为计划转业军官的教育培训提供了科学依据，推动了转业军官教育培训的规范化。

1. 培训的指导思想与目标任务

《军队转业干部教育培训大纲》（以下简称《培训大纲》）指出：以邓小平理论和"三个代表"重要思想为指导，深入贯彻落实科学发展观，把军队转业干部的教育培训纳入党和国家干部教育培训即人才资源开发的总体规划，以军队转业干部为本，以提高适应能力和改善知识结构为重点，以提高教育培训质量为核心，针对军队转业干部教育培训特点，分层次分类别开展教育培训，帮助军队转业干部顺利实现由国防和军队建设人才资源向党政人才和经济建设人才转变，促进军队转业干部人才资源的科学开发和合理配置。这一指导思想明确了转业军官职业能力开发要纳入国家人才资源开发的总体规划中，依托转业军官的自身优势，完善其知识结构，分层、分类地科学开发，使转业军官的能力价值最大化。

《培训大纲》对转业军官教育培训目标进行了具体规定，即以顺利实现军队转业干部从部队到地方的岗位转化为目标，掌握安置岗位必需的通用知识技能、行业知识技能和部门知识技能，顺利实现从部队到地方的身份角色、行业角色和岗位角色的转变。

2. 培训原则

《培训大纲》依据转业军官人才群体的特点，确定了"以人为本、按需施教，知识先导、注重能力，联系实际、学以致用，改革创新、开放办学"的四项基本原则。

"以人为本、按需施教"原则的"需"，既包括党和国家的需要，也包括转业军官的个体需求。计划安置转业军官转业后主要分配到党政机关、事业单位工作，他们的教育培训既要考虑社会发展对执政能力的总体需求，也要考虑他们所分配的行业、岗位特点及个体素质特点，但培训的实效应是有利于转业军官成长与发展的。"知识先导、注重能力"要求教育培训应以能力培养为根本点，在补充完善知识的基础上注重能力培养，为知识向能力的转化搭建平台。"联系实际、学以致用"旨在充分发挥培训在计划安置转业军官职业能力开发过程中的积极作用，将"培训、考核、使用"相结合，以有效规避培训流于形式，为了培训而培训。"改革创新、开放办学"目的在于激发转业军官培训体系的活力，充分运用社会教育资源，吸收借鉴国内外的最新教育培训成果，构建开放式的转业军官培训体系。

3. 培训内容

《培训大纲》规定培训内容分为离队前教育培训、全员适应性培训、上岗前专业培训三部分内容。

（1）离队前教育培训。离队前教育培训通常在转业军官转业摸底和离队报到前开展，目的在于为转业军官顺利到地方转岗打好基础，由部队组织实施，地方协助，安排4学时。培训内容包括转业安置政策与形势、组织纪律、法律法规及必要的择业制度和专业技能。

（2）全员适应性培训。全员适应性培训在确定转业之后、安置工作展开之前开展，目的在于让转业军官了解国家和安置地经济社会发展情况、安置政策形势和安置流程、安置地机构设置及职能等基本情况，引导转业军官顺利完成角色转换、科学规划职业生涯。具体由地方转业军官安置部门组织实施，总课时30学时，国家规定24学时，省（自治区、直辖市）自行安排6学时。培训课程共计5门，具体如表5-1所示。

表5-1　　　　　　　　　转业军官全员适应性培训课程设置

序号	课程/专题名称	学时分配
1	国情省（自治区、直辖市）情介绍	6
2	军队转业干部安置形势与政策	4
3	安置地机构设置及其职能	4
4	军队转业干部角色转换与心理调适	6
5	军队转业干部职业生涯设计	4

（3）上岗前专业培训。上岗前专业培训在全员适应性培训结束之后、上岗之前开展，目标是全面提升转业军官的综合素质，提高实际操作能力，尽快达到工作岗位履职要求。具体培训内容包括基础课程和素

质提升课程两大部分。具体课程内容和课时分配见表 5 - 2。

表 5 - 2　　　　　　　　转业军官岗前专业培训课程及学时分配

课程类型	课程/专题名称	学时分配
基础课	核心课（8 门公共管理与服务、企业管理）	128
	选修课（12 门公共管理与服务、企业管理）	96
素质提升	25 门课程，计 136 学时，培训不少于 96 学时	96
其他	开学结业典礼、讨论交流、参观学习、复习考试	50
课时合计		370

基础课程分为核心课程和选修课程两种性质，包括公共管理与服务课程和企业管理课程，具体课程设置见表 5 - 3 和表 5 - 4。

表 5 - 3　　　专业培训基础课程（公共管理与服务）和学时分配

课程性质	课程名称	学时分配
核心课程 8 门	中国国情概要	10
	社会主义市场经济	12
	依法行政	16
	公共管理（上下册）	40
	机关及企事业单位人事管理	12
	管理心理学	16
	电子政务	10
	实用公文写作	12
合计	128 学时	
选修课程 12 门	城市规划与资源管理	16
	领导科学	16
	公共关系	10
	社会学	16
	组织行为学	16
	行政伦理学	16
	管理沟通	10
	社会保障概论	10
	社区管理	10
	经济法	16
	市场营销	16
	财务会计	10
合计	162 学时	

表 5 - 4　　　　　　　专业培训基础课程（企业管理）和学时分配

课程性质	课程名称	学时分配
核心课程 8 门	管理经济学	16
	组织行为学	16
	企业战略管理	16
	财务会计	16
	市场营销	16
	人力资源管理	16
	生产与运作管理	16
	经济法	16
合计	128 学时	
选修课程 12 门	电子商务理论与实务	16
	国际贸易实务	16
	项目管理	16
	商务谈判	16
	企业伦理与企业文化	10
	投资管理	16
	管理沟通	10
	管理心理学	16
	危机管理	10
	宏观经济与政策环境	16
	社会学	10
	应用文写作	10
合计	162 学时	

公共管理与服务基础课程主要是面向计划安置到国家机关、事业单位的转业军官，以现代公共管理与公共服务通用理论为主体内容，通过培训强化转业军官科学行政、依法行政的意识，提高公共管理与服务能力。

企业管理课程以现代管理知识和技能为核心内容，注重培养转业军官现代企业管理技能与方法，使他们具备企业管理者应有的素质和能力。

素质提升课程是专业培训的有机组成部分，是公共管理与公共服务课程和企业管理课程的必要拓展。课程目标为开阔眼界、拓展知识和提高技能，并与此相对应设置了相关课程。一是以了解世界、国家、地方、政党等为主要内容的开阔视野类课程；二是以丰富人文社科素养为主要内容的拓展知识类课程；三是以强化语言表达能力和工作能力为主要内容的提高技能类课程。素质提升课程共计设置 25 门课程，共计 136 学时，具体课程和学时分配见表 5 - 5。

表 5 - 5　　　　　　　素质提升课程设置和学时分配

类别	课程/讲座名称	学时分配
开阔视野类课程 9 门 44 学时	当代世界经济政治与国际关系	8
	世界热点焦点透视	4
	中国经济增长：现状与未来	4
	国际形势与中国外交	4
	党的最新理论创新成果	8
	政党学说与党务管理	4
	中国民主党派与统一战线	4
	我国民族宗教政策	4
	非政府组织与社团工作	4
拓展知识类课程 10 门 60 学时	中国传统文化与人生智慧	8
	当代西方文化思潮	4
	孙子兵法与战略思维	4
	国学经典解读	8
	中外历史人物评说	8
	审美文化与人生修养	8
	中国民风民俗	4
	现代传媒与大众文化	8
	中外企业管理比较	4
	管理人员素质拓展训练	4
提高技能类课程 6 门 32 学时	网络办公技术与安全	8
	公关礼仪与交往艺术	4
	演讲与语言沟通艺术	4
	思维方式与决策能力	4
	社会研究及其方法	4
	实用英语	8
合计	136 学时	

素质提升课程培训采取"自选式菜单",由各地根据实际情况和转业军官个体需求,自主选择开设培训课程,但总学时不少于96学时。

4. 培训形式

《培训大纲》规定转业军官培训采取集中授课、参观见学、岗位实习三种方式开展。集中授课为培训的主要形式,具体可采取面授、讲座、辅导、专题研讨、案例分析、情景模拟等教学方法,并充分运用各类现代化教学手段保障培训效果。参观见学是培训的重要形式,可组织转业军官到机关企事业单位、社区、人文历史场馆等地参观学习,以丰富感性认识。岗位实习是培训的必要形式,主要用于行业培训的课程教学。

5. 培训考核

考核是培训质量的制度保障,包括对转业军官个体学习效果的评定和培训机构教学实施效果的评价。转业军官个体考核由转业军官安置工作主管部门会同施教机构实施,考核指标为学习态度、出勤、学习成绩等,采用书面考试等方式,合格者颁发培训合格证书。转业军官教育培训机构的考核,由各级转业军官安置部门实施。考核指标包括组织领导、培训管理、课程设置、教学时数、国家核心教材使用、师资队伍、授课水平、培训质量、基础设施、后勤保障等内容。考核合格的培训机构可继续承担转业军官培训的任务。

6. 教育培训的实践探索

作为转业军官安置培训的主要实施机构——各级转业军官培训中心,多年来对计划安置转业军官的培训模式创新开展了积极探索,形成了多样化培训模式。2011年11月在安徽合肥召开了首届全国军队转业干部培训研讨会,充分交流各地实施培训过程中的有益做法和经验。

上海市军队转业干部办公室通过完善培训政策、运用现代化管理手段,使转业军官培训逐步规范化、科学化和高效化。2011年3月,上海市军队转业干部安置工作领导小组等五部门专门制定了《上海市军队转业干部教育培训工作实施意见》作为转业军官培训的依据,结合上海实际,从指导思想与目标任务、组织领导、计划分配干部培训、自主择业干部培训、基础保障条件五个方面细化了中央指示精神,使转业军官培训更为规范统一。针对转业军官的年龄兵龄跨度大,学历、学科、经历、阅历差异显著的特点,合理设置课程结构,采用科学教学方法开展培训。具体通过全员集中教学与"学分制"教学、"菜单式"选课相结合，统一上课与推行"网络化"教学、"自学式"考核相结合，教室讲授与"现地"教学、"体验式"学习相结合的方式，实施多样化教学，提升培训效果。同时充分运用信息化网络技术，建立电子考勤、在线学习服务和学员电子档案系统，对培训对象实施科学、全程、有效管理，并以此作为考核依据，有效提升培训质量。

重庆市军队转业干部培训中心于 2011 年 6 月制定了《重庆市军队转业干部安置前适应性培训学员管理办法》，对计划安置转业军官培训的组织领导、培训考试考核及考核结果应用做出了明确规定，实施制度化科学管理。重庆市根据转业军官的职务等级，分为团职培训班、团职以下培训班两个层次开展培训，使培训的针对性更强。重庆市开展的转业军官知识更新培训是转业军官培训的创新尝试，改变了转业军官安置培训后便完成任务的观念，而是将持续提升转业军官的能力作为培训开发目标。重庆市《2011 年军队转业干部知识更新培训方案》将 2010 年以前（含 2010 年）转业安置到重庆市的 60 岁以下军队转业军官作为培训对象，以提升能力为目标，设置公共科目、选修科目两个大类，公共科目类课程分为公务员类、事业单位类、企业类、自主创业类四个小类，全年累计课程不少于 20 学时；选修类课程全年累计不少于 15 学时。学习方式以远程教学为主，搭建网络培训平台，根据实际需求辅之以专家讲座、课堂面授。知识更新培训除特殊项目外免费培训，重庆市军队转业干部培训中心建立《重庆市军转干部知识更新培训登记卡》，对参加培训情况进行登记，并将学习情况作为年度考核、任职、晋升、职称评聘的参考依据。知识更新培训有利于转业军官尽快适应地方工作岗位需求，并不断提升职业能力，保持持续发展。

辽宁省作为转业军官安置大省，对安置培训前移展开探索。2011年辽宁省转业安置培训提前到在确定转业后，安置工作前的时间节点，即在部队向地方移交转业军官档案之前安置教育培训工作已在全省范围内展开，改变了常规的接收档案、安置工作之后再开展培训，有效地利用了转业军官在确定转业后到安置前的空当时间。

总之，各地转业军官培训机构在安置培训过程中，对培训内容、培训模式、培训方法、培训效果评估、培训需求等进行了大量研究与实践探索，使计划安置转业军官培训效果不断提高。

（二）自主择业转业军官的职业能力开发

自主择业转业军官再次就业的途径，是在政府协助下通过人才市场、招聘会、熟人推荐等方式实现就业。对他们而言，职业能力开发更为重要，是再次就业成功与否的核心环节。从目前的情况看，自主择业转业军官的职业能力开发主要通过就业教育培训、就业支持等形式展开。

1. 就业教育培训

（1）运用现代信息技术，实施远程教育。自主择业转业军官具有分布比较分散，个体需求多样化，培训时间不易统一等特点，对他们采用集中培训非常困难。因此，各级转业军官培训中心运用现代网络信息技术，开设在线学习平台，开展远程个性化培训。自主择业转业军官可根据个体需求自主选择课程、根据个体时间特点灵活安排学习时间，并且不受地域分布限制，这既符合自主择业转业军官的高度分散、流动性强的特点，调动其学习积极性，也可有效共享优质教育资源，提升自主择业转业军官个性化培训的质量。

2012年5月中国转业军官培训中心开通转业军官第一个在线学习平台，设置了"离队教育""政策解读""知识拓展""计划分配""自主择业""模范军转干部事迹介绍"七部分课程，转业军官根据个体需求可自行选择。平台除在线学习外，还提供了在线作业、模拟练习、学习档案管理等功能，既增强了网络学习的生动性和趣味性，又能了解转业军官培训效果与培训需求。

国务院军队转业干部安置工作领导小组办公室在联合清华大学成功举办转业军官企业管理培训班的基础上，与清华大学合作研发推出了"自主择业军队转业干部教育培训网络课堂"远程培训项目，旨在以清华优质教育培训资源和丰富教学经验，充分利用现代远程教育技术不受时空限制、量大面广、成本较低等优势，提高军队转业军官培训的整体质量和水平。"自主择业军队转业干部教育培训网络课堂"根据军队转业军官的实际需求，课程设计以"实战为主、兼顾理论"为准则，以培养提高转业军官综合素质和就业创业能力为目标，由迎接挑战再创辉煌——军转干部的角色转换、走好创业就业之路——军转干部创业就业方略、学好用好法律法规、企业通用管理、物业管理入门、市场营销策划、销售操作实务、人力资源管理基础、财务管理基础、物流与生产运营管理基础、自主择业相关政策解读、战友创业就业经验 12 个课程模块构成培训课程体系。课程体系中既包括企业管理的基本知识、MBA核心课程，又重点体现了军队转业军官就业创业操作实务与技能、成功经验案例分享，同时还注重军队转业军官的角色转换与心态调整以及职业生涯规划，具有较强的科学性、系统性、针对性、实用性和前瞻性。目前，课程点击排在前 10 位的依次是打造核心的职业化员工团队、职业生涯的第二青春——军转干部的再次辉煌、创业企业商业模式选择、商务礼仪、企业家大智慧、企业领导常犯的十大错误、让管理一步到位、求己不求医、孙子兵法与营销战争、后危机时代中国宏观经济形势与军转干部的就业选择。① 由此可以看出，自主择业转业军官创业意向强烈，渴望成为一个成功的企业家或企业管理者，这成为转业军官人才群体开发的动力源泉。

北京、云南、重庆等省市也开设了转业军官在线学习平台。"北京市军转培训服务网"是北京市军队转业干部安置办公室和北京市军队转业干部培训中心，整合各方面资源，为北京市军队转业军官创建的高质量、大容量、系统化网络培训学习平台。旨在贯彻落实《关于加强和改进军队转业干部教育培训工作的意见》（国转联〔2008〕5 号）文件精神，解决培训时间长、知识需求多样化等方面问题，提高培训实际效果。截至 2014 年 2 月上线课件 202 个，完成学时人数 3181 人，选课人数排在前列的课件是带人带心的领导艺术、管理者如何提升语言表达艺术、珍惜岗位 远离犯罪等 6 个课件，具体分布状况如表 5-6 所示。②

表 5-6 热门课件选课人数分布情况

课件名称	选课人次
带人带心的领导艺术	663
管理者如何提升语言表达艺术	661
珍惜岗位 远离犯罪	658
如何提高办文、办会、办事能力	657
领导干部礼仪知识讲座	650
公务员权利义务与行为规范	282

① 清华大学自主择业军队转业干部教育培训网络课堂网站：http://www.thjdpx.com/entity/first/firstInfoNews_ toIndex.action。

② 北京市军转培训服务网：http://www.bjjzpx.com.cn/portal/index.jsp。

表 5-6 的数据显示，转业军官对通用管理技能需求强烈，关注成长进步的素质能力，期望获得职业生涯的再次辉煌。

（2）开设创业培训、就业培训实验班。为了提升自主择业就业技能，激发创业意识，2013 年国务院转业军官培训中心开办全国自主择业军队转业干部创业培训实验班和就业培训班。旨在通过举办实验班进一步积累经验，探索路子，为地方开展创业培训和就业推荐工作提供示范和指导。为了保障实验班的顺利举办，于 2013 年发布了《关于举办全国自主择业军队转业干部创业培训实验班有关问题的通知》（国转办联〔2013〕3 号）、《关于举办全国自主择业军队转业干部就业培训班有关问题的通知》（国转办联〔2013〕5 号）两个文件，对参训转业军官的范围、推荐流程和指标分配做出了明确规定。培训对象为 2013 年自主择业转业军官，申请参加者填写学员审批表并提供个人求职意向、素质能力特点等基本情况，通过部队推荐、地方初审确定培训对象。[①]

全国自主择业军队转业干部创业培训实验班于 2013 年 8 月 22 日在天津鑫茂科技投资集团开班，9 月 12 日结束。31 名学员来自全国 19 个省区市，均为男性、本科以上学历，其中，行政军官 22 名（正团职 5 名，副团职 15 名，正营职 2 名），技术军官 9 名（技术七级 1 名，技术八级 4 名，技术九级 4 名），平均年龄 39 岁。通过开设"发挥自身优势坚定走好创业之路、军转干部创办企业的长项与短板、初创企业的成本控制与利润、建设企业文化、市场调研、选择项目、筹集资金、组建团队"等创业基础课程，认知创业过程；通过亲历企业参观、实习，了解不同类型企业运行模式和管理，增加了对创建企业及管理的感性认识，启发了思维，激发了创业意识。参训学员普遍感到通过集中学习和参观实习，了解了企业创建、市场营销、经营管理、财务控制等经营管理过程，感受到企业创办者的艰辛，为今后创业既增强了信心又增添了理性和冷静，对自己创业平稳起步、顺利发展有着重要的借鉴和启迪

---

① 《关于举办全国自主择业军队转业干部创业培训实验班有关问题的通知》、《关于举办全国自主择业军队转业干部就业培训班有关问题的通知》，中国转业军官网，http://www.jzchina.org.cn/sdfs/。

作用。①

　　2012 年 12 月 11 日，全国自主择业军队转业干部就业培训实验班在北京开班，对经过选拔的 40 名自主择业军队转业干部进行集中培训和到企业实训实习，最后推荐到相关企业就业。② 就业培训实验班开设了"自我认知和职业规划、宏观经济形势、企业的分类与组织运行、薪酬设计、绩效考核、社会保障"等基础课程，并安排学员到京东商城、汇源果汁等 9 家单位进行 15 天企业实习。③ 2013 年 1 月 22 日，在北京万寿庄宾馆举行了首届就业培训班学员就业推介会，经过学员自我推荐、结构化面试和无领导小组讨论三个环节后，企业与学员双向选择，40 名自主择业转业军官全部达成就业意向。④

　　（3）开展各类职业资格培训。职业资格是从业者从事各类职业的基本知识与技能要求。开展转业军官职业资格培训，协助自主择业转业军官获取职业资格证书，可以有效增加就业机会和就业筹码。

　　2007 年，大连市人事局与辽宁师范大学职业培训中心等 3 家培训机构签订人力资源管理师、物流师、物业管理师、汽车驾驶等职业技能的培训协议，根据自主择业转业军官的培训需求，明确培训目标、质量和要求，并全程跟踪检查培训的进展情况，评估培训质量，对发现的问题及时纠正，保证了培训质量。⑤ 重庆市军队转业干部服务中心在培训需求调查中，开设了驾驶技能、一级建造师、二级建造师、注册咨询工程师、注册造价工程师、注册安全工程师、注册监理工程师、中级经济师、注册税务师、注册会计师、物流师、司法资格考试等职业技能资格考试培训项目，由自主择业转业军官依据个体需求自行选择，采用面授

　　① 国务院军转办转业军官培训中心：《全国自主择业军队转业干部创业培训实验班回顾》，中国转业军官网，http://www.jzchina.org.cn/zzzy/jypxsybtj/ssjxdttj/201310/t20131014_83394.html。

　　② 窦克林：《全国自主择业军队转业干部就业培训实验班在京举办》，《中国组织人事报》2012 年 12 月 12 日第 1 版。

　　③ 《培训之桥——走进自主择业军转干部就业培训实验班课堂》，《中国人才·转业军官》2013 年第 4 期，第 46 页。

　　④ 《对接之路——实验班学员就业推介会掠影》，《中国人才·转业军官》2013 年第 2 期，第 47 页。

　　⑤ 盛大泉：《2001—2011 自主择业十年报告》，《中国人才·转业军官》2011 年第 1 期，第 21 页。

和网络两种方式授课。①

（4）整合社会资源，建立自主择业转业军官培训基地。转业军官培训基地是实施转业军官安置教育培训任务的载体，其构建与建设是开发转业军官人才资源的基础性工作。我国转业军官教育培训基地经历从无到有、从军队到地方、由封闭向开放、由单一向多元的发展过程。② 2008 年，《关于进一步加强军队转业干部教育培训工作的意见》（国转联〔2008〕5 号）提出了"建设广覆盖、多层次、优势互补、布局合理的军队转业干部教育培训基地体系"。由此，各地军队转业军官安置部门对教育培训基地的整合利用广泛开展，吸纳高等院校、社会教育培训机构的教育资源展开自主择业转业军官就业培训，其中包括清华大学、北京大学知名学府和许多 211 工程高等院校。目前，全国军队转业安置部门指定和认定的教育培训基地已达 629 家，转业军官教育培训水平得到持续提升，初步形成政府主导、社会参与、优势互补、层次清晰、特色鲜明的军转教育培训基地格局。③

2009 年，陕西省经实地考察，综合测评，严格审核等程序，确认了全省第一批 24 个个性化培训基地；2010 年，首次明确将各级劳动职业技能培训机构一并纳入个性化培训基地，合理设置专业，提供优质培训资源。西安市在西北大学、西安石油大学、西安邮电学院、西安机电技术学院等高校及部分社会培训机构挂牌设立了 10 个西安市军转干部培训基地。目前，西安市自主择业军转干部在指定培训基地的个性化培训项目共有 78 个。截至目前，共有 200 余名自主择业军转干部根据《西安市自主择业军队转业干部培训流程》报名参加培训，并取得了相应的资格证书，大部分均成功创业或实现再就业。④

重庆市在 2013 年经过申报、筛选、复核审查和考评审定等严格程序，组织授牌仪式，向第三军医大学、联军（投资）集团等 6 家企业

---

① 重庆市军队转业干部服务中心：《重庆市自主择业转业干部个性化培训调查表》，重庆市自主择业转业干部服务网：http://junzhuan. cqhrss. gov. cn/u/junzhuan/news_ 53333. shtml。

② 宗佩文：《关于构建开放式军转教育培训基地体系的思考》，《中国人才·转业军官》2013 年第 5 期，第 24 页。

③ 同上书，第 25 页。

④ 李伟民等：《"量身定做"显成效——西安市摸索完善自主择业军转干部培训工作》，《中国人才·转业军官》2013 年第 4 期。

单位，分别授予就业实训基地、创业实训基地和个性化培训基地，首开全国转业军官培训以企业为依托建立培训基地的先河。①

2. 就业支持

政府为自主择业转业军官提供就业支持，主要通过就业政策支持、搭建就业信息平台、提升就业技能实现。黑龙江省佳木斯市在为自主择业转业军官提供就业支持的探索实践中，针对转业军官政治素质高、具有基层党建工作经历的特点，向党建工作薄弱的非公企业推荐选派党建指导员，形成了自主择业转业军官和非公企业"双赢"的佳木斯模式。

佳木斯模式源于2007年，当时非公企业发展迅速，但这些企业普遍存在党组织组建率偏低、党建工作得不到正常开展、党组织和党员作用得不到充分发挥等问题，急需党建人才，而众多具有丰富党务工作经验的自主择业转业军官却为二次就业终日奔波。经过调研，佳木斯逐步选派一些自主择业转业军官到非公企业担任党建工作指导员，形成企业需求与劳动力市场供给的有机结合，实现了政府协助就业的职责。截至2012年，佳木斯共向非公企业选派党建指导员147名，安心党建指导员工作岗位的占60%，具体情况如图5-1和图5-2所示。②

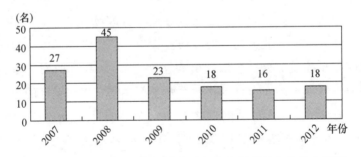

图5-1　2007—2012年佳木斯市选派党建指导员人数分布情况

图5-1和图5-2数字显示，佳木斯模式是可行的、有效的。60%的党建指导员安心岗位，25%的比较安心，仅有15%的党建指导员不安心工作岗位。这种开发方式既满足了非公企业发展的需求，又充分发

---

① 重庆市自主择业军队转业干部服务中心：《2013年度管理服务工作简述》，重庆市自主择业军队转业干部服务网：http://junzhuan.cqhrss.gov.cn/u/junzhuan/news_54661.shtml。

② 胡琳：《"佳木斯模式"再升级》，《中国人才·转业军官》2013年第4期，第45页。

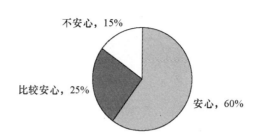

不安心，15%

比较安心，25%

安心，60%

图 5 - 2　佳木斯市党建指导员满意度分布情况

挥了自主择业转业军官的能力优势，是开发自主择业转业军官人才资源的经典案例。这一做法在 2008 年得到了习近平同志的充分肯定，并做出重要批示，称这一做法拓宽了就业渠道，为基层党建工作输入了新生力量，是创新转业军官安置工作的有益探索。[①] 目前佳木斯模式日益完善，从培训到选派、管理形成了科学化、规范化的选派制度，并进一步拓宽选派渠道，2012 年 12 月，首批国防教育辅导员上岗，6 名自主择业转业军官获得了"国防教育校外辅导员聘书"。[②]

　　为了保障选派党建指导员工作的顺利开展，佳木斯市委组织部、人社局等先后出台《关于选派自主择业军转干部担任非公有制经济组织党建指导员的意见》、《党建指导员选拔培训制度》、《党建指导员工作考评细则》等规定，明确选派党建指导员的具体标准、工作职责和工作方法。在自主择业管理服务中心成立了党建指导员党委，符合条件的单位分别成立党支部，从工作监督、组织协调、维护权益、选派质量、规章制度制定、表彰奖励等方面实施监督领导；建立工资补贴机制，对新派驻党建指导员市政府实行财政补贴，规定两年内每月给予 600 元工资补贴，工资差额部分由选派单位承担；建立监督管理机制，坚持每季度听取一次党建指导员的思想和工作汇报，每年对党建指导员工作业绩进行一次综合评比，对工作业绩突出者予以通报表彰。[③]

　　科学规范的管理使佳木斯模式受到非公企业的认同与肯定。近几年来，自主择业转业军官党建指导员为企业节约资金 3000 余万元；党建

---

①　胡琳：《"佳木斯模式"再升级》，《中国人才·转业军官》2013 年第 4 期，第 44 页。
②　同上书，第 48 页。
③　同上书，第 45 页。

指导员所在企业 80% 以上的党员成为企业生产技术骨干；在党建指导员的带动下，非公企业有 320 名"口袋党员"亮明身份，200 多名员工骨干向党组织递交了入党申请书，45 名入党积极分子光荣加入了党组织；党建指导员组织发动非公企业党员向企业提合理化建议 970 多条，被采纳 700 多条；党建指导员在非公企业设立"党员先锋岗"260 多个。① 党建指导员开展的一系列党建工作和爱岗敬业活动有力地改变了非公企业党建工作的现状，同时提升了员工素质，推动了企业发展，也使自主择业转业军官找到了实现人生价值的平台，满足他们的归属感和成就感。

3. 建立就业创业实习基地，构建职业角色转换平台

河北省自主择业管理服务中心与省中小企业局联合举办大型自主择业干部招聘会，为石家庄嘉禾啤酒有限责任公司等当地 9 家民营企业招聘自主择业转业军官，共有 200 多名自主择业转业军官参加了招聘会。管理服务中心还专门为河北敬业集团举办三次自主择业转业军官洽谈会，44 名转业军官进入企业担任中层领导。如今，敬业集团成为河北省自主择业转业军官的就业基地。② 2003 年，河北省在高新技术开发区创建了自主择业军转干部科技创业基地，利用创业基地的优惠政策吸引转业军官创业和就业。③

在云南，管理服务部门选定爱因森软件职业学院、宜良柳树湾山野营地、中国西部策划研究院、红河华山医院 4 家民营企业，作为自主择业转业军官创业就业实习基地。迄今为止，已有数十位自主择业转业军官到云南依托自主择业转业军官实习基地实习，十余位自主择业转业军官成为爱因森软件职业学院的中高层管理人员。④ 自主择业转业军官创业就业实习基地，也称为"缓冲地"，有计划、分批次组织自主择业转业军官到基地实习锻炼，使自主择业转业军官经过"缓冲地"调理修整后，怀抱信心和勇气，胸有成竹地投入到创业潮流中去，走出一条自

① 胡琳：《"佳木斯模式"再升级》，《中国人才·转业军官》2013 年第 4 期，第 46 页。
② 盛大泉：《2001—2011 自主择业十年报告》，《中国人才·转业军官》2011 年第 1 期，第 27 页。
③ 张合林：《自主择业军转干部人才资源开发工作设想》，《中国人才·转业军官》2005 年第 9 期，第 20 页。
④ 盛大泉：《2001—2011 自主择业十年报告》，《中国人才·转业军官》2011 年第 1 期。

主择业转业军官个性化培训的新模式。

4. 拓宽推荐渠道，提升自主择业转业军官社会影响力

自主择业安置方式作为转业军官安置制度的创新方式，社会了解者不多，由此对自主择业转业军官这一群体缺乏了解，这在一定程度上缩小了就业渠道。政府协助转业军官再次就业，应该为其提供良好的就业环境。因此，各地转业军官安置部门通过人才市场、媒体就业、专场招聘会等形式向社会推荐这一群体，获得社会对自主择业转业军官的了解和认可。

2013年2月17日，国务院转业军官培训中心与江苏电视台"职来职往"就业栏目合作开设自主择业转业军官招聘专场，四位转业军官的工作激情、责任意识和满身正气得到了相关企业的认可，均应聘成功。这次活动有利于社会充分了解、认知转业军官、扩大转业军官社会影响力，以取得社会认同，增加就业机会。吉林省长春市管理服务部门在长春市人才市场的一角设立专门为自主择业转业军官服务的就业服务台，常年设两名工作人员接待自主择业转业军官和用人单位，从制作简历到陪同面试给予转业军官全程指导。[1] 辽宁、北京、湖北、黑龙江、广西、云南、郑州、西安、广州等地建立了自主择业管理服务网站，提供自主择业转业军官就业信息和企业用人信息，为自主择业转业军官提供信息桥梁。

二　转业军官职业能力开发的问题分析

综观转业军官职业能力开发的现状，虽然各级相关部门作了大量的有益尝试与探索，但是现实中转业军官发展的实际状况需要对转业军官职业能力开发进行理性思考。

（一）转业军官职业能力开发中的问题

1. 职业能力开发主体较为单一

目前，职业能力开发主体主要是军队和各级政府转业军官安置部门，居主导地位；高等院校、社会培训机构和企业虽然也有参与，但参与范围和力度远远不足。适应性培训大多由转业军官安置部门负责，部分专业培训和个性化培训由高校和社会培训机构承担。对转业军官培训

---

[1]　盛大泉：《2001—2011自主择业十年报告》，《中国人才·转业军官》2011年第1期，第27页。

参与较早、较深的清华大学也是从 2006 年开始与国务院军转办合作，承担企业管理班的培训，目前已由继续教育学院设置了 12 个模块构成的转业军官培训课程体系。而其他高校大多为不定期承接转业军官安置部门委托的短期培训班。社会培训机构主要以承接职业技能资格培训为主。

2. 职业能力开发手段的效果尚需提高

职业能力开发的手段目前以培训为主，辅之提供就业信息、创造就业和创业机会、赋予就业优先权等渠道开展。从职业能力开发手段多样化看，职业能力开发的手段虽然具备，但开发效果和多样化手段的广泛应用尚需加强。培训开发是目前使用最广泛的开发手段，但培训的效果却未能达到社会对各类职业的要求。培训前的需求分析、课程目标定位、课程内容构建缺乏科学性，很多地方依据工作经验实施培训。运用社会媒体渠道宣传转业军官群体，使社会了解、认知这一人才群体也是职业能力开发的重要手段，目前仅有求职节目"职来职往"制作了一期自主择业转业军官求职专场，由国务院军转办与江苏电视台合办。而自主择业转业军官个人投简历获得求职栏目机会凤毛麟角，由此，社会对这一群体尤其是自主择业转业军官知之甚少，大大缩小了他们职业能力开发的空间。

3. 职业能力开发的内容尚需拓宽规范

计划安置转业军官的培训开发目前已有统一的大纲，但自主择业转业军官培训的内容没有统一的大纲和课程及学时要求，各地根据当地情况自行确定。由此，各地培训内容差异较大。有的省市适应性培训达到 10 天，课程达到 13 门；有的省市适应性培训仅为 4 天左右，课程仅为 5 门左右。有的省市个性化培训较为规范，有的形同虚设，专业技能培训内容较少。这种现象导致自主择业转业军官的就业培训不能满足职业需求，延长了自主择业转业军官从部队向地方职业的适应和过渡周期。

4. 职业能力开发的环境尚需优化

良好的职业能力开发环境可有效促进开发的实施，并提升开发效果。但转业军官职业开发环境不尽如人意，政策环境急需强化，政策数量不足，法律文件效力层次较低。

从培训开发政策看，国家层面虽然关于转业军官职业能力开发的政策在《军队转业干部暂行办法》等法规、政策文件有相应规定，但关于职业能力开发的专项政策，仅有《关于加强和改进军队转业干部教育培训工作的意见》（国转联〔2008〕5号）和《军队转业干部教育培训大纲——计划分配类（试用）》；地方层面仅有少数省市制定了专项培训的政策，只有重庆市制定了一系列转业军官培训开发政策。具体包括《重庆市自主择业军队转业干部教育培训工作实施办法》《重庆市人力资源和社会保障局关于开展军队转业干部知识更新培训工作的意见》《军队转业干部知识更新培训方案》《重庆市军队转业干部安置前适应性培训学员管理办法》和年度培训方案等，形成了关于培训课程确定、培训实施组织、培训学员管理的政策体系。少数省市做法其政策效力范围为本行政区域，需要制定国家层面的培训开发各专项政策，优化转业军官职业能力开发的整体开发环境。

从就业支持政策看，主要涉及教育优惠政策、录用优惠政策、创业优惠政策三个方面，因涉及多项政策执行部门，对不遵守政策的责任规定不够具体，使多项优惠政策执行落实受阻，缺乏强制性和约束力，相应权利仅停留在文件层面上。创业资金优惠政策因手续烦琐、执行单位对政策缺乏了解，使享有者在申请过程中遇到很多困难，从而选择放弃。

5. 职业能力开发定位需要厘清

职业能力开发定位直接关系到开发的策略、方式和效果，目前的职业能力开发定位有些模糊，缺乏在岗之后的持续开发。

计划安置转业军官的职业能力开发主要以适应地方环境和职业需求为基点，作为安置工作的一项任务完成。随着转业军官走向工作岗位后，针对这一特殊群体的职业能力开发也就终止了，缺乏在岗的持续开发。目前，查阅到的资料显示，仅有重庆市开展了计划安置转业军官进入岗位后职业能力继续开发活动，并制订了《2011年军队转业干部知识更新培训方案》，明确规定培训的指导思想、目标、对象、课程、经费来源、培训形式和结果运用，以保障知识更新培训的开展。自主择业转业军官的职业能力开发主要以实现就业为基点，就业后如何保持自主择业转业军官的持续、稳定发展较少顾及。

6. 转业军官的人才价值未得到充分开发

转业军官大多在军队锤炼10年以上，积累了较为丰富的管理技能与经验，但转业军官的素质优势大多没有得到充分开发和运用。课题组对河北省、山东省调查结果显示，转业军官 63.64% 处于一般职员岗位，19.72% 的人处于基层管理岗位；发挥个体能力 90% 以上的人仅为 27.96%，具体能力发挥状况见表 5-7。

表 5-7　　　　　　　　转业军官工作能力发挥状况分布

选项	小计（人）	比例（%）
B. 发挥能力的 90%	335	27.96
C. 发挥能力的 80%	194	16.19
D. 发挥能力的 70%	150	12.52
E. 发挥能力的 60%	132	11.02
F. 发挥能力的 50%	132	11.02
A. 发挥能力的 100%	109	9.10
G. 发挥能力的 40%	57	4.76
H. 发挥能力的 30%	53	4.42
I. 发挥能力的 20% 及以下	36	3.01
本题有效填写人次	1198	100.00

转业军官转业到地方后能力未能充分发挥，既有客观原因，也有主观原因。从客观而言，计划安置转业军官分配到各个单位后很多因为无相应岗位被边缘化，成为人员抽调、扶贫的首选人员。从主观而言，转业军官到地方后有一个工作环境的适应问题，地方工作人员认为转业军官来了之后，仅关注职务和待遇，工作能力并没有什么过人之处，并成为晋升的新竞争者，抱有抵触情绪，这无疑增加了转业军官职业能力开发的障碍。社会对自主择业安置转业军官这一方式普遍不了解，对自主择业转业军官的职业能力状况知之甚少，使很多自主择业转业军官就职受阻，甚至有些赋闲在家，这种状况使职业能力开发空间变窄。

（二）转业军官职业能力开发问题的成因分析

1. 职业能力开发理念滞后

在现实中，作为转业军官职业能力开发的提法很少，安置培训、就业服务的提法较为普遍。由于我国转业军官安置工作一直作为政治任务完成，转业军官职业能力开发通常也被作为任务完成。因此，转业军官职业能力开发更多关注当前，关注国家、社会需求，鲜有关注军官的个体需求、未来发展，以及考虑转业军官在职业中的持续、稳定发展。军队对现役军官的职业能力开发仅关注军人职业的需求、军队的需求，很少对军官退出现役后的职业发展进行系统规划，导致现役军官退出现役后通用职业能力明显不足。

2. 职业能力开发主体的整体素质尚需提高

从军队开发主体而言，开发理念与能力滞后，对军官重视服役期间军队职业发展的能力需求，忽略军官地方职业能力的培养，认为这是地方安置部门的职责，仅仅在转业安置时进行一些安置政策、离队纪律的相关培训，涉及职业规划、职业能力等方面的培训非常少，而且多年没有发展和改变。课题组将 2012 年进行的职业能力及开发状况调查结果和 2002 年转业军官职业能力状况调查结果比较显示，转业军官在服役期间获取的知识状况、素质、能力提升状况高度吻合，拥有的知识排在前三的均是军事知识、马克思主义知识和管理知识；提升最快的素质是政治、心理和身体素质；提升最快的能力是组织计划能力。

从地方转业军官安置部门开发主体看，大部分具有从军经历，他们熟悉转业军官的安置政策、素质特点，但大多缺乏职业能力开发的专业技能，不了解职业能力开发的理论知识与手段，凭工作经验开展开发活动。

从高等院校开发主体看，其职业能力开发专业手段毋庸置疑，但高校对转业军官群体特点缺乏研究和了解，且参与的高校数量不多，有些地方主要依托党校系统，尚需吸纳更多普通高校参与到职业能力开发活动中。

社会培训机构在职业能力开发中会过于关注经济收益，有可能会影响开发质量，需加强开发过程的管理监督。

3. 职业能力开发的政策设计存有缺陷

从目前职业能力的政策设计看，顶层设计不足、配套政策缺乏，使职业能力开发政策的层次性、效力性、实效性不强。从顶层设计看，一是数量不足，缺乏职业能力开发战略规划相关政策，各开发主体难以在统一的战略规划内实施开发；二是政策层次不高，大多为行政法规和政策文件，而且对于政策的落实主体、监督主体、违法违纪的责任规定较为原则、笼统，缺乏执行性。

目前，转业军官职业能力开发就业政策行政法规层次的政策文件

《军队转业干部安置暂行办法》第四十九条规定：各级教育行政管理部门应当在师资、教学设施等方面，支持军队转业干部培训工作。对报考各类院校的军队转业干部应适当放宽年龄条件，在与其他考生同等条件下，优先录取；对获二等功以上奖励的，应适当降低录取分数线投档。但在具体执行过程中，师资、教学设施支持的费用及支付标准问题，年龄放宽的界限、优先录取的操作问题和降低投档分数线的标准问题，由谁制定相应的实施细则和办法却没有具体规定。而对于违反相应法规条款应承担什么法律责任，《军队转业干部安置暂行办法》仅在第六十六条规定：凡违反本办法规定，对军队转业干部安置工作造成严重影响的单位和个人，视情节轻重给予批评教育或者处分、处罚；构成犯罪的，依法追究刑事责任。如何衡量严重影响、情节轻重的标准，由什么机构负责监督执行，没有明确规定，也没有相应的配套政策。由此，转业军官的优先教育权只是法律上的权利，无法转换成现实中的实际权利，导致职业能力开发政策环境不佳。

4. 职业能力开发客体缺乏职业规划能力

职业规划能力一般是个体依据自身的素质能力特点和社会岗位现实需求，理性选择职业和岗位，并能够为未来职业目标的发展制定相应的策略。一般包括职业选择能力和职业生涯发展路径、策略选择。转业军官在人生职业转折过程中职业规划能力不足，就业期望值偏高，缺乏职业后续发展的策划。

从计划安置转业军官个体看，普遍关注职务、待遇落实情况，对目前国家机关、事业单位的岗位设置和相关待遇缺乏了解。在和军队期间的待遇比较中感觉吃亏，导致心理不平衡。而对个体职业能力情况缺乏客观评估，想干什么？能干什么？目前组织中存在何种问题？如何解决等问题思之甚少。在调研过程中，有的转业军官认为自己就应该安置在相应的岗位，认为不会可以学习。而现代组织管理的高效化，并没有给予工作者学习适应的时间。而社会其他人力资源群体进入国家机关、事业单位通常要经过激烈的竞争考试才可以获得机会，而转业军官则可以直接分配进入，由此引起其他群体的不平衡心理，加大了转业军官融入组织成员的难度，影响了职业能力开发的实效。

从自主择业转业军官来看，均为具有 18 年以上军龄的团营职军官，具有多年管理经历，而惯性心理使很多自主择业转业军官求职期望值较高，基本都把中、高层管理岗位作为求职的首选。尽管参加了适应性培训，但在实际求职过程中难以接受被他人管理的角色转换。同时自主择业转业军官缺乏职业规划能力，在职业选择中难以科学理性选择。2013年2月27日江苏电视台"职来职往"自主择业转业军官专场中4位转业军官的求职经历可以体现出目前自主择业转业军官的职业规划能力现状，这4位自主择业转业军官是国务院军转办在就业培训实验班中选出的佼佼者。具体分析如表5-8所示。

表5-8　　　　　　　　　自主择业转业军官求职基本情况

求职者	职务	工作简历	求职意向	期望薪酬（年薪）	求职结果
1号	正团	技术工作，多次参与导弹战略演习，有国外工作经历、外语技能，志愿者	人力资源管理	15万元	汇源果汁
2号	副主任医师	第四军医大学，烧伤整形外科医生	行政管理（因职业疲劳选择转行）	12万元	军歌嘹亮公司讲师
3号	基层主管	机关后勤优秀干部，优秀基层主管，	总裁助理	15万—20万元	山水设计项目经理
4号	武警大队长	做过参谋，多次参与救人和救火危机事件	安保总监	13.2万元	盛世物业安保经理

资料来源：依据2013年2月27日江苏电视台"职来职往"自主择业转业军官专场视频资料整理，http://www.letv.com/ptv/vplay/1898637.html。

从4位求职者的求职岗位看，均为管理岗位，虽然有的求职者没有明确提出岗位的管理层次，但从其薪酬期望值看属于中、高层以上的管理岗位。

从4位求职者的薪酬期望值看，有些偏高。如应聘人力资源管理工作，要求年薪15万元，在现有企业中，职位最高的人力资源总监能达到这个薪酬标准的企业也不多，而面对一个没有任何人力资源管理经验和专业背景的应聘者没有企业愿意支付这个薪酬标准。

从4位求职者的职业岗位选择依据看，没有根据个体的专业优势或军人特有的优势选择岗位，仅有4号求职者依据个体专业优势和军人的特质期望求职安保总监职位。3 位求职者在职业选择上忽略了人职匹配原理，仅仅根据个体过去的职务经历选择，属于感性的选择，因此在相应的专业测试中表现为专业能力不足，这不仅会减少获取就业的机会，也不利于个体就业后的职业发展。

基于上面三个方面分析可以看出，自主择业转业军官的职业选择和机会获取能力、职业规划能力明显不足。这种现状的原因在于在职业能力开发中职业生涯规划能力和专业能力的开发欠缺。虽然在培训中开设了相应的课程，但由于时间短不能满足自主择业转业军官再次就业的职业能力需求。如在培训中，虽然开设了职业生涯规划课程，但在职业选择中自主择业转业军官依然不能根据个体素质能力特点选择相应的职业岗位，未体现出适才适用、扬长避短的原则。虽然开设了人力资源管理课程，但 4 位求职者对所应聘职位的职责任务、能力需求、知识储备并不了解，而是根据个体在军队的任职职务选择中、高层岗位，忽略个体对企业的价值，而企业在招聘过程中最关注的是应聘者为企业带来的价值。由此，职业生涯规划能力和岗位的专业能力应成为自主择业转业军官职业能力开发的重点，需要专业人员提供支持。

5. 职业能力开发组织机构不健全

我国目前职业能力开发的组织机构未形成遍布全国、层次分明的职业能力开发组织机构网络。在国家和地方，主要是国家和地方的转业军官培训中心承担开发职责，主要方式是组织集中或网络培训，提供就业信息。由于缺乏专门转业军官就业服务机构，也没有充分运用公共就业服务机构，择业就业指导、就业市场调研、互相帮助等就业服务无法提供，由此限制了转业军官职业能力开发的效果。

分析转业军官职业能力开发中问题与产生原因，可以看出转业军官能力开发涉及军队、政府相关部门、培训资源、个体等多方面影响因素，是一项非常复杂的社会系统工程，需要构建以军队、政府为主导，各类培训资源为支撑，个体主观能动性为动力的立体开发系统。

第二节　国外退役军人职业能力开发现状

目前，国外退役安置制度主要分为自谋职业型、计划安置型、指令分配与自主择业并行混合型三种类型。自谋职业型安置的国家主要有美国、英国、日本等国，这些国家军队均实现职业化，资源配置以市场需求为主导。计划安置型由国家指令性分配退役军官的工作，代表国家主要是朝鲜，朝鲜经济体制属于计划经济范畴，以计划配置市场资源。混合型安置制度将计划分配和自谋职业相结合，政府鼓励退役军人自谋职业，主要代表性国家有法国、印度和中国。

综观国外关于退役军人职业能力开发现状，其开发程度与经济体制性质、退役安置制度直接相关。实行市场经济、自谋职业安置制度的国家，职业开发能力力度大于计划安置和混合安置类型，也均属于世界发达国家。我国军队制度改革的趋势是实行职业化，这也是世界军队发展的趋势。因此了解世界发达国家退役军人职业能力开发现状与各自特点，有利于我国军队制度职业化改革和军人职业能力开发的借鉴。由此，选择世界上美国、俄罗斯、英国、法国和澳大利亚等国家职业能力开发现状进行分析，以期借鉴。

一　美国退役军人职业能力开发

美国军人不论军官还是士兵退出现役，统一称为退伍。退伍分为退役和退休。退役是指服现役不满 20 年因个人或组织原因离开正规军队，由军队发给一次性转业费并且协助再次就业。退休是指服现役满 20 年的官兵可退出军队，按军龄军衔级别领取退休金，并享受军内有关福利待遇，也允许军人再就业。① 美国历届政府高度重视退伍军人安置和职业能力开发，通过相关法律法规，形成较为完善的服役期间和退出现役的后职业能力开发体系。而服役期间职业能力的开发，成为退役后可持续发展职业能力开发的良好基础和保障。

（一）美国军官服役期间的职业能力开发

美国军官实行职业军官制度，从入、管、出三个环节均建立了完善的录用、考核任免和退出的管理机制，以军官职业生涯发展为基点，既重视军人职业能力的开发，也重视通用职业能力的开发。

1. 以严格的选拔录用制度确保军官来源质量

美国军官来源通常有四种途径：①三军军官学校培养。由著名的西点军校、安纳波利斯海军学院、斯普林空军学院三军军官学校培养，占

---

① 田小文主编：《外国兵役制度概览》，军事科学出版社 1997 年版，第 84 页。

美军新任命军官总数的 15% 左右，这些学校生源优秀、师资力量雄厚。②由后备军官训练团培养。地方大学毕业生和具有大学二年级以上文化程度的优秀士兵，在后备军官学校和军官培训学校经过半年培训，毕业后授予少尉军衔，是现役军官的主体。③直接从地方选拔。对于军队需要的医务、科技、宗教、法律、军乐等特殊专业人员，军队不设专门院校培养，直接从地方选拔，进行必要的训练后任命为军官。④战时直接任命。

在和平时期，不管通过何种途径进入军官队伍，都需要经过资格审查、入学考试、体格检查、体能测验、综合评定五个环节。报考西点军校这样的名校，要得到总统、国会议员、军种部长等高层领导人推荐才可报考，不仅要参加美国大学入学考试，还要对高中时的学习成绩、品德、组织才干、演讲能力等素质能力进行全面考核评定，体检项目多达18 项。1999 年美国公布的全国大学录取率中，西点军校为 11%，与哈佛大学、耶鲁大学、哥伦比亚大学等名校成为美国最难考的大学。①

通过后备军官训练团成为军官是美国军官途径的主要来源。而成为后备军官训练团的学员，也要经过严格选拔，一般只有各学校的"尖子"和优秀士兵才可能入选。士兵招募的标准也非常严格，包括综合标准（年龄、国籍、受教育程度、个人品行和婚姻状况等）、体格标准、道德标准和智力标准四项，而且要通过武装部队业务综合技能测评、身体适应能力测评、心理适应能力与特殊环境能力、执行任务能力、个人动机评估测评五项测试。由此，美国士兵的综合素质大大高于社会青年平均水平，优秀士兵的整体素质更高。

美国对进入相应院校成为军官的培养对象实施全程监控，依据德、智、体表现进行筛选与淘汰。三军军官学校的淘汰率高达 30%，军官候补学校达 40%，后备军官训练团高达 60%。②

严格的选拔制度和激烈的竞争机制，使美国军官在任命时就已经成为社会的精英，经过多年军队培养和锤炼，退役后再就业的空间广阔，常常成为很多雇佣组织的首选人才。

---

① 转引自刘志生主编《外军军官能力建设概况》，解放军出版社 2005 年版，第 14 页。

② 程达刚：《外军人事管理概述》，西安政治学院训练部 2004 年版，第 52 页。转引自刘志生主编《外军军官能力建设概况》，解放军出版社 2005 年版，第 15 页。

2. 以科学考核任免机制激活军官职业能力提升的内在动力

《美国陆军军官指南》指出："对陆军每一名现役军官的服役表现进行鉴定和定期提出考核报告制度，对于美国陆军的人事管理和行政管理工作，以及对于每一名男女军官个人前程的发展，都具有重要的意义。它是提高军官个人服役效能的一种手段，可为陆军军官的职业生涯创造更加美好的前景，为美国军官树立更高的标准。"[①] 为此，美国军队制定了科学的考核、晋升机制，为军官创造了公平竞争、机会均等的成长环境。

美国军队军官考核分在职期间的单位考核与在学期间的学校考核。在职期间的单位考核每年一次，是最重要的考核，考核结果作为军官晋升、选送入学、分配使用、淘汰的依据。为了保证考核的客观性和公正性，美国军队制定了具体的考核指标体系和考核程序，以杜绝考核操作的人为因素。考核内容通常包括"职业素质"、"履行职责情况"和"晋升潜力"三个维度；考核程序设立考核官和高级考核官两级考核方式；考核作为军官晋升和任免的必经程序；严格依法设定任免权限与程序。[②]

以法律作为军官考核晋升的制度保障，有效地保证了考核的客观、公正，形成了公平有效的竞争机制，极大地激发了军官提升个体职业能力的积极性和主动性。

3. 以多层次培训体系保障军官职业能力的提升

依据军官职业发展的规律，针对不同层次、不同类别岗位职业素质能力需求，美国军队在多年探索的基础上形成了由军官任命前的教育、初级职业军事教育、中级职业军事教育、高级职业军事教育构成的多层次教育训练体系，确保军官在不同职业发展周期（包括退役后）的职业能力需求。

（1）军官任命前的教育。美国军队高度重视军官任命前的教育，认为这是军官教育的基础。由此，任命前的教育内容以高校大学本科的科学文化知识和基本军事知识教育为主，教育内容力求体现文、理、工结合，传授知识和能力培养并重，以满足目前需要和适应未来长远发展

---

① 刘志生主编：《外军军官能力建设概况》，解放军出版社 2005 年版，第 27 页。

② 同上书，第 27—28 页。

的要求。

美国军队在军官任命前教育专业设置上突出科学文化教育。美国西点军校要求学员在校期间尽可能多涉猎未来从事美国武装力量各级各行业工作所需的文、理、工程和军事知识，科学文化知识成为学员知识结构的主干。西点军校科学文化课程占课程总量的70%—80%，这一比例超过地方大学。2002—2003年，西点文化教育计划设置了24个研究领域，21个主修专业，其中24门核心课程和7门核心分支课程构成核心课程体系，为所有学员必修的公共基础课；西点军校的选修课程多达380门，学员根据研究领域和主修专业必须选修其中的10—18门课程。① 诸如土木工程、电子工程、机械工程、核工程、系统工程、电子学、物理学、计算机及矢量分析等课程均在西点军校课程体系中。这些课程使军官在服役期间就具备了相应专业知识和技能，为军官退役后再就业奠定了良好的职业能力开发基础。

（2）初级职业军事教育。初级职业军事教育目标为培养战术级指挥与领导能力。主要包括新任命军官任排级职务的定向专业技术训练，在职中、上尉军官晋升职务前培训，少数少校军官专业技术提高训练。学制5周到3年不等，课程设置差异较大。

初级职业军事教育在强化兵种专业知识与技能学习、拓宽军事相关知识面的基础上，也非常关注军官管理能力的培养，设立了行政管理、领导方法、领导艺术、领导才能训练等课程，占初级职业军事教育院校课程总数的60%。② 这类管理类课程的设置，培养了军官通用管理技能，为军官退役后到企事业单位就业提供了职业能力储备。

（3）中级职业军事教育。中级职业军事教育主要是对各军种的少校、中校级军官进行的晋升培训。一般由军种和联合中级指挥参谋院校实施，学制为5周到2年。主要课程内容为军种和联合作战理论、原则和指挥、参谋业务，旨在培养联合作战指挥能力和强化领导艺术。

（4）高级职业军事教育。高级职业军事教育主要是对各军种中校以上军官开展的晋升培训。其目标是为国家和军队培养高级指挥、参谋、决策与管理人才，学员毕业后通常担任师军级指挥职务和军以上高

---

① 刘志生主编：《外军军官能力建设概况》，解放军出版社2005年版，第16页。
② 同上书，第17页。

级司令部机关参谋职务，或担任政府部门的高级决策、管理人员。培训内容侧重国家安全战备和军事战备的相关课程，强化多军种联合作战指挥能力和多国联军作战能力。

4. 以常规退出机制保持军官能力建设的生机和活力

美国军队规定，职业军官服役最低期限为 20 年，对各级军官服役年龄作出了明确规定，各级军官服役最高年龄上限为 62 岁，极个别军官如因特殊需要超龄服役，需经过国会批准，这些规定有效地规避了军官老龄化现象出现。

美国军队通过对军官的日常考核，不符合要求的服役军官按退役处理。如美国军队规定，少尉晋升中尉，1 次晋升不合格者；中尉晋升上尉，2 次晋升不合格者；必须退出现役。上尉晋升少校、少校晋升中校、中校晋升上校 2 次不合格者，原则上均作退役处理。这一规定不适合于少数技术业务骨干。

美国潜力晋升考核的分数和晋升建议分为 5 个等级，作为军官晋升上一级职位的依据。30 分立即晋升，24—29 分比其他同级同期军官提前晋升，8—23 分与其他同级同期军官一起晋升，2—7 分比其他同级同期军官晚些时候晋升，0—1 分不能晋升。初级军官如不适应军队环境，第一次考核后即被淘汰，其他级别军官有两次机会。①

美国军队虽实施职业化军官制度，但其通过完善的进入、竞争、退出机制保障了军官队伍的活力和整体素质处于高水平状态。

（二）美国军人退役后的职业能力开发

退役军人的职业能力开发主要通过教育培训资助、再就业服务等展开。

1. 教育培训资助

1986 年美国正式实施的《蒙哥马利军人权利法案》（以下简称 MGIB）规定：凡 1985 年 7 月 1 日以后入伍的美军士兵，经本人同意，均在服役期的第 1 年内，每月交纳 100 美元（从薪金中直接扣除），12 个月交满 1200 美元，作为退役之后上大学的助学基金。军官后补学校任命或直接任命的少尉军官退出现役之前，也可预交 1200 美元作为个人基金。"荣誉退役"或"一般退役"官兵退役之后的 10 年之内，服

---

① 朱建新等：《军官制度比较与改革》，军事科学出版社 2006 年版，第 116 页。

役时间在 3 年和 3 年以上的退役军人，如果进大学深造、进技校或职业学校学习，参加函授学习，在职培训和参加飞行训练等，均可享受每个月 427.87 美元的助学金，连续享受 36 个月，总金额可达 15403 美元。服役时间在 2 年以上不满 3 年者，每个月享受 347.65 美元助学金，连续享受 36 个月，总金额为 12515 美元。如果不上大学，所有集资原则上不退还本人，但是在服役期间因公殉职者除外。①

依据《蒙哥马利军人权利法案》，军人获得的教育资助资金可用于：正规的高校学习、技术或职业课程、函授学习、学徒或工作训练、飞行训练、高技术训练、证书或资格考试、创业训练和某些入门考试。

以后的 20 多年的时间里，《蒙哥马利军人权利法案》不断得到修正、扩展和完善。2001 年 12 月 27 日小布什总统签署的《2001 年退役军人教育与利益扩大法》，授权 31 亿美元在 5 年之内用于扩展和提高退役军人的教育、住房、丧葬和伤残福利。依据 2006 年版《美国法典》，接受《蒙哥马利军人权利法案》教育资助的人员由 1985 年 6 月 30 日之后首次服现役人员扩展到越南战争退役人员、因军队精简退役人员、退役军人援助教育计划结束后的人员和全日制国民警卫队人员，涵盖了美国退役军人 95% 的人员，成为美国退役军人教育资助的主渠道。② 国防部人力数据中心提供的 1996 财年 MGIB 数据文件显示，1986 财年和 1990 财年应征入伍的人员中有 90% 在退役后使用了 MGIB 的资助。③ 兰德公司研究表明，在 19—30 岁的人中有 70% 的人上大学受到军方教育资助计划支持。④

2. 再就业服务

美国军人退休平均年龄一般为 43 岁，退役年龄均低于这个年龄，还都处于人才的能力价值最大化时期。因此，退休退役之后的军官和士兵一般都会再次就业。国防部在全国各地设置"军转民办公室"331 个，专门为退伍军人提供再就业服务。服务项目包括提供咨询和各种帮助、协助评估业务能力、进行就业市场调研、建立就业互助关系、介绍

---

① 王书峰：《美国退役军人教育资助政策形成与变迁研究》，广东高等教育出版社 2009 年版，第 137 页。

② 同上书，第 141—143 页。

③ 同上书，第 143 页。

④ 同上。

退役退休军人的权利和各种福利待遇、就业前期培训、提供电脑网络就业安排信息、协助安置求职会面和谈判工资等。①

　　1987 年成立的位于弗吉尼亚州亚历山德里亚的"军事专业人员咨询公司"由 20 多名退休将军和几十名校官组成。该公司提供广泛专业和技术服务，其计算机储存系统存有 2000 多名最近退伍的军队专业技术人才档案，自称为"世界上最大的军事技术专业人才库"。

　　美国国防部还通过专项就业支持项目协助退伍军人再次就业，如"退伍军人当教师计划"。该计划选拔合格的退伍军人到低收入地区和贫困地区担任中小学教师，为退伍军人创造就业岗位。具体做法为：①军队出资，对有意愿到中小学任教的退伍军人和拟退伍的官兵，经过选拔后提供业务培训，获取教师资格证书。②军队协助合格人员落实相关学校，面试合格后正式上岗。③教学合同期一般为 5 年，国防部承担部分开支，为每个有关学校拨款 5 万美元，分 5 年支付，有关学校也承担合理开支。由于退伍军人素质较高，成绩突出，这一计划受到各地中小学广泛欢迎，有 900 名官兵（其中 2/3 为士兵）在全国 50 个州的数百所小学任教。②

　　3. 法律赋予退伍军人再就业权

　　《美国法典》（United States Code）第 38 篇第 43 章专门对军人就业和再就业权利做出具体规定。③ 第 1 小章总则规定了第 43 章的宗旨为：①通过消除或尽量减少军人因非职业性服役而带来的在地方谋职和就业方面的不利因素，鼓励在军中实行非职业性服役；②通过给完成服役兵役的人员及时提供再就业机会，尽量减少因退役而给其生活及他们的用人单位、同事和社会所造成的扰乱；③禁止歧视曾在军事部门服过兵役的人员。

　　第 2 小章赋予退伍军人享有再就业权利。再就业权利是指因到军事部门服役的需要而离开工作岗位，在退役之后符合相应的法律规定条件，即可恢复原工作的就业权利。《美国法典》第 38 部第 2 小节第

---

　　① 田小文主编：《外国兵役制度概览》，军事科学出版社 1997 年版，第 87 页。

　　② 同上书，第 88 页。

　　③ 邹军誉主编：《国外优抚安置制度精选》，中国社会出版社 2003 年版，第 60—61、65—66 页。

4312 节规定：（a）如果符合下列条件，则根据（b）、（c）、（d）和第
4304 节规定，不管是谁，如果离开原工作岗位是出于到军事部门服役
需要，则他（她）应有权享有本章规定的再就业权利、福利和其他就
业权益：

第一，该人（或其服役部门的主管军官）已向该人的用人单位事
先发出了书面或口头通知；

第二，由于服军役离开同一用人单位的工作岗位的时间累计不超过
5 年；

第三，除（f）节规定的情况外，该人已根据（e）节规定向其用人
单位报到要求恢复就业或递交申请要求恢复就业。

第 2 小节不仅赋予退伍军人再就业权利，而且对再就业权利享有的
资格条件、享有权利程序、5 年期限计算方法及特殊情况下如何处理、
出现客观情况后就业组织不再承担此义务的情况等均做出明确、具体规
定，以保障再就业权利从法律权利转化成现实权利。

1994 年 10 月 13 日，美国总统克林顿签署了《1994 年武装力量人
员就业和再就业权利法案》，该法案进一步完善了退伍军人再就业权
利，进一步明确了雇主为退役军人保留、提供工作岗位的具体要求。这
些法律规范为退伍军人再就业拓宽了容纳渠道，也大大减少了退伍军人
的求职周期，同时也使服役前的职业能力储备得到了继续开发的
空间。

（三）美国退伍军人职业能力开发的借鉴价值

1. 以立法推动退伍军人的职业能力开发

从美国具有最高法律效力的《美国法典》到退伍军人权益保护的
专项法律，形成了以提升退伍军人就业竞争力为核心的法律体系。

1944 年 6 月 22 日，美国总统罗斯福签署了《第二次世界大战军人
权利法案》，首启联邦政府向退役军人提供教育资助的先例。该法案共
6 章 15 条，第 1 章和第 6 章主要对退伍军人的福利授权、管理和申请
程序做了相关规定，有关注教育资助的内容主要在第二章中规定。依据
第二次世界大战军人权利法案，任何一个符合资格条件的退伍军人均有
权接受在得到批准的教育和训练机构接受教育训练，并可以得到每年最

高 500 美元学费的资助，学习期间可每月领取生活补贴。① 第二次世界大战军人权利法案虽被终止，但资助退伍军人接受教育的政策被延续。1952 年被称为《朝鲜战争军人权利法案》的《1952 年军人权利法案》已签署实施，教育资助的政策基本沿袭了第二次世界大战军人权利法案的内容。《1966 年军人权利法案》（也称为《越南战争权利法案》）规定，凡 1955 年 1 月 31 日后服役达 6 个月以上的美国公民，均可享受该法案中规定的各项待遇，把资助退伍军人接受教育训练作为联邦的永久性政策。②

1973 年美国兵役制度改革，实行全志愿兵役制。参军不再是一种法定义务，而更趋向于职业选择，如何吸引优秀青年入伍成为美国政府和军队十分关注的问题。1984 年《蒙哥马利军人权利法案》签署试用，1987 年正式实施，《蒙哥马利军人权利法案》旨在通过吸引青年人参军，保持美国强大的国防力量。该法案大幅度提升了退伍军人教育资助标准，确定了以优厚教育资助政策提升军人职业能力，保障退伍军人再就业权利，以保障退伍之后的工作与生活。

《2001 年退役军人教育与利益扩大法案》不仅大幅度提高了退役军人大学教育福利，将《蒙哥马利军人权利法案》资助标准在两年时间内提高了 47%，符合条件者的大学教育福利总额由 24192 美元提高到了 35460 美元；而且扩大了资助对象范围，将预备役人员、国民警卫队人员纳入资助范畴，享受与现役军人相同的待遇。

美国退伍军人职业能力开发立法不仅为职业能力开发提供法律依据，而且通过其先进的立法技术保障法律规范有效执行。

《美国法典》第 38 篇第 43 章第 2 小节总则明确了本章的法律规范与其他法律及计划或协议的关系。具体为：①本章的任何规定都不能取代、取消或削弱任何联邦政府或州政府的法律（包括任何当地法律或法令）、合同、协议、政策、计划、惯例，或其他能保证本章所提及人员享受更好的权利和福利或附加权利和福利的规定。②本章可以取代任何以各种方式减少、限制和取消本章规定的权利或福利（包括确定行

---

① 王书峰：《美国退役军人教育资助政策形成与变迁研究》，广东高等教育出版社 2009 年版，第 2、85—86 页。

② 同上书，第 108 页。

使此类权利或接受此类福利的附加先决条件）的州法、合同、协议、政策、计划、惯例或其他文件。同时要求联邦政府带头遵守，"国会认为，联邦政府应在执行本章的规定方面起到模范带头作用。"①

这些规定有效保障了本章宗旨的贯彻，凡是有利于退役军人就业权利享有这一宗旨的所有法律、合同、计划等文件，不能以本章规定为理由拒绝使用低位阶法律或其他文件；凡是以限制或取消为目的的法律、合同、计划等文件，不能取代本章规定。以立法宗旨为法律效力规则，而不是单纯、机械地以法律位阶等级为规则，这一先进的立法技术在我国转业军官安置法律制定中应予借鉴，以有效保护转业军官的各项权利。

2. 构建多层次、全方位培训开发体系

科学、完善的军事教育体系，为军官职业能力开发提供了良好的实施保障。从培训开发的内容看，依据现代化军队建设和社会发展需要，不断优化课程体系，完善专业设置，构建以科学文化知识为主干，军事科学知识为分支的知识框架体系，提供了复合型人才培养基础。

从培训开发的层次看，针对军官在不同岗位的需求，设立军官任命前教育、初级职业军事教育、中级职业军事教育和高级职业军事教育四个层次。

从培训开发的方式看，分为在职、离职两种基本培训方式。①在职学习。军官可利用业余时间到附近的地方高级院校进修其开设的课程，接受面授教育，获取学分、学位。费用由军队支付，军官以服役为义务。据介绍，每年大约有70万（包括脱产和函授）人次的美国军人在地方大学学习进修，积累学分，攻读学位和考取专业技术证书。在地方大学深造成为美国军官简历的重要内容，一般放在显著位置。②离职学习。军官可以临时离职20周，必要时可以调职5—18个月，到地方院校攻读学位。这种方式通常是在统一规划下通过各类计划完成的，以保证军队的正常运行。如"完成学位计划""技术提高计划""高级学位计划""高级管理计划""工业训练计划"等。军官也可以离职出国学习。为加强与外国军队之间的交流，满足与盟军进行联合作战的需要，美国军队每年会有计划地选派不同层次军官到加拿大、日本、英国、德

---

① 邹军誉主编：《国外优抚安置制度精选》，中国社会出版社 2003 年版，第 60—61 页。

国和法国等国的军事院校学习。

从培训开发的方法看，在传统面授、自学、讲座等方法基础上，突出培训手段的现代性和高科技性。在教育培训过程中，广泛运用现代化计算机技术，开展网络远程教育。美国前陆军部长卡尔德拉在 2000 年 12 月 4 日宣布，在此后 5 年内美国陆军将向普赖斯沃豪新公司支付 45300 万美元以发展和运作美国陆军网络大学。美国陆军网络大学可支持陆军军官和士兵学习任何课程，考核合格者即可获得普通教育证书，获取从学士到硕士各种学位，而且军人家属也可以运用这一资源学习①，从而使军官家属的职业能力也得到了开发，为退出现役后的安置提供了职业能力保障。

从培训开发目标看，以能力培养为基点，将能力培养贯穿在军官职业能力开发整个过程（包括服役期间和退伍之后）。在军官个体素质上注重信息素养、知识储备与运用能力的培养，侧重观察能力、认识能力、工作能力和交往能力的培养，并通过实战体验平台保证能力培养实效。为此，美国军队通过建立作战实验室进行各种类型的模拟演练，通过各种军事演习进行实战演练。

美国军队完善、科学的培训开发体系，不仅提升了美国军队官兵的作战能力，而且在这个过程中形成的军人特有素质能力成为退伍后再就业的独特职业能力。

3. 职业能力开发全面引入人本理念

美国退伍军人职业能力开发引入现代人力资源管理的人本理念，将美国军人个体在职业生涯过程中的可持续发展职业能力作为根本开发目标。不管是在服役期间，还是退役之后，始终将个体职业生涯发展纳入整个开发体系之中，既考虑现代化军队建设需求，也考虑军人退出现役后的职业生涯发展。因此，美国军官在服役期间职业能力开发，不仅局限于军事知识和能力，而且重视科学文化知识的框架构建，注重综合素质和通用职业能力开发。这样，美国军官在服役期间，就已经成为既具备军事知识、战术素养和管理能力，又掌握地方某一行业专业知识和技能的复合型人才。另外，军官任职前的严格选拔，再加之多年各项军事活动的训练培养，综合素质明显优于地方人力资源，使退役军官成为备

---

① 刘志生主编：《外军军官能力建设概况》，解放军出版社 2005 年版，第 25 页。

受地方欢迎的优秀人才资源。

4. 遍布全国的各级就业服务机构为职业能力开发提供了组织保障

美国退役军人安置优抚工作由专门政府机构退伍军人事务部负责。早在1930年美国在政府改组时新建了军人事务管理局，1989年升格为退伍军人事务部，为美国政府第十四个组成部门。退伍军人事务部在十四个部门中，预算排在第7位，人员编制居第2位，仅次于国防部。美国退役军人事务部下设退伍军人医疗局、退伍军人优抚局、纪念公墓管理局三个局，退役军人的职业能力开发由退伍军人优抚局的相关部门负责。退伍军人优抚局的组织机构构成情况，如图5-3所示。①

退役军人优抚局设立62个地方厅和25个优抚事务所②，形成了自上而下的组织体系，为退伍军人的就业扶持和其他职业能力开发活动提供了组织保障。

5. 民间退伍军人组织在再就业过程中发挥着重要作用

美国退伍军人协会成立于1919年，以第一世界大战退伍军人为主要成员，该组织到20世纪40年代中期已拥有300万成员，基层机构遍布全美退役军人组织。③ 美国退伍军人协会成立初期，主要致力于为退伍军人以及在战争中为国捐躯的军人家庭争取福利。在政府成立退伍军人事务部后，协会更多的是监督政府有关部门的政策制定、落实，以及与国会交涉，在制定与军人的相关法律时、保护军人以及退伍军人的权益。④ 退伍军人协会在美国《第二世界大战军人权利法案》出台过程中发挥了重要作用，该组织在1943年秋达成共识，为制定一个全面退伍军人安置法而努力。随后，该组织任命特别机构负责该法案起草工作，经过多次讨论、论证，形成了"军人权利法案"草案，于1944年1月9日向新闻界公开。

---

① 邹军誉主编：《国外优抚安置制度精选》，中国社会出版社2003年版，第6页。
② 同上。
③ 王书峰：《美国退役军人教育资助政策形成与变迁研究》，广东高等教育出版社2009年版，第80页。
④ 《美退伍军人协会主席访洛杉矶鼓励华裔青年从军》2011年12月19日，中国新闻网，http：//www.chinanews.com/hr/2011/12-19/3543141.shtml。

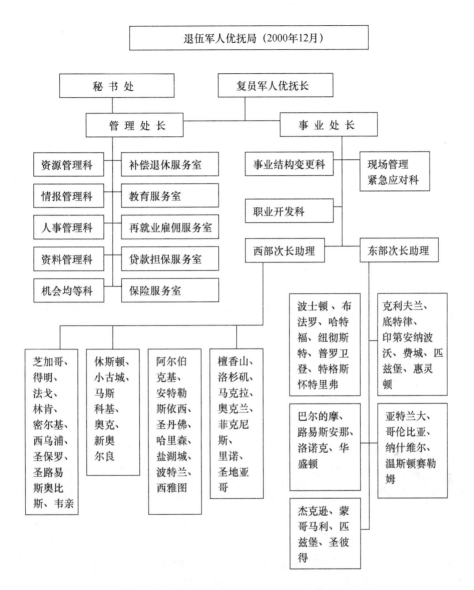

图5-3　美国退伍军人优抚局组织机构状况

在随后的6个月时间里，美国退役军人协会利用其遍布全国的机构和公关部门，为军人权利法案进行呼吁，并获得了广泛支持。[①] 这直接促成了《第二次世界大战军人权利法案》的通过实施。

————————

① 王书峰：《美国退役军人教育资助政策形成与变迁研究》，广东高等教育出版社2009年版，第81页。

二　俄罗斯退役军人职业能力开发

俄罗斯军官分为指挥军官、政治军官和技术军官三大类。指挥军官指各级指挥军事指挥员;政治军官是指政治工作机构的军官及部(分)队政治副职;技术军官是指在技术部门任职、部(分)队的技术副职以及负担基层技术保障的军官。俄罗斯联邦非常重视军官的职业能力建设,通过控制军官渠道来源、服役期间学历专业教育和退役安置的就业培训进行职业能力开发,为退役军官再次就业提供职业能力保障。

(一) 俄罗斯军官服役期间的职业能力开发

1. 俄罗斯军官来源渠道

1993 年 2 月 11 日,俄罗斯联邦总统叶利钦签署《俄联邦兵役义务与服役法》,确立义务兵役制与合同兵役制相混合的兵役制度。①

俄罗斯军官通常来源于四种渠道:①正规院校培训。俄国军队中、高等军事院校为军队输送初级军官和专业技术人员,每年可输送 2 万—2.5 万名。其生源来源于地方中学毕业生和部分现役士兵,学制为 4—5 年,毕业后签订 10 年服役合同。此外,军官预备役学校如少年军校,主要为正规院校提供生源。②从超期服役的优秀士兵、军士和准尉中选拔。这是非常规渠道,通常在基层连、排职军官严重缺编情况下采用。除考察个体表现外,年龄必须在 27 岁以下,受过中等职业教育或高等职业教育,经过 10 个月军官速成班培训合格后授予少尉军衔(受过高等教育的授予中尉军衔),担任排长职务。③与地方高校联合培养。俄罗斯军队在地方院校设置军事系,为军队培养医学、财经、音乐等专业的军官。④招收地方高校毕业生。该制度于 1993 年确立,主要吸引军队紧缺专业或军地通用专业的大学生,经过短期任职培训后担任指挥或专业技术职务。通常首期服役合同为 3 年,期满后依据本人意愿续签。俄罗斯由于兵源紧缺,兵源质量弱于美国。

2. 俄罗斯现役军官依托院校教育开展职业能力开发

(1) 构建优化职业能力开发平台。为了适应现代化军队对各类人才的需要,俄罗斯院校从 1992 年开始对从苏联继承下来的高校进行大规模调整改革,优化院校网络、专业设置和课程体系,2000 年年初基本完成。2002 年制定了《2010 年前俄罗斯联邦军事体制改革规划》,

---

① 田小文主编:《外国兵役制度概览》,军事科学出版社 1997 年版,第 110 页。

并成立了贯彻规划管理委员会。该规划包括四项内容：一是陆军院校自2002 年开始第一次按照国家教育标准——"人员管理专业"对指挥员进行管理专业培训，学制四年。二是组织实施地方大学入伍军官进行培训。三是国家政府对军事院校逐一考核认证，并颁发认证书。四是未来逐步撤销或合并 6 所军事院校，将军事院校数量减少到 50 所。军事院校的整合优化，为军官职业能力开发提供优良的开发平台。

（2）职业能力开发注重厚知识基础和重能力培养。自 20 世纪 90 年代以来，俄罗斯军事院校大幅度增加科学文化课程，占整个教学内容的70％，旨在与国家高等教育接轨。为适应知识更新快的时代特点，设立了军官定期进修复训制度，各院校普遍建立或完善了复训进修系，形成了完整的"补充教育体系"，以保持军官知识的不断更新。①

俄罗斯军事院校突出指挥技术能力培养。无论是指挥学院学员，还是工程技术院校的学员，都要进行战役（战术）训练与工程技术训练，只是各自侧重点不同。合成指挥院校学员在学习合成军队的指挥时，也学习兵种课程，兵种学校则相反。由此，各类军官在对自己专业有深入了解的基础上，熟知其他专业、其他兵种，既有利于提升军官一体化作战能力，又可以为退役后相应专业技能培养奠定基础。除此之外，还重视学员科研能力培养，学员不仅要参与科研活动，而且要掌握独立完成科研工作的方法和手段，完成班级"教学科研课题"，在生产实习或部队实习期间的科研性课题以及包含科研内容的毕业论文、毕业设计等。

（3）以客观公正晋升制度激发军官职业能力开发的内在动力。俄罗斯的军官晋升和培训开发密切相关，培训与使用相一致。俄罗斯军官任命前必须经过院校培训，任命后也要多次进行初级、中级和高级训练，到军事学院接受培训是军官任命晋升的必经之路，而入学培训前要通过严格考核，择优推荐。

俄罗斯军官晋升制度主要依据考核结果。为此，2002 年 5 月，《俄联邦武装力量军官、准尉鉴定工作组织实施程序细则》规定了俄国军官鉴定的内容、机构和程序等内容，形成了严格的考核制度。鉴定由军人鉴定委员会负责，分为准备、鉴定和公布三个阶段，被鉴定军官有两次申诉机会和权利。经审查鉴定结论有误，鉴定委员会必须对鉴定修

---

① 刘志生主编：《外军军官能力建设概况》，解放军出版社 2005 年版，第 73 页。

改，并不得影响被鉴定人晋升上一级职务。①

　　（4）以健全的奖惩机制调动军官职业能力提升的积极性。俄罗斯奖励制度主要是在苏军奖励制度的基础上形成的。奖励一般包括撤销以前的纪律处分，嘉奖，发给奖状、贵重物品或奖金，将姓名载入部队光荣册，提前晋衔，授予少校以下军官比现任编制职务规定高一级军衔，增加1—4周不同的假期。奖赏是对立有战功、工作勤勉、成绩突出的军人给予的精神或物质奖励，1999年1月6日，俄罗斯联邦颁布经过修订的《俄联邦国家奖赏条例》，重新明确国家奖赏的种类和实施办法。适合军人的有俄联邦英雄称号、"祖国功勋"勋章、"英勇"勋章、"军功"勋章、荣誉勋章、"祖国功勋"奖章、"勇敢"奖章、"苏沃洛夫"奖章等国家荣誉。

　　俄罗斯军官在服役期间职业能力开发围绕培训开发的主要模式，辅之相应的奖励、晋升制度作为支撑体系，形成了较为完善的职业能力开发系统。

　　（二）俄罗斯军官退役后的职业能力开发

　　1993年1月，俄罗斯颁布《军人地位法》，除规定军人的权利、义务外，还确定了国家对军人、退伍军人及其家属进行法律和社会保障的基本政策，涉及职业能力开发的主要是就业培训，为退役军官职业能力开发提供了法律依据。俄罗斯退役军官的职业能力开发主要通过退役前的就业培训开展。

　　1. 就业培训周期及程序

　　俄罗斯军官退役前有两年培训时间，军官可根据自己的个体需要，提前向所在部队提出参加培训的申请。国防部教育工作总局干部培训部可根据军官的具体申请为其联系培训教育院校或培训机构进行培训。②

　　2. 就业培训形式

　　俄罗斯退役军官就业培训具体分为四种形式。

　　（1）国家培训。由国家高等教育委员会和教育部通过国家教育系统对退役军官实施培训，资金由国家承担。劳动部、国防工业委员会、

---

① 朱建新等：《军官制度比较与改革》，军事科学出版社2006年版，第113页。
② 解卫东：《俄罗斯退役军官安置制度简介》，《中国人才·转业军官》2005年第3期，第40页。

联邦就业服务部门负责验收培训质量。

（2）军队培训。俄国防部总干部部于1993年年底在其干部培训与调配总局设置了培训中心，并与地方院校、地方培训中心及大型企业签订了联合培训合同。先后在莫斯科、圣彼得堡、伯力、新西伯利亚等大中城市的地方院校教学基地成立了十余个培训中心。聘请地方教师为即将退役军官系统讲授市场经济学、经济工作基本理论、管理机构的设置和最佳管理手段和方法、财务信贷保障、会计核算和账目、交易所工作、价格和税收政策等课程，以适应地方工作需求。

（3）社会协助培训。在俄政府统一安排下，由社会团体、企事业单位和有关民间机构建立退役军官劳动就业和职业教育培训中心或训练班，分担培训任务。俄政府为此专门成立了退役军官培训协调委员会，下设全俄军官培训中心，负责领导和协调各培训中心的工作。培训对象面向所有退役军官及其家属。

（4）与国外合作培训。俄政府为摆脱培训带来的财政压力，积极谋求与西方国家在退役军官培训方面进行合作。欧共体曾向俄国提供2000万美元，与俄国高教委、国防工业部门共同实施《俄联邦裁减武装力量和军工转产条件下的干部培训计划》。该计划将用2—3年的时间对1.6万—2万名退伍军官进行培训，时间为1—6个月。①

3. 就业培训经费来源

俄罗斯退役军官就业培训的经费主要来源于国家拨付。具体情况为：国家培训经费由国家负担。军队培训学员需缴纳一定费用。社会培训的费用视不同情况而定，凡因组织编制调整而退役的45岁以下军官，享受免费培训；服役年限符合领取退休金条件者，学费优惠；其他人员全额缴费。

（三）俄罗斯退役军人职业能力开发特点

1. 服役期间的职业能力开发注重地方社会需求

为了从根本上解决退役军官的社会适应性问题，俄罗斯将军事院校的教育标准和国家统一教育标准接轨。高等军事院校毕业生可获得与地方高等院校相同专业一致的毕业证书，同时大幅度增加科学文化课程，注重知识基础的拓宽。这样，既可以提升军事院校教育的质量和权威

---

① 田小文主编：《外国兵役制度概览》，军事科学出版社1997年版，第134页。

性，又可以为持有毕业证书的军官退役后拓宽就业渠道。

2. 就业培训前移且周期长

俄罗斯退役军官在正式退役前有两年时间周期接受就业培训，从而保障退役军官有充足时间补充地方工作需要的专业知识和技能，大大加强了退役军官人力资本的通用性，大幅度增加了就业机会。

3. 退役前就业培训侧重个体和劳动力市场需求

退役前培训充分考虑退役军官的个体需求，由退役军官个人申报志愿，确定职业意向，再根据职业需求实施相应的培训，且由军队相关机构统一组织实施管理，以保障培训质量。由此，退役军官在退役时拥有地方工作需要的专业技能和军人特有的素质优势，形成了退役军官职业能力的独特优势。

4. 较高的社会保障为职业能力开发营造了良好环境

俄罗斯退役军官在就业、教育、住房、社会地位等方面享有优厚的社会保障待遇，消除了职业能力开发的后顾之忧。

就业优先权。俄退役军官在其向居民就业服务中心申请之后的一个月内，居民就业机构、国有企事业单位或团体应根据其专业安排工作；入伍前在国有企事业单位工作的军人，退伍后3个月内保留回原单位工作的权利；义务役军人和应征服役两年的预备役军官，保留不低于入伍前职务的权利。军人家属优先招工，工作单位裁员时优先考虑留用，优先接受技术培训。

受教育权。合同制军人服役期间可以在地方职业教育院校或高等、中等专业院校预备班学习，但义务兵不允许。退伍军人参加入学考试合格，享有优先录取权；具有相当学历的退伍军人可以免试进入国家职业教育学院学习。国家对因健康原因或减编而退役的军人提供免费职业教育。

住房保障权。退役军官的住房一般由政府无偿提供。军龄满10年以上的退役军官和家属在提出住房申请3个月内，地方有关机关应按规定标准向其提供住房，如地方无法如期按标准提供住房，则为退役军官及其家属安排临时住房或按租约商定租赁房价付给相当于房租标准的现金；军龄满20年以上的军官退役，有权无偿获得所占地方住宅的所有权，不管其所占住房面积多少，也不管上述住房属于哪个部门，只需支付全部居住面积及所有市政公共设施所需用的50%，其中包括安装和使用电话的费用；若住宅内没有集中供暖设施，则可在规定供应标准范围内，以比居民低 50% 以上的优惠价格购买燃料。①

社会地位。俄罗斯退役军官在社会上享有很高的社会地位。俄军官退役后，可保留原军衔称号。军龄满 25 年以及有特殊功勋的军官退役后，逢重大节日和隆重活动仍可着军装。军龄满 20 年的退役军官，在居住地区市区和近郊区乘坐交通工具一律免费。自退役军官提出申请之日起 1 个月内，有关部门应为其子女提供进入教育机构和参加夏令营的机会。军龄满 20 年的军官退役后，本人及其配偶继续享有在军队医疗系统免费就诊和疗养的权利，每年可到外地疗养一次。②

军人保护受重视。俄罗斯通过法律和相关组织机构保障军人和退役军人的合法权益。1993 年颁布了历史上第一个《军人地位法》，俄国武装力量内部成立了不少专门负责军人保护的机构，俄联邦军人社会问题委员会专门负责退役军人的安置协调、经费来源、政策执行等重大问题，委员会直属总统委员会领导。社会上也成立了很多从事军人保护的社会团体，如俄联邦总统下属的残废军人事务协调委员会，残废军人与老战士事务委员会、军人及家属社会保护委员会，对军人实施人道主义帮助的"祖国保卫者"跨国基金会，"祖国士兵"军人社会适应与保护基金会等社会组织。这些机构积极开展落实军人权益的各项社会活动，推动全社会关心军人保护问题，形成社会尊重军人的良好氛围。

综上所述，退役军官在社会中享有很高的社会地位，而且住房、医疗、子女就学等社会保障完善，为退役军官的职业能力开发营造了良好的社会环境，加之退役军官整体素质较高，普遍受过高等教育，85% 以上的退役军官就业不成问题，尤其是年龄在 40 岁以下的退役军官，基本人人都能找到一份比较满意的工作③，使这一人才资源得到了充分开发。

三　英国退役军人职业能力开发

英国实行全志愿兵役制，现役军官 3.27 万人，官兵比例为 1∶5.29，

① 李鹤林：《俄罗斯怎样安置退役军官》，《中国公务员》1999 年第 8 期，第 47 页。

② 解卫东：《俄罗斯退役军官安置制度简介》，《中国人才·转业军官》2005 年第 3 期，第 41 页。

③ 李鹤林：《俄罗斯怎样安置退役军官》，《中国公务员》1999 年第 8 期，第 47 页。

军官分为正规军官、特别正规服役军官和短期服役军官三类。① 英国对退役军官的职业能力开发贯穿军官服役期间和退出安置整个过程。

（一）英国军官服役期间的职业能力开发

1. 英国军官来源渠道

英国军官的来源主要有军事院校培养和地方院校培养两个渠道，军事院校毕业生是军官来源的主要渠道。

（1）军事院校培养。初级军官学校在国家各类院校中占有重要地位，招生工作由本军种负责，国防参谋部协调，其招生名额按照军官年度需求量确定。英国初级军官学校在招生中广为宣传，吸引更多的应征者，此项费用每年高达700万英镑。招生审查非常严格，而且有责任制约。地方考生由招生人员与考生本人、家长、地方学校或部队代表面谈，并进行智能、体质、性格多方考察；军队考生需经单位本级主官推荐、上级主管审批。筛选后通常只有1/4的考生可获得应试资格。之后，由"军官选拔委员会"组织考核，内容涉及文化知识、体格和组织能力，通过写论文、参加讨论和组织比赛进行考核。为保证军官质量，学校实行留级和淘汰制度，但较为慎重。

（2）地方院校培养。主要通过有计划的"招进"与"派出"来开展。①直接从地方院校招募医生、兽医、律师和牧师等专业应届毕业生，经军队院校短训后派往部队服役。②每年向地方大学提供助学金名额，要求接受助学金者学成后入伍。③开办理工科预科学校。每年招收75名16岁初中毕业生，学习两年后进入军事学校接受短训，再到地方大学攻读科技专业，毕业后入伍服役。这三种方式培养的人员毕业后可以授予少尉军衔，任命为正式军官。

2. 军官服役期间的职业能力开发

英国军队非常重视军官职业能力开发，主要通过军事院校的培训来完成。一般分为军官任命前培训和任职后深造培训。

（1）任命前培训。任命前培训对不同学历的人员采用不同的培训内容。对占60%的大学毕业生开设标准研究生课程，为期28周，学习内容主要为标准军事课程，毕业后授予中尉军衔。对占40%的高中毕业生和优秀士兵，开设标准军事课程和正规职业军人课程，分别为28

---

① 朱建新等：《军官制度比较与改革》，军事科学出版社2006年版，第6页。

周和 24 周，经过文化考试合格后必须进入施里文汉皇家军事学院或地方大学学习，获取学位；考试不合格者转到特别训练班学习，达到必要标准后才可任职。[①]

（2）任职后深造培训。深造培训通常依据不同级别的军官职位需求，分四个层次深造培训，每名军官在任职后要多次参加军校有关专业知识和技能的培训。①初级指挥与参谋培训。即战术级培训，学习计划与实施战术部队的战斗，以 25—33 岁的上尉军官为培训对象。②中级指挥与参谋培训。即战役级培训，由皇家联合指挥参谋学院承担，学习师团两级战术和各兵种合同战术，提高联合作战能力，以 33—41 岁的少校或中校军衔军官为培训对象。③高级指挥与参谋培训。侧重学习资源的计划与分配，实现本国或多国安全目标，以 41—50 岁以上的上校或准将军衔军官为培训对象。④皇家国防研究学院培训。以上校、准将军官为培训对象，拓展其国防知识和国际安全知识以及战略谋划能力，进一步提高领导、管理和人际才能。

（二）英国军官退役安置时的职业能力开发

英国军官退役实行自愿与强制相结合的办法，不同类型的军官有不同的规定。①正规服役军官。从授予军衔之日起，16 年内不能晋升少校，必须退出现役。这类军官授衔后，必须"服满必要服役年限"，依据不同情况通常为 2.5—5 年。服完必要服役期限后，可随时提出退役要求，经过 7 个月交接，即可离开军队。②特别正规服役军官。从士官中招募的军官至少服役 10 年，从地方招募的军官至少服役 16 年，才可以退休。③短期服役军官。从地方招募的军官至少服役 3 年（陆军有些兵种为两年），才可以退役，退役时按服役年限领取一次性退役酬金。

英国实行募兵制，入伍是一种职业选择，军人以合同方式确定服务期限，退伍后自谋职业。英国军人退伍分为三种形式。①正常退伍。正常履行了合同、职责和任务，或按照所在军种规定已提前提出退伍意向的，属于正常退伍。②因病退伍。③提前自愿退伍。指没有按照所在兵种规定提前通知军方，在合同、职责和任务终止之前退伍。

基于军人特殊的职业和社会稳定相关性较大，英国政府非常重视退

---

① 朱建新等：《军官制度比较与改革》，军事科学出版社 2006 年版，第 90—91 页。

伍军人（包括军官）的就业支持，制定了《退伍军人指南》①，可以让每个退伍军人明确、具体地了解自己可以享受的就业服务。依据该指南，退伍的类型不同，服役的年限不同，所享受的就业服务程度不同。

1. 各军种服役军人可享受的服务

英国《退伍军人指南》规定军队在各兵种设置专职安置官职位，负责对提供现有服务的指导并解释适用的规定。退伍军人如果希望与安置官初次面谈并了解相关情况，填写国防部 1173 号表格即可。该文件只需上报 1 次。会见安置官的离职时间按执勤处理，并按所在军种规定领取差旅费或生活补贴。各军种安置官的联系详情印在指南背页通信录中。三军住房办公室为退伍军人召开住房介绍会，介绍退伍之后的各种住房选择方案。代理公司为退伍军人召开财务介绍会，军人配偶可以参加。

2. 服役 3 年以上退伍军人享受的服务

服役 3 年以上享受的服务主要由转业合作公司提供的谋职服务。这里的"转业"和我国的"转业"内涵不同，是指通常的职业转换，转业合作公司可以理解为协助退伍军人完成职业转换的服务咨询公司。转业合作公司是一家名为库兹顾问集团的公司，由国防部通过军外安置服务局与其建立合作关系。

退伍军人在退伍前 6 个月至两年之间向谋职服务处提出申请，进行登记。谋职服务处安排 1 名军官联合会或正规军就业公司的就业顾问与退伍军人面谈，这两家机构都委托转业合作公司办理有关业务，转业合作公司在英国管理的 9 个地区安置中心各有 1 位工作安排协调员。退伍军人可为这种会面报销 1 次差旅费，但不能申报生活津贴。

转业合作公司每年替退伍军人寻找 30000 多个工作职位②，主要通过提供就业信息、就业培训实现。转业合作公司将掌握的所有工作职位信息输入一个广域计算机系统，在地区安置中心、军官联合会或正规军就业公司的任何一个分支机构均可查询。转业合作公司将适合退伍军人的职位通知本人，退伍军人谋到职位后通知军官联合会或正规军就业公司。退伍军人还可以根据"插班/付款培训"参加转业合作公司开办的

---

① 邹军誉等：《退伍军人指南》（英国），载《国外优抚安置制度精选》，中国社会出版社 2003 年版，第 256—264 页。

② 同上书，第 257 页。

技能培训课程，涉及 40 种与谋职相关的课程。

3. 服役 5 年以上或因病退伍军人享有的服务

服役 5 年以上退伍军人或因病退伍军人可享有全面的安置支援服务，并享有分阶段参加安置活动时间的资格。

（1）享有参加安置服务活动的专属时间。分阶段安置活动时间指离开工作岗位参加《退伍军人指南》的安置活动而安排的勤务时间。[①] 分阶段参加安置活动的时间计算与服役期限、退伍类型相关。具体见表 5 - 9。

表 5 - 9　　　　　　　　分阶段参加安置活动时间分配状况

军龄 单位：年	分阶段参加安置活动时间工作日		
	正常退伍	因病退伍	提前自愿退伍
1 -	0	10	0
1 +	0	30	0
5 +	20	30	10
8 +	25	30	10
12 +	30	30	20
16 +	35	35	35

资料来源：邹军誉等：《退伍军人指南》（英国），载《国外优抚安置制度精选》，中国社会出版社 2003 年版，第 257 页。

退伍军人参加转业合作公司举办的培训课程（不包括专题讨论会和分组讨论会）所用的时间不可超过 20 天。

退伍军人参加安置活动可以报销差旅费，报销次数和可以享受的分阶段参加安置活动时间的长短相关。具体情况见表 5 - 10。

表 5 - 10　　　退伍军人参加安置活动差旅费报销次数分配情况

分阶段参加安置活动时间工作日	差旅费报销/火车票报销
10	4
20	4

① 邹军誉等：《退伍军人指南》（英国），载《国外优抚安置制度精选》，中国社会出版社 2003 年版，第 258 页。

续表

分阶段参加安置活动时间工作日	差旅费报销/火车票报销
25	5
30	6
35	7

　　资料来源：邹军誉等：《退伍军人指南》（英国），载《国外优抚安置制度精选》，中国社会出版社 2003 年版，第 257 页。

　　除表 5-10 中列出的差旅费之外，特殊情况下去见他们的顾问还可以再报销 3 次差旅费。

　　退伍军人如果因为执勤不能全部使用或部分使用分阶段参加活动时间，或许能在原定退伍之日申请延长服役时间，以便参加安置活动。

　　（2）安置服务。安置服务主要包括转业合作公司的专题讨论会、配置转业合作公司顾问、提供海外支援服务、课程培训、军转民活动和个人安置准备 6 项服务。

　　其一，转业合作公司的专题讨论会。最早参加的转业合作公司活动，主要有面试技巧、求职简历书写和自我推荐技巧等练习，如果想创业的话，可以参加其他专题讨论会。

　　其二，配置转业合作公司顾问。退伍军人开始谋职时，转业合作公司会派个人顾问为退伍军人提供咨询服务。个人顾问会帮助退伍军人安排培训或工作配属，退伍军人和顾问联系不受限制，如退伍军人被调往边远地区，可额外报销 3 次面见顾问的差旅费。转业合作公司会依据退伍军人个人意愿为其拟订一份"个人安置计划"。

　　其三，提供海外支援服务。转业合作公司在德国的赫福德设有地区安置中心作为常驻办事处。只要其他海外基地有足够的退伍军人需要开设专题讨论会或提供咨询服务，转业合作公司就会派工作人员飞往该处提供现场服务。

　　其四，课程培训。转业合作公司的安置培训中心提供范围广泛的培训课程，从各种职业的管理培训到手艺技能和保安工作等约 40 项课程。许多课程学完后可获得公认的资格证书，有些课程学习结束后可以安排到和培训中心有长久关系的公司工作。

　　其五，军转民活动。这项活动包括两种形式：一是"军转民工作"，即与招聘单位一起工作一段时间，积累工作经验，可在服役最后两年的任何时间参加，类似我国企业实习；二是"军转民培训"，即参加转业合作公司外的课程学习，以增加就业机会，但必须在服役的最后9个月内参加。

其六，个人安置准备。退伍军人如果不想参加转业合作公司的安置活动，可以申请采用"个人准备安置方案"。退伍军人可利用分阶段安置活动时间自行安排谋职、面试或学习等安置活动，差旅费可按分阶段参加安置活动时间计划报销，但不包括生活补贴。

（3）享有安置活动津贴和补助。有资格享有分阶段安置活动计划时间的退伍军人，可获得个人安置培训费用补助。其中用于缴纳培训课程费用的学费最多为534美元，参加转业合作公司培训课程的需要每天从补助中扣除26英镑70便士。

4. 退伍后的支援服务

服役在6个月以上的退伍军人退伍后可优先享有政府就业服务处为失业人员提供的培训、咨询、补助等方面就业支援服务。另外，有许多军队救济团体和部队机构可为退伍军人提供帮助，如英国皇家退伍军人协会，会为遇到困难的退伍军人提供财政帮助、就业培训和就业津贴，帮助寻找就业机会或自谋职业。

（三）英国军官职业能力开发特点分析

1. 英国军官职业能力开发以军事院校为依托

英国军官服役期间的职业能力开发以军事院校为依托，形成层次分明、专业齐全的教育开发体系。①初级军事院校。英国初级军事院校共63所，以新招入学员或拟提升为军官的士兵为培训对象，内容主要为军事基础课程，另外各兵种还有各自的专业技术学校负责专业知识教育。②中级军事院校。该级军事院校共计21所，承担上尉至少校级参谋人员和指挥班，设有初级班和高级班。③高级军事院校。该级学院数量很少，仅有国防学院和皇家国防研究学院两所，研究英国国防政策、军事战略和盟国安全等宏观问题。①

2. 英国军官职业能力开发注重社会适应性

英国现役军官的职业能力开发注重社会通用性，以保障军官退役后

---

① 刘志生主编：《外军军官能力建设概况》，解放军出版社2005年版，第93—94页。

的社会适应性。目前，英国培训课程中有 70% 具备社会资格认证。为激发军官到社会接受教育，英国国防部推出"标准学习贷款"和"增强学习贷款"两项计划，贷款金额与军官服役期限呈正向增长。[①]

3. 设有专职退役服务安置岗位——安置官

英国退伍军人安置工作独有的特点是在各军种设置专职的安置官职位，并对这一职位职责有明确规定，使退役安置有专人负责，并制定非常详细的《退伍军人指南》。退伍军人对享受退伍安置服务项目一目了然，理解不了的可向安置官咨询，既能有效地满足退伍军人安置的咨询服务，又大幅度地提高了安置工作服务效率，也规避了一些安置矛盾产生的隐患。

4. 依托转业合作公司开展一对一就业指导

英国退伍军人职业能力开发的一个显著特色是依托专业咨询服务公司，为服役 5 年以上和因病退伍的退伍军人提供一对一的就业咨询服务，为他们配置个体就业顾问，有效提升了退伍军人就业成功率。这种将安置服务委托专业咨询服务公司属于人力资源管理外包的范畴，既提升了职业能力和就业率，使退伍军人享受专业咨询服务，又可以减轻军队退役安置的管理成本，并且提高了安置服务的质量。这是值得推广的一种安置服务方式。

四　法国退役军人职业能力开发

2001 年 11 月 30 日，随着最后一批义务兵退出现役，在法国实施了近 200 年的义务兵役制退出历史，法国军队实行全面职业化。[②] 法国军队有军官 4 万余名，占军队总人数的 14%。军官分为职业军官和合同军官两类，其中合同制军官占 1/4，为部队中需要的专门领域技术人员。[③] 法国对军官职业能力的开发分为服役期间和退役安置两个阶段。

(一) 服役期间军官职业能力开发

法国军官来源主要有四种渠道：一是直接从专业学校和经过选择的高校招募；二是从现役中合同制士官中招募，需经专业学校考试；三是

① 朱建新等：《军官制度比较与改革》，军事科学出版社 2006 年版，第 92 页。
② 刘志生主编：《外军军官能力建设概况》，解放军出版社 2005 年版，第 131 页。
③ 郭传宣：《法国退役军人安置与培训概况》，《中国人才·转业军官》2011 年第 10 期，第 38 页。

从33—47岁的优秀士官中选拔，经过短期培训任命为军官；四是招募有大学本科学历的专业人员为合同制军官，订立2—8年合同，期满后可续签。①

法国军队规定，军官必须经过军官院校培训才可任命，其后的军官生涯中也须经过相应的培训才可晋升。因此，培训开发是法国军官职业能力开发的主要渠道。

1. 初级军官学校培训

法国初级军事院校称为陆、海、空军官学校，学员入学前经过严格的资格审查和入学考试。初级军官学校教育主要是为军官职业生涯最初的8—10年（海军为15年）的所有军官提供必要的职业基础知识，满足第一任职需要。初级院校学制通常为3年。

法国陆军的圣西尔军专科学校是创始于1803年的名牌军事院校，初级军事学院的代表学校，可与美国西点军校相提并论。该学校第一年的学习内容以军事训练为主，培养军人意志、进行军人职责教育，合格者授予准尉军衔；第二年的课程包括文化教学和军事训练，按志愿分别学习文、理、经济各科的专业课程，同时要求每人必修1—2门外语，合格者授予少尉军衔；第三年帮助学员完善和深化各科知识，侧重培养个体主动性和作为军事指挥员的领导意识和能力，文化课按照专业组织。学员毕业后获得学士学位，授予中尉军衔。毕业后学员依据学习成绩依次选择一个兵种或专业，之后到相应的兵种专业学校学习1年，才可到部队任职。在3年的军官学校学习中，第二年、第三年的文化课程各为30周，科学文化知识的教育程度毫不逊色于地方高校。

2. 中级军事院校培训

中级军事院校学员来自两部分：一部分来自具有少校军衔、满15年军龄的现役军官；另一部分来自高等军事科技学校毕业的军官或具有其他高等军事教育文凭的高级军官。中级院校学制18个月，第一年进行本兵种建设教学，第二年到三军联合高等军事学校继续深造5个月，提高指挥合成军种协同作战的能力。

3. 高级军事院校

高级军事院校学员来自中高级现役军官，通常招收年龄40—50岁、

---

① 刘志生主编：《外军军官能力建设概况》，解放军出版社2005年版，第131页。

有多年部队工作经验的上校或准将军。如高等国防研究院根据国防部命令，由总参谋部亲自选拔，每年只招收 90 人，1/3 为具有 25 年以上军龄的军队高级指挥官，1/3 为政府公务员，1/3 为社会知名人士。[①] 学习内容主要为战略理论、研究战略环境和国际局势。学制一般为 9—10 个月，毕业后担任旅、师级主官或高级机关参谋。

4. 在职培训

法国军官除军事学院的学习教育之外，还通过短期集训、个人自学、函授教育、科研活动等形式开展在职教育培训，以适应军队现代化建设的需要，并且为军官退役后的就业进行职业能力储备。法国军队鼓励现役军官参加军队和地方院校的函授教育，并负担相应的学费。同时不定期地请地方院校到部队开办分校或学习班，运用地方教育资源优势，进行军官职业能力开发。这样，既节约军队职业能力开发成本，又使社会教育资源得到充分运用。

5. 轮岗交流

法国军官任职实行轮换制度，几乎适用所有军官。军官在一个岗位上任职 3—4 年必须在军（兵）种本专业内交流轮换；联合作战指挥官，必须经过三军通用专业业务培训；各级军官在部队、院校和机关工作的时间各占服役时间的 1/3。法国军官轮换包括岗位轮换、地区轮换和战时轮换三种形式，战时轮换由单个军官轮换向成建制轮换过渡。通过交流轮换，军官视野开阔、知识拓展，能力得到有效提升，既提高军官的整体素质，又拓宽了军官职业能力的社会适应性。

（二）法国军人退役安置时的职业能力开发

法国军官退出现役分为正常退役、提前退役和延期退役。职业军官达到法定服役年龄、合同军官合同期满退出现役的为正常退役。提前退役是军官服役期限未到退休年龄，但达到最低服役期限 15 年而退出现役。延期退役即军官达到最高服役年龄后，经申请获准，在本级军衔继续服役一段时间。延期退役的数量控制非常严格，仅占退役军官总数的 5% 左右。[②] 法国对退役军人的职业能力开发主要通过职业生涯指导、就业培训、就业支持等就业服务项目开展职业能力开发。法国退役军人

---

① 刘志生主编：《外军军官能力建设概况》，解放军出版社 2005 年版，第 145 页。
② 田小文主编：《外国兵役制度概览》，军事科学出版社 1997 年版，第 202 页。

再就业服务流程如图 5 - 4 所示。

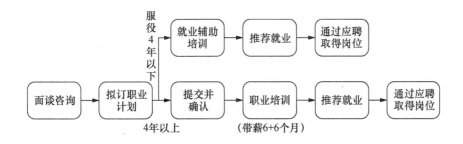

图 5 - 4 法国退役军人再就业服务流程

资料来源：郭传宜：《法国退役军人安置与培训概况》，《中国人才·转业军官》2011 年第 10 期，第 41 页。

法国退役军人就业服务项目享有数量与服役期限相关，服役 4 年以下的不享受就业培训，只有一般的信息咨询和就业指导；服役 4 年以上的可享受全部转业服务项目；士兵服役 15 年以上、军官服役 25 年以上除享受全部转业服务项目外，到私营企业就业的，可按月领取一定数额的退役金，约为军队收入的 60%。引导退役军人自谋职业是法国退役军人的安置宗旨，并通过完善的再就业服务协助职业转换的完成。

1. 提供职业生涯规划指导

职业生涯规划是依据个体职业能力优势和特点科学、合理选择职业和岗位、确定职业发展目标并制定相应实施策略的谋划。其对个体职业生涯发展空间和速度起决定性作用。由此，法国转业服务过程中非常重视职业生涯规划的制定。法国退役军人服务机构为退役军人正式退出军队前两年就安排专业的"退役服务职业咨询师"为退役军人进行职业规划指导，每人和一个专业咨询师建立联系，面谈时间为 16—25 小时，每个人建立单独档案。退役军人在专家合理化建议的基础上，依据个体能力特点制订就业或创业方案，交专门委员会评定。专门委员会根据是否适合个体特点做出同意采用或不采用评定结果。这个过程严格保密，军官是否咨询自愿，评定后不想退役可回部队继续服役。

2. 在职业能力评定基础上提供就业培训

退役服务机构在受理了军人的就业或创业方案后，会依据方案确定是否培训。退役军人职业计划被有效确认后，经所在部队同意，即可根据个体情况，带薪休假培训。培训一般为 6 个月，必要时可追加 6 个月。具体分为三类情况：①国防部完全出资的培训。服役年限 4—15 年的职业军人或服役年限在 15 年以上的合同制军人均可享受。国防部职业军人培训中心可提供 30 多种手工技能培训，全国 186 个社会职业培训中心可提供 120 种训练，全国老战士局所属 9 所培训学校专为退役军人转换职业服务。②个人承担部分费用的培训。根据退役军人具体需求，转业署按照公共采购法典对培训项目进行招标，为退役军人提供交通运输、物流、潜艇工程、海底工作和家政服务等专业培训，国防部提供最高不超过 9000 欧元的资助。有些服役 10 年的年轻军官参加学费为4.2 万欧元的 MBA 教育，个人要负担大部分学费。③参加学历班教育。由国防部出注册费和部分学费主要是退役 5 年之内，自己出资并在 16个月内找到工作者，国防部给予不超过 3000 欧元的学费资助。①

在职业培训领域，法国有 160 个职业供军人选择，并且有一套个人职业能力评定系统，为军人能力进行评定并出具官方鉴定。该鉴定在全国范围内有效，并和社会职业能力鉴定具有同等效力。②

3. 全程陪伴服务

在退役军人离开部队的两年时间里，一直有专人陪伴提供就业服务，转业署称为"陪伴工程"，有专门部门负责此项工作，制订陪伴计划。陪伴服务的人员主要有两项职责，提供就业指导、和私营企业或公职部门保持联系。如 2009 年 9 月成立的军人转业署高管分部，有工作人员 12 人，主要负责有意向到私企高管岗位工作退役军官提供人才猎头公司式的就业陪伴服务，可提供职业计划制订、职业能力评估、人职匹配选择、针对性职业培训、向企业推荐、跟踪陪伴等服务项目。分部成立两年来，每年向企业输送 100—130 名退役军官到企业担任高管，成功率为 77.54%。③

———————

① 郭传宣:《法国退役军人安置与培训概况》,《中国人才·转业军官》2011 年第 10 期,第 42 页。

② 罗晶晶:《借东风好扬帆——走进中法退役军官安置与培训制度研讨会》,《中国人才·转业军官》2011 年第 5 期, 第 18 页。

③ 郭传宣:《法国退役军人安置与培训概况》,《中国人才·转业军官》2011 年第 10 期,第 43 页。

（三）法国军官职业能力开发特点分析

1. 以人为本理念贯穿军官职业能力开发始终

人本理念是相对于物本而言的一种管理思想。以物为本视物质为根本，强调人要适应事物，在军官职业能力开发中表现为以军队建设需要为主导，忽略军官个体发展需求。以人为本，即以人为中心，强调人的自由与权利，在军官职业能力开发中体现为军队建设和军官个体发展并重，依据人的特点和需求配置相应的岗位。法国军官的职业能力开发无论是服役期间，还是退役安置时期，均充分考虑军官个体的自由和职业发展，如初级军官学校毕业，个体可以自愿选择兵种和专业，充分考虑个体兴趣和特点，为以后职业能力开发奠定了良好基础。如在退役安置时期的职业能力开发，为每一个拟退役军人配置专业职业咨询师，在咨询师的指导下制订个体职业计划，退役安置中对中高级军官的全程陪伴服务，就业培训过程中的就业培训需求调查分析，处处体现着以军官职业生涯可持续发展为目标，以个体需求为核心的职业能力开发理念。

2. 职业能力培训开发体系层次分明、社会适应性强

法国军官的职业能力开发以初级、中级、高级军事院校为依托，建立层次分明、内容广泛的培训开发体系。如海军军官的专业培训分为三级：①一级专业培训。学员根据本人愿望、才能及兵种需要，选定一个方向，培训完成后将在所选专业任职4年。②二级专业培训。晋升为上尉军衔后，军官要参加二级专业培训，在中级军事院校培训，内容包括本兵种军事设备等相关课程和政治、国际关系、通信等课程。③三级或以后的培训。对资深海军军官要求他们在职业生涯中到诸军种防务学院学习更高级别的知识。

法国军官的培训开发体系不仅考虑军官服役期间的军人职业需求，而且还考虑军官退役后的社会适应性。为此，法国将军事教育纳入国家教育体系，这是其独有的特点。军人在军队院校学习，不是获取军队的学历，毕业时要邀请军队和地方专家组成毕业考试委员会，对学员进行口试、笔试和答辩，授予与地方高等院校相同的学历。①

3. 就业培训基于培训需求基础上开展

法国退役军官实施就业培训前，进行充分的培训需求分析，既考虑

---

① 刘志生主编：《外军军官能力建设概况》，解放军出版社2005年版，第147页。

了学员的个体需求，又提升了培训效果。通常是在对退役军官个体职业计划有效确认基础上，根据个体素质能力特点决定是否需要培训，需要培训哪些内容，使培训的课程目标和内容针对性更强，直接提升退役军官拟就业岗位的职业能力，有效提高了就业成功率。

4. 完善组织机构保障军官职业能力开发的顺利实施

法国军队的人事管理机构分两级设置。国防部设有直属的人事管理机构约 20 个，其中国防部将官局统一管理全军的将官，对将官的选拔、任用、退留等有权提出建议，决定权在"审选委员会"。法国的陆、海、空军种参谋部均设有人事局，负责制定执行本兵种校、尉军官的行政管理条令、拟订调配计划，制订晋升、奖励培训方案等，协调岗位轮换，为现役军官的职业能力开发提供组织保障。①

2009 年前，退役军人的职业能力开发及再就业工作由国防部人事司职业教育处和第二次就业安置处负责协调全军退役军人转业工作，各兵种人事部门均设立退役军人再就业指导、培训工作机构。2009 年以后，国防部精简编制、整合职能和组织机构，撤销了各军种转业安置部门，在国防部人事司下成立"国防流动"军人转业署，设有咨询交流、企业安置、公职部门准入、预算财务、后勤综合行政和陪护工程设计 6 个处室和 1 个企业高管分部，设有 1 个退役军人职业培训中心，为退役军人提供就业技能培训和个性化陪伴服务。转业署总部设在巴黎，在法国 10 个大城市设有促进退役军人服务中心，51 个军事基地设有分支机构，形成覆盖全国的退役军人服务体系，对退役军人的职业能力开发和再次就业提供实施保障。②

五　日本退役自卫队员职业能力开发

日本作为第二次世界大战战败国，在第二次世界大战后军队被解散，军事机构被取消。1950 年随着朝鲜战争的爆发，日本在美国的授意下重新组建军队，但只能称为日本自卫队。自卫队采取"文官优先制"，文官控制军队。日本自卫队员分为职业队员和合同制队员。

日本自卫队军官来源主要有三个渠道：①防卫大学毕业生。防卫大学是自卫队培养初级军官的唯一正规学校，每年招收 500 多名学生，是

① 刘志生主编：《外军军官能力建设概况》，解放军出版社 2005 年版，第 137 页。
② 郭传宣：《法国退役军人安置与培训概况》，《中国人才·转业军官》2011 年第 10 期。

自卫队军官的主要来源。学生经过 4 年军事、理工、文化教育后，分别到各兵种干部候补生学校接受 6—12 个月的干部候补生教育，任命为少尉军官，到自卫队任职。②地方大学毕业生。来自地方大学的毕业生入伍后要进入各兵种干部候补生学校学习 12—18 个月，之后被提升为少尉军官，主要承担后勤或技术工作。③从士兵中提拔。这部分军官目前占军官总数的 40%，大都有 5 年以上士兵生活经历，具有部队基层工作经验，但普遍文化水平不高、年龄偏大，因此大都在下、中层任职，很难升到高级军官。

日本军官正式任命前必须经过各兵种干部候补生学校培训后才可任命；在以后职业生涯中，必须经过院校培训合格才可晋升。由此，培训学习成为日本自卫队军官服役期间职业能力开发的主要渠道。

（一）日本自卫队军官服役期间职业能力开发

1. 以院校为依托构建军官培训教育体系

日本自卫队重视军官的智力投资，认为通过教育培训提升军官的素质和能力，其收益高于武器装备投资。日本自卫队共有 33 所院校，平均 8000 名军官一所，在校学习人数占全体军官总数的 10%。自卫队院校共分为兵种专业学校、初级军官学校、中级军官学校、高级军官学校四个层次。① 在职各级指挥官通过推荐入校学习，基层军官学习初级课程，中层军官学习干部特技课程，高级军官学习干部高级课程、指挥参谋及技术高级课程。

2. 注重通过在职岗位培训提升综合能力

1985 年 9 月，日本成立了"确保培养自卫官人才研究会"，研究自卫官能力培养并提出教育训练改革报告，不少建议很快付诸实施。鼓励、提倡军官进行业余学习军事科学知识和文化知识，提升自身素质能力。具体通过到地方大学或短期大学"夜间部"学习、函授教育和电视教育、自学方式进行在职学习。对中高级军官进行合成指挥教育和英语教育，注重科学文化知识和必备的任职能力、指挥艺术和管理技能的培养，同时通过岗位轮换和交流提升军官综合能力。

（二）自卫队退役军人退役安置过程中的职业能力开发

日本军官属于职业自卫队员范畴，其退役分为两种：一是自愿退

---

① 刘志生主编：《外军军官能力建设概况》，解放军出版社 2005 年版，第 244 页。

役，即军官服役达到一定年限即可申请退役。依照规定，尉官军龄 18 年以上者，校官、将官军龄 20 年以上者，均可以自愿申请退役。二是强制退役，即各军衔的军官达到法定最高服役年龄必须退役，日军把这种条件称为"定年制"。日军规定，参联会主席、军种参谋长为 60 岁，中将为 58 岁，少将为 56 岁，上校为 55 岁，中校和少校为 54 岁，上尉、中尉和少尉均为 53 岁。①

日本合同制自卫队员在合同期满时可以退出现役；也可根据个体志愿和服役期间表现及健康状况续签服役合同，续任合同一般为期两年，最多可续签 3 次。

无论是合同制自卫队员，还是职业自卫队军官，退出现役后为保持生活水平，大多需要再次就业。日本自卫队军人退役安置时职业能力开发主要通过技能训练、就业辅导、专业教育、职业推荐等途径开展就业支持服务。具体服务项目见表 5 - 11，服务流程见图 5 - 5。

表 5 - 11　　　　　　日本自卫队退役军人就业支援项目及内容

就业支援项目	具体内容
技能训练	主要训练对象为满 3 年的士兵及退役前两年的军士、准尉。通过训练，掌握一项技能，达到有关资格考试标准。如车辆维修、焊接、电工、管道工等
汽车驾驶训练	所有退役军人中有学习驾驶技术意愿的人员。自卫队有 50 个训练场提供培训
业务管理教育	主要对象为即将退役的自卫官和军士，主要内容为经营管理知识
就业辅导教育	通过讲座、授课等形式开展辅导，主要内容为职业选择、企业现状
通信教育	使退役人员掌握通信知识
职业适应性检查	对退役自卫队员进行身体检查、心理素质等相关测试，提出就业指导建议
援护负责者教育	提高就业训练支援部门工作人员自身素质的教育训练
企业主招待	定期邀请地方企业家到部队沟通交流，为退役人员再就业创造条件
退休前调动	根据退役人员本人意愿，在其退役前 1 年将其调往退役后定居地附近的部队服役，以便于退役后安置
就业帮助	防卫厅监督下成立的财团法人自卫队支援协会，免费为退役自卫队员介绍职业，该协会在日本设有 7 个支部

资料来源：依据田小文主编《外国兵役制度概览》（军事科学出版社 1997 年版）第 163—164 页整理。

———————

① 朱建新等：《军官制度比较与改革》，军事科学出版社 2006 年版，第 272—273 页。

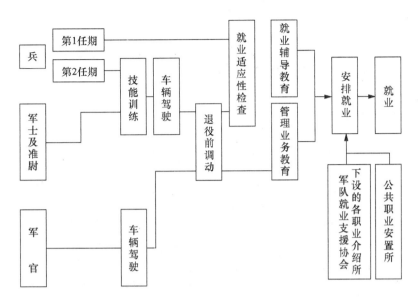

图 5 - 5 退役军人就业支持服务流程

日本自卫队根据自卫队员具体情况，在可能退役前两年，就开始在军内进行民用技术训练和军外公共职业训练，前者 3 个月，后者 6 个月，目的是使受训人员都能较熟练地掌握一项技术，并达到国家考核合格的初级技术水平。对一年后要退役的军官，针对企业顾问和各级职员的岗位需求，进行 5 周的管理业务培训；在离队前的 3—6 个月还要举办"就业指导讲座"。[①] 退役军人就业支持服务流程如图 5 - 5 所示。[②]

表 5 - 11 和图 5 - 5 内容显示，日本退役军人就业支持服务具体、针对性强，有明确具体的流程规范，有利于保障退役军人职业能力开发的执行性和开发效果。

（三）日本退役自卫队员职业能力开发的特点

为了保障退役军人顺利完成向社会的职业转换，日本成立了专门机构负责退役军人的职业能力开发和就业支援工作，这是日本在职业能力开发中最显著的特点之一。防卫厅人事局人事第二课，专门设有协助就

---

① 白虎虎：《日本军官退役制度概览》，《中国人才·转业军官》2012 年第 2 期，第 35 页。

② 曹俊：《中国特色退役军官安置制度建设研究》，博士学位论文，武汉大学，2010 年，第 149 页。

业计划室;陆海空三军自卫队参谋部人事部门也设有职责相同的业务
课;地方团体成立"自卫队协助就业协会"。具体组织机构设置如图
5-6所示。①

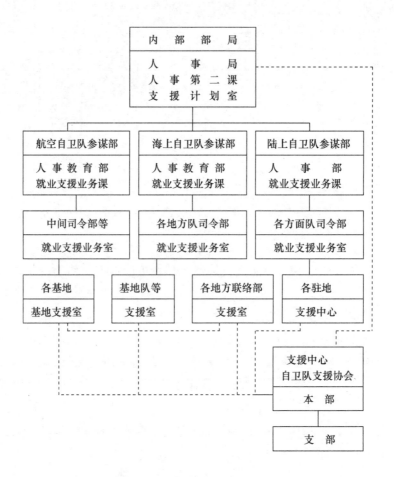

图 5-6   日自卫队就业支援组织

图 5-6 显示,日本内部部局下的人事局负责退役自卫队员退役就
业支援工作,指导协调陆海空各兵种的就业支援工作。陆海空就业支持
工作具体在防卫厅统一领导下开展,各自设立就业支援业务课,协助部

---

①　田小文主编:《外国兵役制度概览》,军事科学出版社 1997 年版,第 162 页。

队和院校组织实施就业支援活动。支援中心、自卫队支援协会为退役军人就业支援提供业务服务与支持，支援中心和自卫队支援协会设有本部和支部，形成覆盖广泛的就业支援组织体系。

自卫队各级协助就业机构同劳动省及下属的地方政府职业安置机构通力合作，以保证落实退役官兵就业安置计划的实施。日本自卫队的就业训练和就业支援得到了国家劳动省的密切支援与协助。各级支援组织也相应地与各地区劳动部门和有关企业建立了密切的联系，形成了一个从上到下、从军内到军外的相互支持、密切协调的退役人员就业服务网络，保证了就业训练的顺利实施。具体军地就业支援服务联系状况如图5－7所示。①

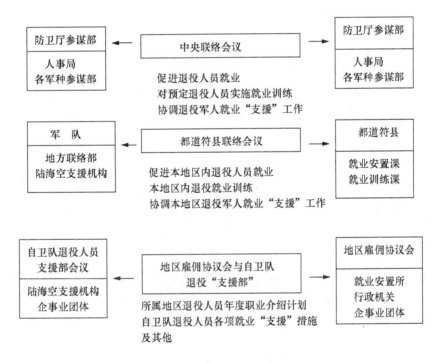

图 5－7　军队系统和地方劳动部门对退役军人的"就业支援"

---

① 田小文主编：《外国兵役制度概览》，军事科学出版社 1997 年版，第 163 页。

第三节　中外退役军人职业能力开发比较分析

一　各国退役军人职业能力开发比较分析

（一）各国退役军人职业能力开发整体比较分析

由于各国社会发展的政治、经济、文化状况不同，社会历史背景不同，在退役军人职业能力开发上各自有其特点与优势，对此可从主体、组织机构、内容、途径和时间进行比较分析，探寻退役军官职业能力开发的规律。具体见表5－12。

表5－12　　　　　　中外退役军官职业能力开发比较状况

国家	主体	组织机构	内容	途径	时间
中国	以政府安置部门为主导、军队、高校和社会培训机构参与	①全军转业办 ②军区转业办 ③国务院军队转业干部安置工作小组 ④政府转业办	服役期间侧重军事知识和军事技能；退役安置侧重适应培训、管理知识	就业培训 就业推荐 职业培训	始于退役离队，终于转业安置工作结束
美国	以军队为主导、政府就业机构、高校、社会培训机构参与	①退伍军人事务部 ②劳工部退役军人就业委员会 ③国防部军转民办公室	服役期间科学文化知识和军事知识并重；退役侧重就业技能提升	上学深造 职业培训 就业指导 就业培训 就业推荐	在服役期间相关知识储备基础上，退役前两年开始退役就业支持服务
俄罗斯	以军队为主导、政府就业机构、高校、社会培训机构参与	①国防部教育工作总局干部培训部 ②总干部退役培训中心	注重科学文化知识基础，获取与地方相同专业一致的毕业证书；退役时侧重拟就业岗位能力	国家出资培训 国防部培训中心培训 社会培训 与国外合作培训	依据个体需求退役前两年开始就业培训

续表

国家	主体	组织机构	内容	途径	时间
英国	以军队为主导、政府就业机构、高校、社会培训机构参与	①陆海空退役军人安置与就业联络办公室 ②军官联合会 ③正规军就业公司	服役期间注重科学文化知识储备；退役安置侧重管理技能和劳动技能培养	与社会咨询服务公司合作，建立转业合作公司提供退役就业支持服务	退伍军人依据个体需求，退伍前6个月至两年向谋职服务处提出支持申请
法国	以军队为主导、政府就业机构、高校、社会培训机构参与	①国防部人事司"国防流动"军人转业署 ②转业署下设的促进退役军人服务中心	专业职业指导，依据退役军人职业计划确定培训内容	一对一全程就业指导，职业培训，学历教育	退役的前两年安排专业退役服务职业咨询师进行职业规划指导
日本	以军队为主导、政府就业机构、高校、社会培训机构参与	①防卫厅人事局人事第二课 ②陆海空三军自卫队参谋部人事部门	民用技术和地方公共职业训练，如经营管理知识、技能	就业指导，就业培训，就业推荐	可能退役的前两年开始在军内进行就业训练

基于上述梳理比较可以发现，服役期间注重军官科学文化知识积累、拓宽退役后就业渠道，退役安置职业能力开发以军队开发主体为主导及完善的组织机构保障实施，退役军人职业能力开发两年周期及充分考虑个体需求，是世界发达国家退役军官职业能力开发的共同特点。由于各国在服役期间就考虑了军官退役后的社会适应性和职业生涯发展的需求，注重通用人力资本的积累，退役军官再经过退役安置时的两年就业能力开发，到离开军队时已成为既具备地方职业能力，又具有军人职业特殊素质的人才资源，均可顺利再次就业。

（二）中外退役军人职业能力开发主体地位比较

综观各国退役军人职业能力开发主体，通常包括军队、政府就业服务机构、高校和社会培训机构等。与我国比较而言，职业能力活动的参与者基本没有差异，主要区别在于军队在开发主体中的地位与作用不同。各国的军队在开发过程中均处于主导地位，在职业能力开发的组织实施过程中发挥着核心作用。而我国军队在转业军官职业能力开发过程中居于辅助地位，对职业能力开发活动支撑不足。

各国军队在职业能力开发过程中，在职业规划咨询服务、职业培训组织协调等方面发挥着核心作用。美国要求军人在服役期间缴纳1200美元作为退役后上大学、参加就业培训和各类职业能力提升活动助学基金，国家根据服役期限给予退役军人相应助学津贴。这些活动均由军队负责组织实施。俄罗斯军官退役前的就业培训，由国防部教育工作总局干部培训部根据军官的具体申请为其联系培训教育院校或培训机构进行培训。英国在军队设立安置官职位负责退役军人就业支持方案设计和实施的组织协调，负责联系转业合作公司对退役军人给予各类就业支持。法国在国防部人事司设有职业教育处和第二次就业安置处负责协调全军退役军人转业工作，2009年后整合为"国防流动"军人转业署，同时设有国防部军人职业培训中心，可承担30多种手工技能培训。

我国军队在转业军官职业能力开发过程中居于次要地位，起辅助作用。从机构设置及职责看，《军队转业干部安置暂行办法》第八条规定："解放军总政治部统一管理全军干部转业工作。军队团级以上单位党委和政治机关负责本单位干部转业工作。省军区（卫戍区、警备区）负责全军转业到所在省、自治区、直辖市干部的移交，并配合当地党委、政府做好军队转业干部安置工作。"由此可知，转业军官转业安置工作在军队中由管理干部的政治部、单位党委负责，并没有专门的转业安置机构。现实中虽然全军、后勤、装备等部门设有转业干部办公室，但大多非实体机构，主要负责安置计划的协调与下达。从职业能力开发活动看，国转联〔2008〕5号文件明确规定部队政治机关具体负责离队前教育培训工作，进行政策形势、组织纪律、法规、保密等方面的教育，以及必要的择业指导和专业技能培训，为军队转业干部顺利到地方转岗打好基础。但从现状看，部队各级转业安置部门编制少人手紧，缺少军队转业军官专业的培训机构，特别是军以下单位，普遍只有一名干部负责转业安置工作，力量比较薄弱，择业指导、专业技能培训难以顾及。由此可知，军队目前的组织机构及开发认知决定了军队在转业军官职业能力开发系统中的地位和作用。

（三）中外退役军人职业能力开发模式比较

各国退役军人职业能力开发模式由于其各自的社会经济发展、社会文化及其历史条件的不同，开发模式也有所差异，但教育、培训和就业服务则是其共同特征。由此，各国退役军人职业能力开发模式可归纳为以下几种。

1. 就业培训

就业培训模式是通过教育训练方式为就业者提供特定职业专业知识、专业技能学习和培养训练。就业培训是各界各国退役军人职业能力开发普遍采用的主导模式，但具体组织方式、实施路径有所不同。美国通过教育资助方式由退役军人选择参加高技术训练、学徒工作训练、专项计划培训、创业培训等专业技术、技能学习开展就业培训。俄罗斯由个人提出申请、国家出资、军队负责联系培训机构进行就业培训，分为国家、军队、社会协助、国外合作四种类型培训。英国由转业合作公司组织实施就业培训，涉及 40 种和谋职相关的课程，70% 可获得社会职业资格①，国家支持培训贷款。法国在退役军人就业或创业方案的基础上，通过职业能力测评决定是否进行培训，具体由国防部组织实施，退役军人以带薪休假方式完成培训。日本对可能退役军人，在退役前两年通过军内民用技术训练和军外公共职业训练展开就业培训。

2. 就业服务

就业服务模式是通过咨询信息服务、培训、测评职业能力、就业指导等方式为退役军人提供各种就业支持。这种模式是各国常用的职业能力开发模式，旨在帮助退役军人快速完成职业转化，获取适合的就业岗位。美国的就业服务以项目全面而著称。美国国防部通过设置在全国各地的"军转民办公室"专门为退伍军人提供全方位再就业服务，包括提供就业咨询和各种帮助、协助评估业务能力、就业市场调研、建立就业互助关系、介绍退役军人的权利和各种福利待遇、就业前期培训、提供就业岗位信息、协助安置求职面试和工资谈判等。英国就业服务以具体细化形成自己特色。英国为了保障每个退伍军人有效享有退伍服务，制定了《退伍军人指南》，非常详细、明确了不同服务期限退伍军人所

---

① 邹军誉等：《退伍军人指南》（英国），载《国外优抚安置制度精选》，中国社会出版社 2003 年版，第 258 页。

能享受的就业服务项目，并有安置官负责解释，具体通过转业合作公司的专题讨论会、配置就业顾问、提供海外支援服务、课程培训、军转民活动等方式进行服务。法国的全程陪伴服务颇具特色，法国在退役军人离开部队的两年时间里，由专门部门配置专人制订陪伴计划、提供全程陪伴就业服务，包括就业指导、联系就业岗位服务两项职责。

3. 学历教育

学历教育模式即由军队为退役军人提供教育资助，支持其完成高等学历教育，获得职业发展所需的专业能力。学历教育模式以美国为代表，1944 年 6 月的《第二次世界大战军人权利法案》开启了联邦政府向退役军人提供教育资助的先例。在以后军人权利立法过程中，资助退伍军人接受教育训练成为联邦政府的永久性政策，而且资助对象日益扩大，资助标准逐步提高，资助教育类型由最初的学历教育逐步扩大到各种就业技能培训和专业技能资格教育。1956 年 7 月 25 日《第二次世界大战军人权利法案》终止执行时，根据退伍军人事务局的统计，共有223.2 万名退伍军人在该法案资助下接受了高等教育。[①] 这不仅给美国高等教育带来了巨大变化，而且有效提升了退伍军人的职业能力，增加了其退役后的就业机会。

4. 职业规划服务

职业规划服务模式是依据退役军人个体需求和职业能力状况，指导退役军人科学制定退役后的职业发展规划。各国在退役军人职业能力开发过程中均采用职业规划服务模式，但服务支持的程度不同，法国是职业规划服务模式的典型代表。法国为每个退役军人配置专业的"退役服务职业咨询师"进行职业规划指导，进行一对一面谈，制订就业或创业方案，由专门委员会评定。这个过程严格保密，并建立个人单独档案，评定后不想退役可回部队继续服役。

我国转业军官职业能力开发模式以就业培训、就业服务为主导模式，学历教育、职业生涯规划服务模式没有规范开展。与国外其他国家比较而言，我国职业能力开发模式的多元化、能力开发的介入程度尚有较大距离。

---

① 王书峰：《美国退役军人教育资助政策形成与变迁研究》，广东高等教育出版社 2009年版，第 92 页。

就业培训模式也是我国转业军官职业能力开发的主导模式,目前分为离队前、离队后两个阶段培训。离队前培训由军队组织完成,主要内容为转业政策。离队后培训计划安置、自主择业转业军官分别展开就业培训。计划安置转业军官培训包括全员适应性培训、专业培训和素质提升培训;自主择业转业军官主要进行就业、创业培训。两类转业军官就业培训均由转业军官安置部门组织实施,由国家出资。但我国就业培训针对性不强,培训主体单一,社会培训机构参与不够,培训方法仍以集中或网络授课为主导,把就业培训作为一项安置任务完成,缺乏职业能力开发理论的科学指导,也缺乏就业、职业发展过程中的持续培训,通常随着安置工作的结束而结束。

就业服务作为我国自主择业转业军官职业能力开发的主导模式,无论就业服务的项目,还是作为就业服务保障的组织机构,与美国、法国全面的服务项目、遍布全国的各个层次的就业服务机构网络而言都存在着很大的差距。从服务项目看,我国的就业服务主要是安置时组织转业军官招聘会、日常提供网络就业信息、建立就业基地等方式,这与国外配置专业求职顾问、择业和面试指导、专项就业支持、建立就业互助关系等项就业服务效果有很大距离;从就业服务机构看,我国主要在省、市政府安置部门建立就业服务机构,既没有专门为转业军官服务的就业服务机构,也没有充分运用遍布全国的公共就业服务网络机构。由此,自主择业转业军官的就业、求职主要依靠个体及其人脉资源来完成。

学历教育模式在我国主要是退役军人的个体行为,国家不提供资助。报考高等院校可享受国家政策规定的同等分数下优先录取或加分的权利,学历教育开发模式处于自发状态。这与美国的国家资助退役军人完成高等学历教育模式在开发规模、开发规范性、开发效果方面均有较大差距。

职业生涯规划服务模式在我国目前主要通过开设职业生涯规划设计、求职技巧课程的方式开展,没有一对一的职业生涯规划设计服务。这与法国的一对一职业生涯发展规划设计指导相比,无论针对性、规范性,还是专业性均有较大的提升空间,这也是我国职业能力开发模式需要加强的地方。

（四）中外退役军人职业能力开发环境比较

各国退伍军人职业能力开发大多具有整体或某一方面良好的开发环

境。美国退伍军人职业能力开发法律环境优良，美国对退役军人的教育、训练的资助政策就是通过立法推动的，美国对各种就业支持服务均有法可依。俄罗斯退役军人享有很高社会地位，《军人地位法》明确了退役军人在就业、教育、住房等方面享有优厚的社会保障，形成了全社会关注、重视退役军人权益的良好社会氛围。法国退役军人职业能力开发以人本理念为宗旨，充分考虑退役军人个体需求，依据个体需求、能力测评进行针对性能力开发，形成了良好的职业能力开发文化环境。美国、英国、日本则有专门的退役军人就业服务机构，并通过制度规范服务机构的设置和职责，形成了良好的退役军人职业能力开发的制度环境。

我国转业军官职业能力开发的政治环境良好，国家非常重视，一直作为政治任务来开展，但法律政策环境、文化环境尚需优化。从法律政策环境看，目前法律位阶最高的是行政法规，即2001年颁布实施的《军队转业干部暂行办法》，其他大多属于部门规章或政策文件，需要制定专门的转业军官职业能力开发的相关法律，保障转业军官就业培训等权利；从文化环境看，目前社会对自主择业转业军官知之甚少，有很多人都不知自主择业转业军官这个群体，对计划转业军官也了解不足，关注、宣传转业军官群体的社会媒体不多，社会学者对这个群体研究得也非常少，需要全面营造转业军官职业能力开发的社会氛围。

二　国外退役军人职业能力开发的有益借鉴

综观各国退役军官职业能力开发的现状，可以看出各国非常重视退役军官的职业能力开发。不仅有完善的法律体系保障退役军官的职业能力开发权利，而且建立完善的组织机构给予实施保障，并且将退役军官整个职业生涯的可持续发展作为开发的出发点和落脚点，依托军事院校和地方高校及社会职业培训机构形成广泛、系统的职业教育平台，为我国转业军官可持续发展职业能力开发提供了有益借鉴。

（一）重视军官职业能力基础素质的开发

美国、俄罗斯、英国、法国、日本五国均实行志愿兵役制，入伍是公民个体的一个职业选择。因此，各国均在通过优厚的薪酬福利待遇吸引优秀人才入伍的同时，实施严格的军官选拔制度，而军官在服役期间，参加相应层次的培训成为晋升的必要条件，在各个层次培训中都非常重视科学文化基础知识的积累，如美国西点军校的全体学员必修公共基础课多达 31 门。各国注重人力资本通用性培养，以保证军官素质高于社会平均水平。美国现役军官全部拥有学士学位，硕士以上学位占 42.4%。① 而我国现役军官的培养比较侧重军事基础知识和专业知识，较少考虑军人职业以外的其他知识储备。

（二）以军事院校为主、高等院校为辅构建职业能力开发平台

美国为丰富军事院校课程，经选拔军官可到地方高校进修，攻读学位；军人退役后可由国家资助到地方大学上学深造，以提高职业能力。法国有 150 余所军事院校，平均 3700 名军官一所，军官除接受军事院校培训外，还可免费参加地方院校在部队开办的分校或学习班，鼓励军官参加地方高校的函授教育，由国家承担学费。各国在退役军官就业培训过程中，均有效依托高等院校和社会职业培训机构搭建就业培训平台。而我国军官在服役期间的培训主要以军队院校为主，与地方高校合作开展的高层次培训不多，转业军官退役安置就业培训以转业军官培训中心为主，高等院校、社会职业培训机构参与少，参与程度不深。

（三）注重退役军人职业能力开发的系统性

美国、俄罗斯、英国、法国和日本五国贯彻以人为本开发理念，都非常重视军官职业能力开发的系统性：一是注意服役期间军人职业和退役之后职业能力需求差异性，服役期间既注重军人职业能力开发，也关注其他职业能力开发；二是职业能力在服役期间和退役后都以军队为主导进行职业能力开发，既保证了开发的连续性、有效性，也便于组织实施。

我国转业军官职业能力开发在服役期间仅关注军人所需要的职业能力，忽略其他职业所需要的素质能力，往往是军人退役安置时才进行其他职业能力开发，这时转业军官年龄偏大，已经过了职业能力开发的最佳时期。而且，军队转业安置部门仅进行简短的适应性培训，主要是安置政策、形势及职业指导等内容，而作为职业能力开发的主要渠道就业培训、就业服务则由地方政府转业军官安置部门负责实施，使我国转业军官职业能力开发的系统性被人为割裂，成为马路警察、各管一段。这样，既不能保持转业军官职业能力开发的系统性，也由于地方安置部门的约束性不足对组织实施带来困难，导致就业支持效果不佳。

---

① 朱建新等：《军官制度比较与改革》，军事科学出版社 2006 年版，第 77 页。

（四）注意保持退役军人职业能力开发的一体性

各国军官和士兵的职业能力开发在服役期间有所不同，但各国退役安置时的职业能力开发则保持了一体性。各国退役军官和退役士兵在享受退役支持服务项目时有的国家有所差别，如法国中高级军官可享受"全程陪伴服务"。有的国家退役军官和士兵在享受退役就业服务时则不以军官、士兵作为享受服务项目的依据，而是以服役年限作为享受就业服务项目多少的依据，英国分为全部退役军人、服役 3 年以上、服役 5 年以上作为享有就业服务项目不同的标准，法国是以 4 年为界，分为 4 年以下和 4 年以上两个标准。

我国退役军人安置军官和士兵是两个独立的系统，不仅安置政策、安置方式、安置待遇不同，而且安置实施组织机构也不同，军官安置由人力资源和社会保障部门的转业军官安置部门负责，士兵安置则由民政部相关部门负责。这样，军官和士兵由在部队时的一个系统管理，到退役时成为独立的两个部门管理，不仅不利于退役军人职业能力开发的整体性，而且造成管理部门人力资源浪费。

（五）以法律推动退役军官职业能力开发

美国是法治国家，因此美国退伍军人职业能力开发自始至终以立法推动。退役军人教育资助政策的不断完善过程，就是在《第二次世界大战军人权利法案》《1966 年军人权利法案》《蒙哥马利军人权利法案》《1994 年武装力量人员就业和再就业权利法案》《2001 年退役军人教育与利益扩大法案》等一系列法律实施过程中完成的。俄罗斯的《军人地位法》，法国的《军人普通地位法》《公民和军人退休法》《军人社会保险制度法令》等，日本的《自卫队法》、英国的《退伍军人指南》为退役军人职业能力开发提供了法律依据，保障了退役军人相关权利。

目前，我国虽然有《中华人民共和国现役军官法》《中华人民共和国国防法》《中华人民共和国兵役法》对退役军人的退役条件、退役待遇等做出明确规定，但都较为原则。关于退役军人安置的法律目前只有《退役士兵安置条例》《军队转业干部安置暂行办法》两个法律性文件，在法律效力层面上属于行政法规的范畴，还没有上升到法律位阶效力层次，尤其是退役军官安置法规还是暂行的。而上述五国的安置法律效力位阶较高，均属于法律层面，其权威性、稳定性较强。

（六）以高级别专门的组织机构负责退役军人安置

美国由退伍军人事务部负责退役安置，国防部设有军转民办公室；俄罗斯国防部教育工作总局干部培训部负责退役培训，并设立总干部部退役培训中心；英国虽然没有设置政府机构，但由陆海空退役军人安置与就业联络办公室、军官联合会、正规军就业公司等社会组织负责；法国由国防部人事司"国防流动"军人转业署负责，转业署下设促进退役军人服务中心；日本由防卫厅人事局人事第二课负责，并且陆海空三军自卫队参谋部人事部门负责安置培训。这些退役安置机构美国由政府部门设置，法国、俄罗斯、日本均由国防部门设置，其统一协调力度较高。

我国目前退役安置机构由全军转业办、军区转业办、国务院军队转业干部安置工作小组、各级政府转业办负责安置实施。虽然军队、地方安置机构均有设置，但军队安置机构的地位、人员配备不能满足安置需求，而国务院军队转业干部安置工作小组只是国务院一个议事机构，统一、协调力度不足。因此，我国需要一个在国防部或国务院设置退伍军人安置的独立部门，为转业军官和退役士兵统一提供安置服务和就业支持。

比较分析世界各国退役军人职业能力开发的特点优势，反思我国转业军官职业能力开发的不足，借鉴其他国家职业能力开发的先进理念和开发途径，有利于提高我国转业军官职业能力开发的实效，引导更多转业军官选择自主择业安置方式，从而推动我国转业安置制度改革向纵深推进。

第六章 转业军官职业生涯可持续发展职业能力框架

职业能力框架是个体履行职责、完成工作任务所具备的各种能力组成的系统。职业能力有广义和狭义之分，从广义而言，职业能力通常指履行岗位职责所需要的知识、技能和心理特征的总和。可持续发展职业能力框架的构建以广义意义上的职业能力外延为依据，包括知识、技能和心理特征三部分。研究转业军官可持续发展职业能力框架，分析转业军官职业生涯可持续发展的职业能力架构，可为转业军官可持续发展职业能力开发提供理论依据。

第一节 转业军官退役时职业能力框架

转业军官退役时职业能力框架，是转业军官个体在服役期间形成的各种能力构成的系统。分析其构成因素及特点，有助于科学构建转业军官可持续发展职业能力框架。

一 我国转业军官职业能力现状

转业军官职业能力现状应以近期数据为依据研究，故选择北京市2012年转业干部职业能力状况作为研究依据，并且北京市作为我国的首都，其接收的转业军官职业能力状况也代表了较高的水平。为此，课题组对2012年北京市139名计划安置转业军官年龄、学历、知识、技能、择业心理、获取就业机会等方面的职业能力状况进行了调查，基本情况如下。

（一）转业军官年龄状况

转业军官转业时，70.8%的人年龄在31—40岁，具体分布状况如表6-1所示。

表 6 - 1 转业军官年龄状况分布

选项：您转业时的年龄是	小计（人）	比例（%）
C. 36—40 岁	50	36.49
B. 31—35 岁	47	34.31
D. 41—45 岁	22	16.06
A. 26—30 岁	17	12.41
E. 46—50	1	0.73
F. 51 岁以上	0	0
本题有效填写人次	137	

按照萨帕的职业发展理论，25—44 岁为职业确立阶段，分为承诺和稳定、提升两个周期，其中 25—30 岁为承诺、稳定期，31—44 岁为提升期。这一阶段的主要任务是发现自己新期望的工作机会，学会与他人相处，巩固已有的地位并力争提升，保障职位并使其稳定下来。依据表 6 - 1 数据，转业军官中 99.27% 属于职业发展阶段中的稳定、提升期，在提升期的占 86.86%，也就意味着在职业生涯发展的黄金时期转业军官却面临着重大职业转换，其前期积累的职业经验很多在职业转换后无法持续发挥作用。这相对于其他人力资源而言，既是一个特点，也是一个弱点。

（二）转业军官学历状况

转业军官入伍时，53.24% 为高中中专学历，25.18% 为大学本科学历，在他们转业时大学本科学历比例增加到 64.44%，增加了 39.26 个百分点；高中中专以下学历比例下降为 0。具体分布状况见表 6 - 2 和表 6 - 3。

表 6 - 2 转业军官入伍时学历分布状况

选项：您入伍时的文化程度是	小计（人）	比例（%）
D. 高中中专	74	53.23
B. 大学本科	35	25.18
A. 研究生	16	11.51
C. 专科	8	5.76
E. 初中	5	3.60
F. 小学	1	0.72
本题有效填写人次	139	

表 6-3 转业军官转业时学历分布状况

选项：您转业时的文化程度是	小计（人）	比例（%）
D. 大学本科	87	64.44
C. 硕士研究生	36	26.67
B. 博士研究生	9	6.67
E. 专科	2	1.48
A. 博士后	1	0.74
F. 高中中专	0	0
G. 初中	0	0
H. 小学	0	0
I. 其他	0	0
本题有效填写人次	135	

这一变化显示，转业军官服役期间，普遍接受了高等教育，文化素质普遍提升，成为我国人力资源中文化素质较高的群体，加之军营的特殊锤炼，具有较大的开发潜力。

（三）转业军官知识状况

转业军官在服役期间学历状况普遍提升，其获取的知识主要为军事知识、马克思主义理论知识、管理知识，具体分布状况如表 6-4 所示。

表 6-4 转业军官知识分布状况

选项：您在服役期间获取的知识	小计（人）	比例（%）
A. 军事知识	107	77.54
B. 马克思主义理论知识	98	71.01
G. 管理知识	95	68.84
F. 计算机网络知识	83	60.14
I. 写作知识	75	54.35
D. 法律知识	53	38.41
J. 其他知识	50	36.23
H. 外语知识	40	28.99
C. 经济知识	25	18.12
E. 金融知识	16	11.59
本题有效填写人次	138	

这种状况和军人职业特点密切相关。军事知识就是军人职业的专业知识，是每个军人的必备知识；而马克思主义理论知识则是军人职业过硬政治素质的要求，承担保卫国家职责的军人必须忠于国家，马克思主义作为我国社会主义建设的指导思想，也是军人必备的知识；管理、计算机知识则是随着现代科学技术发展对整个社会管理包括军队管理的客观需求，是适应现代社会发展的必备知识。与此相应，转业军官在服役期间提升最快的素质也是政治素质、心理素质。具体素质提升分布状况见表6-5。

表6-5　　　　　　　转业军官服役期间素质提升状况分布

选项：您服役期间提高最快的素质是	小计（人）	比例（%）
A. 政治素质	116	85.29
C. 心理素质	107	78.68
D. 身体素质	76	55.88
B. 知识素质	65	47.79
E. 智力素质	31	22.79
F. 其他素质	25	18.38
本题有效填写人次	136	

依据表6-5的数据，可以看出转业军官在服役期间的政治素质、心理素质、身体素质提升最快，这也是由军人职业特点所决定的。

（四）转业军官能力状况

转业军官服役期间提升最快的能力为执行能力、组织计划能力、适应能力、协调能力、沟通能力，在调查问卷的该选项中位居前五位。具体分布状况如表6-6所示。

表6-6　　　　　　　转业军官服役期间提升最快的能力

选项：您服役期间提升最快的能力是	小计（人）	比例（%）
C. 执行能力	106	77.94
A. 组织计划能力	105	77.21
G. 适应能力	98	72.06
B. 协调能力	96	70.59
I. 沟通能力（书面、口头）	69	50.74
D. 决策能力	66	48.53

续表

选项：您服役期间提升最快的能力是	小计（人）	比例（%）
J. 观察能力	62	45.59
F. 指挥应变能力	61	44.85
E. 创新能力	37	27.21
H. 激励能力	30	22.06
K. 其他能力	23	16.91
本题有效填写人次	136	

表6-6的数据显示，转业军官执行能力、组织计划能力较强，这个结果在社会中普遍获得认同。但适应能力、协调能力、沟通能力会产生一些质疑，这个差异主要是调研样本对各项能力理解不同所致。适应能力如果从生存环境维度而言，军人无疑是最强的，但地方所理解的适应能力更多的是指工作环境、生活环境发生变化后调整、变化能力，这对军人而言不是强项，多年的军人职业使他们不容易适应地方工作环境，这也是有些自主择业转业军官宁愿赋闲在家，也不愿调整自己的原因。沟通的效率在军队组织中是最高的，服从命令是军人的天职，由此形成军人沟通直接、简单的风格，但这种沟通风格未必适应地方工作中人际沟通。由此，也使一些转业军官产生了困惑。

（五）转业军官择业观念状况

择业观念表现为就业者选择职业的价值取向和优先考虑的因素。计划安置的转业军官在转业时首选单位为国家机关，考虑的首要因素为工作稳定，具体分布状况如表6-7和表6-8所示。

表6-7　　　　　　　计划安置转业军官期望安置单位分布状况

选项：您转业时希望安置的工作单位	小计（人）	比例（%）
A. 国家机关	106	83.47
C. 大型国有企业	12	9.45
B. 事业单位	7	5.51
F. 其他	2	1.57
D. 民营企业	0	0
E. 外资和合资企业	0	0
本题有效填写人次	127	

表6-8　　　　　　　　转业军官选择计划安置的原因分布状况

选项：您选择计划安置的原因是	小计（人）	比例（%）
A. 工作稳定	88	70.97
D. 实现个人发展	66	53.23
C. 有社会地位	47	37.9
B. 物质待遇高	22	17.74
I. 其他	19	15.32
H. 不善于自我推销	15	12.1
E. 就业技能不足	13	10.48
F. 就业竞争激烈	13	10.48
G. 理想工作少	13	10.48
本题有效填写人次	124	

从表6-7和表6-8的数据可以看出，计划安置转业军官选择职业求稳心理占据主导，转业军官期望安置的单位国家机关、大型国有企业和事业单位三类比例高达98.43%，这三类单位是当今社会稳定性最强的，也是求职者青睐的热门就业单位。这种状况既有主观原因，也有客观原因。从主观原因看，转业军官求职比其他劳动者更看重工作稳定、实现个人发展、有社会地位，因为转业军官在军队从事管理岗位工作，也有一定发展，期望到地方可以在此基础上持续发展，而公务员被社会认为是最具社会地位的职业，国家机关必然成为首选；从客观原因看，社会就业竞争日趋激烈，自主择业转业军官再就业困境的示范效应，保障家庭生活成员正常生活的需求，一定程度上强化了转业军官在选择转业单位时的求稳心理。因此，尽管目前计划安置压力非常大，职务安置落实状况并不理想，但转业军官宁可选择降低职务安置的期望值也选择国家机关。

（六）转业军官获取就业机会状况

课题组在前期研究过程中，对自主择业的67名转业军官的就业状况调查中发现，转业军官获取就业机会能力相对较弱。在常规的就业渠道中，有效运用人才市场、招聘会渠道获取就业机会的比例不高，而通过熟人介绍获取就业机会的比例在各种渠道中位居第二；获取就业信息的主要渠道也是熟人提供，位居第一位。具体分布状况见表6-9和表6-10。

表6-9   转业军官就业成功的渠道分布状况

选项：您就业成功的渠道是	小计（人）	比例（%）
I. 其他	30	44.78
E. 熟人介绍	21	31.34
A. 人才市场应聘	4	5.97
H. 毛遂自荐	4	5.97
C. 网络应聘	3	4.48
D. 招聘会应聘	3	4.48
B. 公开考试	2	2.98
本题有效填写人次	67	

表6-10   转业军官获取就业信息的渠道分布状况

选项：您通常获取就业信息的渠道有	小计（人）	比例（%）
E. 熟人介绍	34	50.75
C. 互联网络	27	40.3
B. 报纸	24	35.82
D. 招聘会	15	22.39
A. 人才市场	12	17.91
G. 其他	12	17.91
F. 政府公布信息	8	11.94
本题有效填写人次	67	

从表6-9和表6-10的数据可以看出，自主择业转业军官在再次就业过程中不善于推销自己，他们从人才市场、招聘会获取就业信息的比例分别为17.91%、22.39%，通过这两个渠道就业成功的分别占5.97%、4.48%。这种现象表明，转业军官缺乏主动融入地方工作环境的意识，主要依靠战友、亲戚等熟人社会资源获取就业机会，但熟人的资源毕竟有限，而且每个转业军官的社会人脉资源多寡不一，这无疑缩窄了就业渠道和空间。这主要是由转业军官多年封闭的军营工作生活环境所致，怕社会不了解自己，怕求职失败没有面子。因此，对转业军官的角色转换引导至关重要。

二 转业军官退役时职业能力框架

转业军官退役时的职业能力主要有两个渠道形成：一是教育培训，

在军事院校或地方高校接受教育，包括文化基础知识教育、专业知识教育和在职培训；二是职业实践活动，即服役期间履行岗位职责参加的军事职业实践活动。转业军官退役时职业能力框架在北京市2012年计划安置的转业军官职业能力调查基础上，并依据王芙蓉（2010）军官职业人格测评研究的相关结果整合而成，具体构成情况见图6-1。

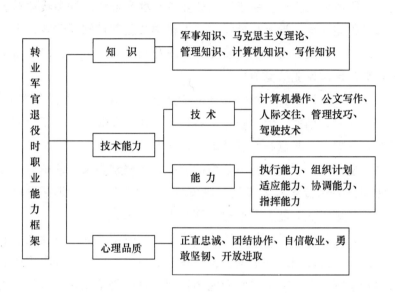

图6-1　转业军官退役时职业能力框架

　　从转业军官退役时职业能力框架的构成来看，带有显著的军人职业特点，知识结构以军事、马克思主义、管理为主导，科学文化知识不足；技术能力以管理能力、写作为基点，专业技能不足；心理品质整体水平较高，优于其他劳动力资源。造成这种现状的原因主要是职业能力开发理念落后，职业能力开发缺乏职业发展过程的整体规划，仅关注军官目前军人职业的能力需求，表现在教育培训内容和职业实践活动两个方面。

　　从教育培训看，我国军官来源主要为军事院校学员，而我国军事院校教育的知识结构重军事基础知识和专业知识，轻科学文化知识。如我国某知名军事大学"空间工程"专业的课程、培养目标描述为：该专业招收工程技术类学员；主要学习数学、力学、控制与信息技术方面的基础理论、基本知识；掌握进行空间任务分析与规划、卫星总体参数设计、总体论证与分析、获取应用卫星信息的基本技能、方法和相关知识，具有在军事领域从事空间任务分析与规划、卫星总体参数设计、总体论证与分析、卫星应用、高技术装备使用维护、训练组织和部队管理等工作的初步能力。① 而美国西点军校科学文化知识占整个知识结构的70%，而我国科学文化知识课程通常以英语、计算机、思想品德等课程为主，但所占比例很小。由于军人职业的高度专业性，许多转业军官的专业知识技能在地方没有社会需求，而科学文化基础知识薄弱，学习能力不足，加之年龄等因素，使转业军官职业能力结构单一，再学习动力不强，缺乏再次就业的竞争力。

从职业实践活动看，我国军官的职业实践活动以军事训练为主导，在职培训学习为辅助。但不管是军事训练，还是在职学习提高，都以军人职业职务需求为基点，鲜有考虑其他职业能力需求。而且在军事训练过程中，重视军事技能和身体素质的训练，忽略知识结构的拓展。原因在于我国长期对转业军官实施计划安置，对军官职业生涯管理缺乏研究，不能对军官职业能力开发提供理论支持。

基于上述分析，可以看出转业军官退役时的职业能力专业性、军用性较强，通用性较弱，导致就业渠道狭窄。而这一问题的根本解决，需要构建转业军官可持续发展职业能力框架，以此为依据并在现代人力资源开发理念下进行职业能力开发。

第二节　转业军官职业生涯可持续发展职业能力框架

转业军官职业生涯发展阶段与其他劳动者相比，有其特有阶段周期，依据职业发展理论分析转业军官职业生涯发展阶段，是构建转业军官可持续发展职业能力框架的基础。

一　转业军官职业生涯发展阶段分析

（一）职业发展理论

产生于 20 世纪 50 年代的职业发展理论，到六七十年代被具体运用

---

① 国防科学技术大学网站：http：//www. nudt. edu. cn/ArticleShow. asp？ID = 5988。

到职业指导中。① 职业发展理论的代表人物是金兹伯格和萨帕，他们将个体的职业生涯分为几个阶段，从发展的、动态的角度研究个体的职业选择。

金兹伯格主要以 11—24 岁青少年为研究样本，将他们的职业发展分为空想期（未满 11 岁）、探索期（11—17 岁）、现实期（18—22 岁、24 岁）三个阶段。他认为职业选择是一个发展的过程，它不是一个单一的决定，而是一个人在一段时间里做出的一系列决定。在这个过程中，每一个步骤都与前后的步骤有着一种有意义的联系。在这个职业选择过程中大部分是不可逆转的，因为在这个过程中的每一个决定都依赖个人年龄和发展。② 萨帕作为职业发展理论最有影响力的学者，提出了一套完整的职业发展理论，主要包括自我概念理论、职业发展阶段理论和职业生涯成熟理论，在此进行具体阐述。

1. 自我概念理论

萨帕把职业发展看作是自我概念的形成、自我概念在职业语言上的存在、职业自我概念的实现。萨帕认为，自我概念从青年期以前开始形成，进入青年期后进一步明确，逐步成为职业语言上的自我概念。实现自我概念的过程也是职业生涯发展的过程，不同职业阶段有不同的自我概念。现实的主要因素（个人特征的现实、社会存在的现实等）将随着年龄的增长（青年期至成人期），在职业选择上起着越来越重要的作用。③ 自我概念既包括个人心理上的特征，个人如何选择职业以及如何对选择的职业进行调整，也包括个人对其社会经济情况及与工作和生活有关的当前社会结构的个人评价。因此，自我概念是生物学特征以及个人扮演的社会角色的结合体。

2. 职业发展阶段理论

萨帕发展了金兹伯格职业生涯发展理论，将研究时间周期扩延到65 岁以后，分为成长、探索、确立、维持和衰退五个阶段，并在每个阶段细分出转化期，使其职业生涯发展阶段理论具有很强的系统性。具体内容如表 6 - 11 所示。

---

① 王一敏：《当代青年的职业选择与指导》，上海教育出版社 1998 年版，第 115 页。
② 孙彤、李悦主编：《职业设计与优选人才》，山东人民出版社 1995 年版，第 45 页。
③ 王一敏：《当代青年的职业选择与指导》，上海教育出版社 1998 年版，第 118—119 页。

表 6 – 11 萨帕职业发展阶段理论

阶段名称（岁）		年龄周期（岁）	主要任务
成长阶段 （0—14）	幻想期	4—10	1. 逐渐认识自己是什么样的人； 2. 对工作和工作意义有初步理解
	兴趣期	11—12	
	能力期	13—14	
探索阶段 （15—24）	尝试期	15—17	1. 明确一种职业偏好； 2. 明确一种职业倾向； 3. 实现一种职业倾向，发展一种现实的自我认知，了解更多机会
	过渡期	18—21	
	初步试验承诺期	22—24	
确立阶段 （25—44）	承诺和稳定期	25—30	1. 发现从事自己新希望的工作机会； 2. 学会与他人相处； 3. 巩固已有地位并力争提升； 4. 使职位有保障，使其稳定下来
	提升期	31—44	
维持阶段 （45—64）		45—64	1. 接受自己的限制； 2. 鉴定需要解决的问题； 3. 开发新的技能； 4. 集中于最重要的活动； 5. 维持已获得的地位并努力加以改进
衰退阶段 （65 以上）	衰退期	65—70	1. 开发非职业性角色； 2. 做自己一直想做而没时间做的事情； 3. 减少工作时间
	退休期	71—	

资料来源：依据孙彤、李悦主编《职业设计与优选人才》（山东人民出版社 1995 年版）第 50—52 页整理。

3. 职业生涯成熟理论

萨帕认为不同阶段面临的发展任务不同，个人必须达成其每一阶段的生涯发展任务，并为下一阶段的发展做好规划与准备。成功完成某一生涯阶段的任务，并达到社会期望的水准，即意味着达到了生涯成熟的程度，生涯成熟度与自我认知、生涯知识及发展规划的能力相关联。萨帕提出了生涯成熟的 6 项目标领域和衡量指标，具体内容如表 6 – 12所示。

表 6 – 12 职业成熟的目标领域和衡量指标

目标领域	衡量指标
职业选择的方向	a. 对选择的关心；b. 遇到有关方向性问题时的解决程度
有关志向职业的情报与计划	a. 对志向职业知识方面的详细性；b. 对志向职业计划方面的详细性

续表

目标领域	衡 量 指 标
职业志向的一贯性	a. 对职业志向领域的一贯性；b. 对职业志向水平的一贯性；c. 对职业志向职业群（领域与水平）的一贯性
个人特性的明确化	a. 根据测定兴趣类型化的程度；b. 兴趣的成熟；c. 对工作的好恶；d. 劳动价值观的类型化程度；e. 关于劳动报酬议论范围；f. 对选择和计划的责任
职业上的独立性	劳动经验的独立性
职业选择的明智性和妥当性	a. 能力与爱好的一致性；b. 被测定的兴趣与爱好的一致性；c. 被测定的兴趣与幻想性爱好的一致性；d. 被测定的兴趣上的职业水平与爱好水平的一致性；e. 因爱好可能带来的社会经济的影响

资料来源：依据王一敏《当代青年的职业选择与指导》（上海教育出版社 1998 年版）第 127—128 页的资料整理。

（二）转业军官的职业生涯特点

职业生涯也称为职业发展，是指一个人的职业经历。麦克法兰（McFaLand）认为，职业生涯是一个人依据理想的长期目标，所形成的一系列工作选择以及相关的教育及训练活动，是有计划职业发展历程。[1] 由此，可以得知职业生涯是一个有计划、有目标的职业发展过程。但职业目标的达成，既需要个体依据兴趣、素质能力特点作出理性选择、科学规划，也需要个体所归属的组织进行科学理性引导，并通过提供适当的教育培训、晋升机会在实现组织目标的同时实现个体目标。而组织目标和个体目标实现的管理过程，也就是职业发展或职业生涯的管理过程。

转业军官的职业生涯不同于其他劳动者，有其特定职业发展阶段。其退出现役、何时退出必须依据法律相关规定，不能完全按照个体意愿选择。依据《中华人民共和国军官法》第四十六条规定：军官达到平时服现役的最高年龄的，应当退出现役。各等级军官退役年龄状况见表 6 - 13。

---

[1] 周文等：《素质测评与职业生涯规划》，湖南科学技术出版社 2005 年版，第 210 页。

表 6-13   军官退出现役最高年龄条件状况

职　务		退役年龄（周岁）
军级职务	正职	60
	副职	58
师级职务		55
团级职务	正职	50
	副职	45
营级职务		40
连级职务		35
排级职务		30
高级专业技术职务		60
中级专业技术职务		50
初级专业技术职务		40

资料来源：依据《中华人民共和国现役军官法》第一十四、一十六、四十六条规定整理。

依照表 6-13 中的各级军官的最高任职年龄，团级以下的军官退役后基本全部面临再就业的问题，只有很少的军官可以作退休安置。《中华人民共和国现役军官法》第四十九条规定：服现役满 30 年以上或者服现役和参加工作满 30 年以上，或者年满 50 岁以上的军官，担任师级以上职务，本人提出申请，经组织批准，退出现役后可以作退休安置；担任团级职务，不宜作转业或者其他安置的，可以由组织批准退出现役后作退休安置。

军官不仅有最高服役年龄的限制，而且还有最低服役期限的限制，《中华人民共和国现役军官法》第四十三条、第四十四条对此做了明确规定，具体见表 6-14。

表 6-14   各级军官服役最低年限规定

职　务		最低服役年限（年）
团级职务	正职	20
	副职	18
营级职务	正职	16
	副职	14

续表

职　务		最低服役年限（年）
连级职务	正职	12
	副职	10
排级职务		8
高级专业技术职务		18
中级专业技术职务		16
初级专业技术职务		12

资料来源：依据《中华人民共和国现役军官法》第四十三条、第四十四条规定整理。

规定现役军官最低任职年限和最高任职年龄是保障现役军官队伍年轻化，保证军队战斗力的常规举措，也是各国军队通行做法。按照《中华人民共和国现役军官法》的相关规定，我国现役军官退役时的年龄大部分在30—45岁，这个年龄阶段是职业生涯的确立、成长时期，职业能力的基础开发已经完成，但退役军官却面临职业转换，并且前期职业生涯（服役期间军人职业）不能为以后职业转换提供职业能力基础。我国现役军官退役后虽有短暂的就业培训，但因为年龄偏大、就业培训实效不佳，无法提供职业转换的职业能力。因此，必须在军官服役期间进行可持续发展职业能力开发，为退役后的职业转换提供职业能力支持。

二　转业军官职业生涯可持续发展职业能力框架

军官职业生涯可持续发展职业能力依据人力资源管理胜任力（胜任特征）理论，分析军官的职务职责，进行工作分析，在此基础上提炼整合军官的胜任特征，并与管理通用职业能力整合，构建军官职业生涯的可持续发展职业能力框架。

（一）胜任力理论

1. 胜任力概念

Competency英文单词原意是能力、资格，在我国学者的学术研究中，有多种译法，如"胜任力""胜任特征""能力""素质""才能"，等等。比较而言，胜任力或胜任特征比较符合愿意，在此采用大多数学者的胜任力称谓。

胜任力研究源于美国著名心理学家戴维·麦克利兰（David C. McClelland）。1973年，麦克利兰发表了《测量才能而非智力》（*Tes-*

ting for Competence Rather Than for Intelligence) 的一文，提出了用于识别和测评素质能力的"行为事件访谈法"（Behavioral Event Interview，BEI），并用于一项为美国政府甄选驻外联络官的项目。他把直接影响工作业绩的个人条件和行为特征称为胜任力，由动机、品质、自我概念、社会角色、知识、技能要素构成。具体见表 6 – 15。

表 6 – 15　　　　　　　　　　　胜任力构成要素

要素名称	内容描述
动机	推动个体为达到一定目标而采取行动的内驱力
品质	个性、身体特征对环境与各种信息所表现出来的一贯反应
自我概念	态度、价值观念和对自己身份的认知
社会角色	个体力图向他人呈现的形象，表现为行为方式与风格
知识	个体在某一特定领域拥有的事实型和经验型信息
技能	运用知识完成某项具体工作（脑力或体力的）的能力

　　资料来源：依据方少华、方泓亮编著《胜任力咨询》一书（机械工业出版社 2007 年版）第 9 页和相关资料整理。

　　胜任力中的技能和知识是个体显示职业能力的表现，可以通过人力资源管理的培训开发、工作轮换、调配晋升等管理手段提高，操作比较简单而且成效明显，便于衡量。而动机、品质、自我概念、社会角色等潜在职业能力的表现难以测评，而且由于其所具有的稳定性和不同个体的差异难以培养。

　　在人力资源管理、心理学等学科中研究个体胜任力，构建胜任力模型，通常以组织中的某一类岗位为标本进行研究，属于微观范畴研究，主要用于企业组织提升企业绩效的管理活动。在此，运用胜任力理论研究转业军官可持续发展职业能力开发系统，基于军队组织的封闭性和地方研究者资源的有限性，主要以胜任力理论和军官职业角色及其职责进行理论推理，属于宏观范畴研究。

　　2. 胜任力模型

　　胜任力模型是用行为方式来定义和描述员工完成工作需要具备的知识、技术、品质和工作能力。胜任力模型具有行业特色、企业特色和阶段性三个特点①，其随着行业发展、企业战略目标和企业发展周期而调适回应，是一个动态变化的过程。

　　胜任力模型虽然受不同地域、不同行业、不同企业、不同文化背景影响，但从事同类职业的知识、技能和个性品质却是相同的，因为同一职业的工作职责具有共性。由此，国家制定统一的职业分类大典，明确规定工作职责和任职基本资格，并授权相应培训咨询机构开展职业资格培训认证活动。这表明胜任力模型不仅可以在单个组织中应用，也可以在职业性质相同、工作内容类似的职位群中应用，即建立各类职位的通用胜任力模型，为职业能力的开发提供理论依据和实践指导。

　　我国众多学者和管理咨询者对通用胜任力模型的构建进行了大量理论研究和实践探索，形成了基于管理层次的胜任力模型和基于职业性质的胜任力模型。方少华（2007）在十余年为不同行业的世界500强企业进行管理咨询的基础上，基于职位性质差异提出了企业常用的三类职位通用胜任力模型。具体见表6－16所示。

表6－16　　　　　　　　　企业三类职位通用胜任力模型

职位类别	权重	胜任特征
技术类	6	成就导向
	5	影响力
	4	演绎思维、归纳思维
	3	主动性、自信、人际洞察力
	2	信息搜寻、技术专长、团队协作
	1	客户服务意识
市场类	6	影响力
	5	成就导向、主动性
	4	人际理解能力、客户服务意识
	3	信息搜寻、自信、关系建立
	2	公关、演绎思维、归纳思维、权限意识
	1	相关技术或产品专业知识

① 方少华、方泓亮编著：《胜任力咨询》，机械工业出版社2007年版，第9、12页。

续表

职位类别	权重	胜任特征
管理类	6	影响力、成就导向
	5	团结协作
	4	演绎思维、主动性
	3	培养人才
	2	自信、指挥、信息搜寻、团队领导、归纳思维
	1	权限意识、公关、专业知识与技能

资料来源：依据方少华、方泓亮编著《胜任力咨询》一书（机械工业出版社 2007 年版）第 13—15 页和相关资料整理。

从表 6 - 16 内容可以看出，不同性质的职位类别其胜任特征不同，除去专业知识和技术外，差异不大。各类职位的差异表现在胜任特征的内容少量不同，各类职位通用的胜任特征在不同类别职位中发挥的作用不同，如演绎思维在技术类、市场类、管理类的权重分别为 4、2、4，信息搜寻的权重分别为 2、3、2。另外同类职位的胜任特征会因为岗位层级变化对岗位影响不同，如基层、中层、高层管理类岗位对专业技能的要求不同，专业技能的胜任特征对胜任岗位的影响由基层向高层依次递减。

（二）军官职位胜任特征分析

军官指在军队组织中的指挥者、管理者和专业技术工作者。指挥者、管理者基于组织结构的层级，分为基层、中层、高层管理者；专业技术工作者依据相应的职责和工作复杂程度分成初级、中级、高级专业技术职务。在此主要以指挥者和管理者的职责为例进行分析，管理层级和职责描述如图 6 - 2 所示。[①]

高层领导者主要是指军队中师以上的军官，依照现行的《中华人民共和国现役军官法》，绝大部分师级军官退役时作退休安置。考虑到研究的应用范围，在此主要分析中级、初级军官的职责及胜任特征。

中级军官主要包括旅、团级军官，其岗位职责描述可分为理论和实

---

① 隋丽娟：《陆军中级指挥军官的胜任特征》，硕士学位论文，宁夏大学，2008 年，第 2 页。

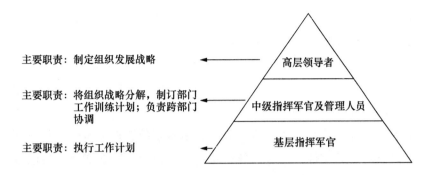

图6-2　军队组织军官管理层次及职责

践两个层面。中级军官主要职责在理论上描述将组织战略分解，制订部门工作训练计划，负责跨部门协调；在实践中描述为平时担负训练和管理部队的任务，战时则履行指挥作战职责。初级军官主要指排职以上、营职以下军官，其岗位主要职责从理论而言是组织人员执行工作计划；实践中和平时期则需要调配人员、组织实施各类训练计划和完成抢险应急类任务，战时则带领部属完成各项作战任务。依据相应的职责，其需要不同技能和能力，具体情况如表6-17所示。

表6-17　　　　　　　　中级、初级军官职责及胜任特征

军官层级	职责	胜任特征
中级军官	将组织战略分解	理性思维、规划能力
	制订部门工作训练计划	决策控制能力、书面沟通能力
	负责跨部门协调	沟通协调能力
	组织训练、管理官兵	资源配置能力、团队建设能力、激励能力
	指挥作战	系统思考能力、应变能力、
初级军官	执行工作计划	执行能力
	组织实施各类训练计划	组织能力、专业能力、指导能力
	带领部属完成各项具体任务（作战任务）	沟通影响力、分析判断能力、应变适应能力、率先垂范意识

表6-17内容显示，履行初中级军官的相应工作职责需要的胜任特征除军事专业知识和技能外，同样需要通用的管理技能。由此，转业军

官退役时已具备部分通用职业能力，这意味着军官可持续发展职业能力开发重点应放在地方工作的专业技能领域。

（三）基于军官职业生涯的可持续发展职业能力框架结构

基于以上分析，可以发现军官作为军队组织的管理者，其岗位层级与其他组织一样分为初级、中级、高级三个岗位层次，其核心职责同样为决策、管理、执行。这就意味着军官所具备的管理范畴的胜任特征与地方组织具有通用性，这也是转业军官可持续发展职业能力开发的良好基础。比较转业军官退役时职业能力结构与管理类岗位通用胜任特征模型就会发现，转业军官欠缺的主要是专业知识和技能，这是由军人职业的高度专属性导致的。因此，考虑军官职业生涯发展过程，在其服役期间依据个体需求使其拥有某一专业知识或专业技能，军官退役后的职业发展则具备了可持续发展职业能力。

基于军官职业生涯的可持续发展职业能力框架旨在为现役军官职业能力开发提供理论依据，为军官退役之后的职业生涯奠定职业能力基础。具体框架结构如图 6-3 所示。

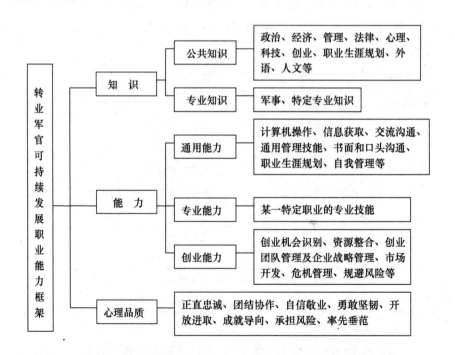

图 6-3　基于军官职业生涯的可持续发展职业能力框架

转业军官可持续发展职业能力是广义范畴的职业能力，包括知识、技能和心理品质，其与胜任力的构成要素相同。但胜任力通常指某一类职业的胜任特征，而可持续发展职业能力不仅包括军人职业的胜任特征，而且包括退役后地方某类职业的胜任特征，为军官的整个职业生涯提供胜任力支撑。由此，其框架由三部分构成。

1. 知识

知识作为反映事物本质和规律的认识规范，是能力形成的基础；能力则是个体内化知识转化为外显行为方式的表现。从这个意义上讲，知识与能力相互依赖、相互促进、相辅相成，但知识和能力并非完全同步。因为能力通过获取知识和职业实践两种渠道形成，拥有知识没有运用知识解决实践中的问题，不会形成能力；没有知识只参加职业实践可以拥有一定的能力，但这只是实践过程中的经验性技巧，大多属于操作能力的范畴，缺乏能力提升的空间。因此，开发职业能力必须以知识为基础。

知识分为公共知识和专业知识两类：①公共知识外延广泛，涵盖了政治、经济、管理、法律、心理、科技、创业、职业生涯规划、外语、人文等方面知识，目的在于优化军官知识结构，拓宽军官在服役期间和退役后的任职跨度。其中心理知识对于军官尤为重要，军官从入伍到退役面临着公民军人化、军人社会化两次角色的转换，工作、生活环境差异巨大，掌握心理学知识有助于完成角色调适与转换。②专业知识主要包括军事、特定专业知识，包括基础专业知识和专业知识两个层面。军事知识是军人职业的特定专业知识，由军事基础知识和军事专业知识构成；专业知识是军官退役后拟从事的特定专业知识，可以在服役期间注重专业基础知识教育，退役时以此为基础进行专业知识和技能的教育训练。

2. 能力

能力是履行职责、完成工作任务的必备技能，是职业能力的核心。能力依据其功能不同分为通用能力、专业能力和创业能力三类：①通用能力。是在所有职业均可以发挥作用的能力，适用范围最为广泛。从岗位需求而言，随着现代科学技术的发展，信息时代的来临，计算机操作、信息获取、交流沟通成为军官的必备能力，而岗位传统需求的通用管理技能、书面和口头沟通能力成为基础能力；从个体发展需求而言，职业生涯规划能力、自我管理等能力是军官职业生涯可持续发展的支撑能力。②专业能力。主要是完成某一特定职业的专业技能。如在调研中发现很多军官认为有管理经验，可从事人力资源管理工作。但他们具备的大多为通用管理技能，而人力资源管理的面试测评、培训方案设计实施、绩效评价指标设计应用、薪酬设计管理等专业能力却不具备。依据职业能力开发周期特点和军官个体需求培养军官一项专业技能是可持续发展职业能力开发的核心环节。③创业能力。是创业者在创建新企业过程中所具备的能力，包括企业创建阶段的机会识别能力、资源整合能力、创业团队管理能力，企业生存发展阶段的企业战略管理、市场开发、风险规避、危机管理等方面能力。军官在部队的长期管理职位习惯，加之军人特有的个性心理品质，具备创业者的素质能力。因此，在退役前进行创业能力培养开发，不仅可以拓宽军官退役后的就业渠道，而且可以为更多退役军官或军人提供就业岗位。这是转业军官可持续发展职业能力开发的趋势与重点。

3. 心理品质

心理品质在心理学意义上通常指个体在心理过程和心理特征中表现出来的本质特征，如情感、意志、兴趣、性格、个性、动机等，属于潜在职业能力，其测评与培养难在知识、技能等显在的职业能力。积极的心理品质可以强化行为动机，有助于行为目标达成。在职业活动中，积极良好的心理品质是保持优良工作绩效的重要因素。军官独特的职业环境和职业实践活动，使其积极心理品质的培养环境优于其他职业环境。由此，军官优秀的心理品质成为其独特的职业能力优势，这是在军官可持续发展职业能力开发过程中需要持续关注并提升的内容。

第七章　军队转业军官可持续发展职业能力开发系统

转业军官有其特有的素质能力优势，对他们进行有效开发，既可以妥善安置转业军官，保障其持续发展，又可以为社会发展做贡献。但转业军官群体的特殊性，决定其可持续发展职业能力的开发是一项十分复杂的人力资源开发活动。从开发主体看，由军队、政府、高校、社会、军官个体五个方面参与；从开发目标看，可持续发展职业能力是贯穿军官职业生涯整个过程的素质与能力；从开发环境资源看，涉及政治、经济、政策、教育和社会文化等环境资源要素。因此，构建转业军官可持续发展职业能力开发系统，需调动全社会各类资源，共同努力。

第一节　转业军官可持续发展职业能力开发的现实依据

一　转业军官是我国人才资源的重要组成部分

（一）人才资源

1. 人才

人才通常被认为有才识学问、德才兼备的人。王通讯认为，人才资源是指一个国家人力资源中层次较高的部分。在我国具体是指中专以上（含中专）规定学历的获得者、技术员（含技术员）或相当技术员以上专业技术职务拥有者和虽然没有具备以上任何一项条件但在专业技术岗位上工作的三类人。通常，学者们将前两类人员称为专门人才，而将这三类人员统称为专业技术人员或人才资源。[1]

---

① 王通讯：《中国人才资源开发论纲》，《中国人才》1994 年第 11 期，第 14 页。

2003 年 12 月，中共中央、国务院召开全国人才工作会议对"人才"进行了重新定义：一是有知识、有能力；二是能够进行创造性劳动；三是在政治、精神、物质三个文明建设中做出贡献。《国家中长期人才发展规划纲要（2010—2020）》指出："人才是指具有一定的专业知识或专门技能，进行创造性劳动并对社会做出贡献的人，是人力资源中能力和素质较高的劳动者。人才是我国经济社会发展的第一资源。"①

2. 资源

资源在《辞海》中解释为"生产资料或生活资料等的来源"。② 资源作为经济学的术语，通常被认为财富的源泉，即可以带来价值和使用价值的事物，即"某种可以被利用，提供资助或满足需要的东西"。③ 目前人类社会存在的资源可分为自然资源、资本资源、人力资源、信息资源四种基本类型。人力资源作为驾驭其他资源的主体，在社会发展过程中发挥越来越重要的作用。

马克思指出：不论生产的社会形式如何，劳动者和生产资料始终是生产的要素。④ 人本身单纯作为劳动力的存在来看，也是自然对象，是物。⑤ 由此，可以得知，人是一种是有意识、有思想、具备知识、能力的物，并且是生产过程中的核心要素，具有价值和使用价值，可为社会创造财富和文明。因此，人也是一种资源，人力资源概念得以成立，成为资源概念的下位概念。

人力资源概念最早是由彼得·德鲁克 1954 年在其《管理的实践》一书中首先提出和使用的。他认为人力资源和其他所有资源相比，唯一的区别是具有各种能力的人，并能为企业带来可见的经济价值。我国学者出于不同的学科视角对人力资源概念做出了不同的界定。

从管理学科出发，从能力视角对人力资源概念进行描述。萧鸣政（2001）认为，人力资源是指劳动过程中可以直接投入的体力、智力、心力总和及其形成的基础素质，包括知识、技能、经验、品性与态度等身心素质。郑晓明（2005）认为，人力资源是指存在于人体的智力资

---

① 李维平：《对人才定义的理论思考》，《中国人才》2010 年第 12 期，第 64 页。
② 夏征农、陈至立主编：《辞海》第 4 卷，上海辞书出版社 2009 年第 6 版，第 3053 页。
③ ［美］赫伯特·S. 帕纳斯：《人力资源》，黑龙江教育出版社 1990 年版，第 1 页。
④ 《马克思恩格斯全集》第 24 卷，人民出版社 1972 年版，第 44 页。
⑤ 马克思：《资本论》第一卷，人民出版社 1975 年版，第 228 页。

源，是人类进行生产或提供服务，推动整个经济和社会发展的劳动者的各种能力的总称。董克用（2008）认为，人力资源是指人所具有的对价值创造起贡献作用，并且能够被组织所利用的体力和脑力的总和。

从人口学出发，基于人力视角解释人力资源的概念。陆国泰（2000）认为，人力资源是指一定社会区域内所有具有劳动能力的适龄劳动人口和超过劳动年龄的人口的总和。陈远敦、陈全明（1995）认为，人力资源是指能够推动社会和经济发展的具有智力和体力劳动能力的人的总称。

管理学关注的是开发管理人的能力，使其价值最大化，而人口学关注的是人力的数量和质量（学历角度）状况。在此研究的是转业军官职业能力开发，属于管理学范畴，故使用能力视角的人力资源概念。将人力资源描述为能够推动社会经济发展的、存在于个体中的素质和能力的总和，包括个体的知识、技能、心理特征和职业品质。

3. 人才资源

人才资源可定义为：为社会做出突出贡献或创造性贡献的劳动者的知识、技能、心理特征总和，即优质的人力资源。人才资源是人力资源的组成部分，区别在于人力指的是一般劳动者，通常指 16 岁以上具有劳动能力的个体人，人才则是具有一定专业知识和技术、推动社会发展的优秀劳动者。转业军官在军人特殊的职业环境中形成了独特的素质优势，具备军人职业的专业能力，是我国人才资源的重要组成部分。

（二）转业军官是人才资源群体的组成部分

转业军官是我国人才资源的重要组成部分，党和国家三代领导集体的核心毛泽东、邓小平、江泽民以及胡锦涛、习近平都对此做过明确阐述。新中国成立初期，毛泽东同志将他们视为"人民的功臣"，干部的重要来源；邓小平同志指出，通过培训开发转业军官，使其成为军地两用人才；江泽民同志指出，转业军官有较好的政治素质和较强的组织领导能力，有较高的文化水平和一定的专业技术知识，有优良的作风和无私奉献的精神，是党和国家的宝贵财富，是社会主义现代化建设的重要力量；胡锦涛同志指出，军队转业军官是党和国家的宝贵财富，是社会主义现代化建设的重要人才资源，是促进改革、发展、稳定的重要力量；习近平同志指出，军转干部是党和国家的宝贵财富，我们要倍加关心、倍加爱护。

2001 年 1 月，中共中央、国务院、中央军委批准颁发的《军队转业干部安置暂行办法》明确指出："军队转业干部是党和国家干部队伍的组成部分，是重要的人才资源，是社会主义现代化建设的重要力量。"从而以法律的形式明确了军队转业军官的社会政治地位，确认了他们是重要的人才资源，社会主义现代化建设的重要力量。

转业军官经过人民解放军这所大学校、大熔炉的磨炼，具有较高的综合素质和能力，是一支有着巨大开发潜能的特殊人才群体，可称之为充满生机和活力的"绿色人才"。[①] 绿色是生命、活力的象征，也是军人服装的专有色彩，寓意转业军官是一个具有长久生命力、巨大开发潜能的特殊人才群体。

二 转业军官具有独特的素质能力优势

（一）文化水平整体较高

转业军官整体文化水平较高。课题组对北京市 2012 年转业的 139 名转业军官调查结果显示，本科以上学历高达 97.78%，其中本科学历者占 64.44%，研究生学历者占 33.34%。河北省转业军官本科以上学历为 80.58%，其中本科学历者为 71.54%，研究生学历者为 9.04%。河北省的本科学历、研究生学历比例低于北京，是因为河北省接受调查的转业军官为 2001—2011 年转业的，时间跨度较大。这种状况表明转业军官学历状况持续提高，转业军官也在不断提升个体素质。

（二）综合素质高于我国劳动力整体水平

转业军官在军队工作生活的多年经历使其综合素质高于其他人力资源群体。课题组在河北、山东、北京调查的结果显示转业军官在服役期间提升最快的素质均是政治、心理、身体素质，而这些也是一个优秀职业者的必备素质。具体状况见表 7-1。

转业军官具有优秀的政治素质。"军队是一个大学校"这是党的三代领导核心在不同时期做出的共同结论。这个大学校培养出来的人才在工作中表现出超强的原则性和高度的组织性、纪律性，过硬的工作作风，特别是他们那种一往无前、积极进取、守时守信、遵纪敬业的个性品质是各类人才均不可或缺而又不易学成的人才要素。

---

① 贾鸿雁：《军转干部的素质优势》，《中国人才》2004 年第 1 期，第 78 页。

表 7 - 1　　　　　　　　转业军官服役期间提升素质状况分布

选项：您服役期间提升最快的素质	小计（人）	比例（%）
A. 政治素质	1282	87.03
C. 心理素质	1155	78.41
D. 身体素质	1013	68.77
B. 知识素质	886	60.15
E. 智力素质	400	27.15
F. 其他素质	216	14.66
本题有效填写人次	1473	

转业军官拥有良好的心理素质和身体素质。心理素质特指个体在内部和外部环境作用下形成的情绪、意志等。良好的情绪、坚强的意志是健康心理的基本要素。良好的情绪有利于调动人的工作积极性、主动性和创造性，提高工作效率；坚强的意志可调动个体巨大的潜力，支配、调节个体行动，克服各种困难达到预期目标。多年的军营生活、严格的军政训练、急难险重任务的执行，造就了军队转业军官不畏艰难困苦、不怕流血牺牲的意志品质，构成军队转业军官特有的心理素质——自觉性、果断性、坚韧性、勤奋性、自制力。而强健的身体素质是其他素质能力的载体，也是从事各项工作的基础。这些素质特点在现实社会与其他人力资源相比优势明显，也是多种社会组织成员急需的职业素质，许多社会组织通过开展军训、拓展训练来提升成员的心理、身体素质就是有力的证明。

（三）组织计划能力和执行力优于其他人力资源

组织计划能力是各级管理者必备的能力，是指安排分散的人或事物使其具有一定系统性或整体性。具体而言，根据本单位承担的任务，本着精简、高效的原则，合理设置本单位机构的能力；为完成工作任务而统筹利用本单位人、财、物的能力；预先拟定工作或行动的具体内容和步骤的计划能力；适时给下属指导工作并督促检查他们工作的能力。军队转业军官具有较强的组织领导能力。他们通过带兵实践，组织军政训练，处置突发事件，完成抢险救灾任务，锻炼增长了组织能力、指挥与应变能力。而军人以服从命令为天职的职业品质使他们具有超强的执行力。这些都是军队转业军官特有的而其他职业管理者又不易具备的能力优势。

三 转业军官职业能力不足可通过职业能力开发来弥补

(一) 转业军官年龄普遍偏大

课题组调查显示,转业军官转业时 86.87% 年龄在 31—45 岁。依照人才发展规律,这个阶段是人才发展的黄金阶段,也是职业发展的成熟稳定时期。之后人的精力、体力会逐步下降,但转业军官此时却面临一次重大职业转换,要与其他初入职场的人力资源平等竞争,在年龄上处于明显弱势,学习新知识、新技能的主动性也弱化。这成为转业军官再次就业的一个重要障碍。

(二) 转业军官知识结构较为单一

转业军官在服役期间学历状况普遍提升,其获取的知识主要为军事知识、马克思主义理论知识和管理知识,位居前三;法律知识、写作知识和计算机知识位居后三位。而转业军官在转业后的工作中认为最需要的知识为专业知识、法律知识和经济知识,位居前三。以课题组调查数据为依据进行比较,具体分布状况见表 7-2。

表 7-2　　　　转业军官工作中需要的知识和所拥有的知识比较

转业军官工作中需要的知识		转业军官转业时拥有的知识	
知识类别	比例 (%)	知识类别	比例 (%)
专业知识	66.1	军事知识	84.28
法律知识	50.04	马克思主义理论知识	74.45
经济知识	34.23	管理知识	65.52
管理知识	32.46	法律知识	58.64
计算机知识	30.85	写作知识	49.06
心理知识	24.6	计算机知识	41.93

比较转业军官拥有的知识和工作需要的知识状况,仅有法律、管理、计算机三类知识有交集。错位最大的是转业军官普遍拥有的军事知识在地方工作中没有需求,却缺乏地方工作需求的专业知识。由此,转业军官较为单一的军人职业知识结构无法适应地方工作的需求,成为影响再次就业的重要障碍。

（三）转业军官普遍缺乏地方工作的专业技能

知识是能力转化的基础，而转业军官较为单一的知识结构使其缺乏地方工作专业技能。军队转业军官在服役期间，普遍具有管理训练士兵的工作经历，也积累了一些工作经验。由此，许多转业军官认为可以应聘人力资源管理及相关工作岗位。课题组对 2011 年转业的 171 名军官进行了人力资源管理潜能测试，结果显示只有 7.02% 的人具有良好的管理潜能，23.98% 的人管理潜能一般，24.56% 的人管理潜能较差，44.44% 的人缺乏管理潜能。虽然转业军官在军队积累了一些管理经验，但管理对象、管理环境、工作要求差异较大，有一个适应过程。专业技能的缺乏及工作环境的明显差异成为转业军官再次就业的核心障碍。

（四）自主择业转业军官创业能力不足

自主择业转业军官创业意愿较为强烈，但大部分由于创业能力不足，未能创业或创业未能成功。课题组相关调查显示，自主择业转业军官离开部队一年内有 62.3% 的人考虑过创业，19.6% 的人已经开始创业；32.21% 的人期望转业军官安置部门给予创业指导。在此以某副团职自主择业转业军官的"新红军军事体验营"创业案例分析转业军官创业能力状况。

新红军军事体验营创业策划

新红军军事体验营创意来源于落实《中共中央国务院关于进一步加强和改进未成年人思想道德建设的若干意见》和《中华人民共和国国防教育法》，旨在提高青少年自学、自理、自护、自律的综合素质。新红军军事体验营与某市青少年宫合作，以青少年宫第二课堂形式开展。新红军军事体验营活动流程分为应征入伍、受领任务、过关闯险、表彰总结四个阶段。在活动中，营员自由结合组成团队、竞聘体验营的各级职务、接受基础和战术训练、进行实战演练，以培养青少年遵纪守时、雷厉风行、勇敢自立、爱心合作等个性品质，提升综合素质。

评析：新红军军事体验营创业项目从整体看，创业资源基本具备，创意、商业模式尚可，但创业机会不足，市场需求不大，直接导致创业失败。①目前整个教育存在功利心理，从家长到学校关注的焦点在成绩、在升学率，青少年综合素质提升被忽略。②"新红军军事体验营"名称提炼上不容易引起共鸣，无法引起关注。现在青少年头脑中有多少人有红军的概念，有多少人向往体验军营生活，需要进行市场调查才能启动项目。③服务目标群体细分不够。小学生如何训练、中学生如何体验项目介绍没有分类，"新红军"使受众群体不明确。④"新红军军事体验营"的卖点不能引起共鸣。新红军强调的是与其他青少年训练营相比军事训练更加专业，但家长、学生对专业不专业没有多高要求，太专业了，害怕太苦吃不消，参加也只是一个梦想体验，没必要那么专业。因此，虽然创业者具备自信、敢于承担责任、敢冒风险的核心创业特质，而且具备军事体验营管理训练的专业技能，可运用青少年宫资源拓展生源渠道，但终因缺少创业机会识别能力导致创业未能成功。然而不可否认的是，自主择业转业军官是一个有着巨大潜能的优质创业群体，尚需开发。

基于上述分析，可以看出转业军官这一群体特点突出，综合素质整体较高，有着地方人力资源所不具备的一些职业品质，如超强的执行能力和敬业精神、坚强意志和雷厉风行的工作作风。虽然其所拥有的工作经验和技能与地方需求有错位之处，身份观念较重，择业观念较为滞后，但仍不失为一个有着巨大开发潜力的人才资源群体。只要将其独特的素质优势与专业技能相结合，在服役期间重视其地方专业技能开发，他们才会成为社会最优秀的人才群体，这已被国外退役军人职业能力开发的事实所证明。

第二节　转业军官可持续发展职业能力 开发系统构建的理论基础

理论是学者对自然、社会现象按照已知知识或者认知，经由一般化与演绎推理等方法，进行合乎逻辑的推论性总结。理论来源于实践，又反过来指导实践。转业军官作为社会特殊群体，其职业生涯阶段、职业选择影响因素和其他从业者有明显差异。因此，开发这一群体职业能力的活动需建立在科学理论之上。本节围绕着与职业能力开发相关的职业理论、职业能力开发理论、人力资本理论、可持续发展理论展开论述与分析。

一　职业理论

（一）职业匹配理论

1. 职业匹配理论

职业匹配理论也称为特性—因素理论，是以心理学为背景研究个体个性（能力、性格、气质）在职业选择中的地位和价值，是职业指导的主流理论，也是最早创立的职业指导理论。这一理论影响力较大的代表人物是美国学者帕森斯（F. Parsons,）的特性—因素理论、霍兰德（John L. Holland）的个性—职业类型理论和施恩（Edgar H. Schein）的职业锚理论。

2. 帕森斯的特性—因素理论

1909 年帕森斯发表的《职业的选择》一书阐述了职业指导的三个步骤模式，为特性—因素理论奠定了基础，并在以后几十年中充分发展。

帕森斯认为：每个人都有一系列独特的特性，它们是可以客观而有效地进行测量的；为了取得成功，不同职业需要具备不同特性的人员；选择职业是一个相当易行的过程，而且人职匹配是可能的；个人特性与工作要求之间配合得越紧密，职业成功（工作效率和满意度）可能性越大。由此，他认为职业选择应该考虑三个因素，"第一，应清楚地了解自己的态度、能力、兴趣、智谋、局限和其他特性；第二，成功的条件及所需知识，在不同工作岗位上所占的优势、不足和补偿、机会和前途；最后，上述二条件的平衡。"[①] 帕森斯的职业选择三要素成为一百年来个体选择职业的至尊法则，而且便于操作和实施，被广泛采用。

由此，可以把职业选择指导分为三个核心步骤：首先，分析个体特性差异；其次，分析职位需求的知识、技能和能力需求；最后，合理整合个体特性和职业任职资格需求，实现人职匹配。这一理论对转业军官职业指导尤为重要，因为转业军官多年的军人职业生涯，使其和一般个体相比具有明显个性。

---

① 王一敏：《当代青年的职业选择与指导》，上海教育出版社 1998 年版，第 36 页。

3. 霍兰德的个性—职业类型理论

霍兰德是美国霍普金斯大学心理学教授，长期从事职业咨询。1959年提出了具有广泛社会影响的职业选择理论。1973 年霍兰德发表《做出职业选择》一书，全面阐释了他的职业选择理论。

霍兰德将人的个性分为六种类型，即现实型、研究型、社会型、企业型、常规型和艺术型。他认为，绝大多数人都可以被归于六种类型中的一种。与上述个性类型相对应，霍兰德将环境也划分为相应的六大基本类型。作为职业咨询人员的霍兰德主要关注职业环境，他认为，相应地存在着六种职业环境类型。

霍兰德认为，人们一般倾向于寻找与其个性类型相一致的环境，这种环境能让其运用自己的技巧能力，表达自己的态度与价值观，并且承担令人愉快的工作和角色。同样，环境也寻求与其类型相一致的人。因此，如果知道了个体的个性类型及其所处环境类型，就可以根据有关知识对个体行为进行预测，包括职业选择、工作转化、工作绩效以及教育和社会行为等，其理论实质在于劳动者与职业的相互适应。①

（1）现实型（R）的对应关系。从业者个性特点：愿意使用工具从事可操作性工作，动手能力强，做事手脚灵活，动作协调。偏好于具体任务，不善言辞，做事保守，较为谦虚。缺乏社交能力，通常喜欢独立做事。

职业环境特点：喜欢使用工具、机器，需要基本操作技能的工作，人际要求不高；要求具备机械方面才能、体力或从事与物件、机器、工具、运动器材、植物、动物相关的工作。

适应的典型职业：技术性职业，如计算机硬件人员、摄影师、制图员、机械装配工；技能性职业如木匠、厨师、技工、修理工、农民、一般劳动。

（2）研究型（I）的对应关系。从业者个性特点：抽象思维能力强，求知欲强，肯动脑，善思考，不愿动手，具备从事观察、评价、推理等方面的能力；不善于领导他人。

职业环境特点：具备智力、抽象、分析、独立能力的定向任务，富有创造性的工作；要求具备智力或分析才能，并将其用于观察、估测、

---

① 孙彤、李悦主编：《职业设计与优选人才》，山东人民出版社 1995 年版，第 39 页。

衡量、形成理论，并最终解决问题的工作。

适应的典型职业：科学研究人员、教师、工程师、电脑编程人员、医生、系统分析员等。

（3）艺术型（A）的对应关系。从业者个性特点：感情丰富，易冲动，有创造力，乐于创造新颖、与众不同的成果，喜欢通过各种媒介表现自己的个性，实现自身价值；缺乏文书、办事员之类具体工作能力。做事理想化，追求完美，不重实际。具有一定的艺术才能和个性。善于表达、怀旧、心态较为复杂。

职业环境特点：要求具备艺术修养、创造力、表达能力和直觉，并将其用于语言、行为、声音、颜色和形式的审美、思索及感受的工作。

适应的典型职业：艺术方面，演员、导演、艺术设计师、雕刻家、建筑师、摄影家、广告制作人；音乐方面，歌唱家、作曲家、乐队指挥；文学方面，小说家、诗人、剧作家。

（4）社会型（S）的对应关系。从业者个性特点：喜欢与人交往、不断结交新的朋友，善言谈、愿意教导别人，关心社会问题、渴望发挥自己的社会作用，比较看重社会义务和社会道德；不善于机械类工作。

职业环境特点：要求与人打交道的工作，从事提供信息、启迪、帮助、培训、开发或治疗等解释、修正人类行为的事务。

典型职业：教育工作者，教师、教育行政人员；社会工作者，咨询人员、公关人员。

（5）企业型（E）的对应关系。从业者个性特点：追求权力、权威和物质财富，具有领导才能，喜欢竞争、敢冒风险、有目标、自信，以利益得失、权利、地位、金钱等衡量做事的价值；不重视理论，自身科研能力较弱。

职业环境特点：要求具备经营、管理、劝服、监督和领导才能，以实现机构、政治、社会及经济目标的工作。

适应的典型职业：项目经理、销售人员，营销管理人员、政府官员、企业领导、法官、律师。

（6）常规型（C）的对应关系。从业者个性特点：谨慎和保守，缺乏创造性，不喜欢冒险和竞争，富有自我牺牲精神，习惯他人的指挥和领导，细心、有条理，注重细节。

职业环境特点：要求注意细节、精确度、有系统有条理，具有记录、归档、据特定要求或程序组织数据和文字信息的工作。

适应的典型职业：秘书、办公室人员、记事员、会计、行政助理、图书馆管理员、出纳员、打字员、投资分析员。

霍兰德作为职业咨询和指导者，制定了职业倾向测试量表，通过对被试者的理想职业、活动兴趣、职业特长、职业爱好等方面的测验，确定被试者上述六种类型的组合情况，并根据其个性类型寻找适合被试者的职业。在转业军官再次职业选择过程中，可以引入霍兰德职业倾向测试，为职业选择提供依据。

4. 施恩的职业锚理论

施恩是美国麻省理工学院教授，通过对 44 名硕士毕业生职业生涯研究发现，尽管每个参与者的职业经历大不相同，但从职业决策和对关键职业事件的各种感受中发现了惊人的一致性，当人们从事与自己不适合的工作时，一种意识会将他们拉回使他们感觉更好的方向（职业）上，这就是职业锚。

职业锚是一个人在面临困难的职业选择时，个体无论如何也不会放弃内心深层次的东西，是需要、能力和价值观的综合。[①] 施恩认为，职业锚是内心深处的自我认知，即使没有机会去实践，它依然会存在而且不易改变。随着人们对工作经验和工作成绩的澄清和洞察，人们对自己的职业决策有了更为理性、更有力的依据。自我认知发挥越来越强的导向作用，并成为调控职业选择的"锚"。

施恩认为，每个人都有适合自己的职业锚，每个人的职业选择只有定位在自己适合的职业锚上，才能发挥自己的才能并取得与自己能力相称的业绩，获得满足感；对于组织而言，只有将人员安排到适合其职业锚的岗位上，才能发挥其才能，取得组织的管理绩效和持续发展。

职业匹配理论虽然各自的研究视角不同，但都是从静态意义上强调人的个性心理和职业相匹配。但人的职业选择不是一次完成的，而且个性心理在内外环境下也会不断变化，个性和职业的匹配也会不断变化，需要再次匹配的选择。因此，职业选择是一个过程，每个阶段有其各自的特点和任务。

---

① 钟继利：《施恩职业理论在苏北小学教师职业生涯规划中的应用研究》，硕士学位论文，南京师范大学，2007 年，第 5—6 页。

（二）职业决策理论

职业决策理论的发展始于 20 世纪 60 年代，一些国外学者从不同学科视角研究职业决策过程中的个体行为和选择模式，以达到人职匹配的理想状态，并用于职业指导。我国学者王一敏（1998）在《当代青年的职业选择与指导》一书中对职业决策理论进行了介绍和梳理，在此主要阐述希尔顿（T. L. Hilton）和盖拉特（H. B. Gelatt）的职业决策理论。

1. 希尔顿的职业决策理论

希尔顿从心理学视角对职业选择中个人决策过程进行了探究，其个人决策流程模式是在"认知不协调"理论基础上构建的。"认知不协调"是指个体的思想、态度和行为等认知因素之间出现不一致而产生心理上的紧张，会导致对行动产生压力。[1] 希尔顿认为，人的职业决策过程从"前提"（个体对职业的信念和期待）与"环境"（工资待遇、工作内容、劳动条件等）开始的。如果高强度不协调，则应回避退回"前提"，重新调整自己；否则重新推敲"前提"或制造新的前提，然后依次继续决策。具体过程如图 7 - 1 所示。[2]

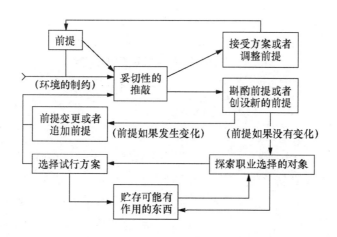

图 7 - 1　希尔顿个人决策流程模式

① 王一敏：《当代青年的职业选择与指导》，上海教育出版社 1998 年版，第 106 页。
② 同上。

由此可以看出，希尔顿的职业决策过程是个体职业认知和现实条件不断协调的过程，由不协调到协调的职业选择过程，适应环境是实现职业决策的重要条件。

2. 盖拉特的连续性决策理论

盖拉特从应用经济学视角，以投资战略理论为基础构建了其连续性决策过程模式，具体如图 7-2 所示。①

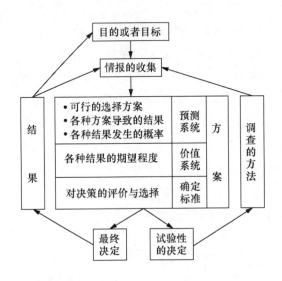

图 7-2 盖拉特的连续性决策过程模式

盖拉特（1962）提出的职业决策过程模式，将职业决策过程分为以下五个步骤：①个体意识到做决策的需要，并制定决策的目的或目标；②收集与目标或目的有关的信息，同时调查所有可能的方案；③对收集到的信息进行预测，估计可能的选择结果以及结果出现的概率；④根据价值系统，评价结果是否满足需要；⑤决策的估价和选择，根据可能结果及结果价值，按照一定标准，做出决策。决策分为终极性决策或调查性决策两种。终极性决策是指与目的或目标一致或相关的决策；调查性决策是指还需进一步考察的决策。调查性决策最后将导致终极性决策。他认为，预测系统和价值系统的内容比决策标准更容易观察到，

---

① 王一敏：《当代青年的职业选择与指导》，上海教育出版社 1998 年版，第 107 页。

而且远不如决策标准复杂，由此提高信息服务将会增加做出好的决策的可能性。盖拉特（1989）把作决策重新定义为："决策是一种将信息调整再调整，融入决策或行动内的历程。"这个决策历程中包含信息、调整再调整的历程、行动的决定三个要素。①

（三）社会认知职业理论

社会认知职业理论 SCCT 主要源于班杜拉（Bandura，1986）的一般社会认知理论。社会认知理论强调在指导人的行为过程中，自我效能和社会过程是相互作用的。SCCT 从一般社会认知理论中借鉴了来自个人的三个决定因素：自我效能、结果期待和个人目标。这三个概念是 SCCT 的基石，是行使个人力量的主要机制。

自我效能指人们对组织和实施要达到行为结果能力的信念。结果期待是个人对从事特定行为结果的信念。个人目标是个人行使自己力量的关键机制，通过对个人目标的设定，人们组织、指导和维持自己的行为。这三个因素相互联系、相互作用，共同影响个体的职业选择和决策。目标影响自我技能的发展。反过来，自我效能和结果期待又影响目标的选择和努力。具体如图 7 – 3 所示。②

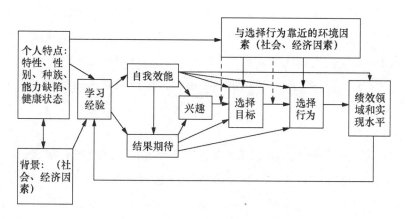

图 7 – 3　社会认知职业理论完整模型

① 彭永新、龙立荣：《国外职业决策理论模式的研究进展》，《教育研究与实验》2000 年第 5 期，第 46 页。

② 龙立荣、方俐洛：《职业发展的整合理论述评》，《心理科学》2001 年第 24 卷第 4 期，第 484 页。

从该模型中可以看出特定职业的自我效能与结果预期会塑造个人的职业兴趣。职业兴趣形成后，与自我效能和结果预期一起，将促进个人产生目标；目标又将促成行动并达到一定的绩效成就，绩效成就又会反作用于自我效能和结果预期，形成一个动态反馈环路。自我效能和结果预期并不能脱离社会、经济因素起作用。职业选择是一个双向选择的、开放的过程，会受到多种因素的影响，而且有多个选择点。职业选择常常但并不总是与职业兴趣有关，自我效能和结果预期也会直接影响职业选择目标和行动。另外，"先前的背景因素"、"当前的环境因素"也会影响职业选择过程。工作绩效取决于人们的能力、自我效能、结果预期以及绩效目标之间的交互作用。工作绩效也会提供一个反馈环路，反作用于自我效能和结果预期。①

（四）发展系统理论

福特和勒纳（Ford and Lerner, 1992）提出了发展系统理论（DST），该理论包含两个子理论：一是个人活动过程理论，主要思想体现在福特（1987）的生活系统理论（LSF）；二是个人活动动力理论，体现在福特（1992）提出的动机系统理论（MST）。②

LSF对个体的分析不仅仅局限于特定属性或过程，而且涉及环境中个体的方方面面，重视一般个体特点和特殊个体特性在职业选择、发展中作用的差异。他们认为，没有对特定个人的准确认识，就不能形成有用的、关于职业发展阶段的认识。环境会促进或限制人的可能的职业道路的发展，环境可为有些人提供一些道路和支持，而对另外一些人则会制造障碍。

MST认为，动机影响人们决定是否努力维持、恢复已有状态，为新的、更高的结果而奋斗，但它只是确认问题和机遇，不解决这些问题；解决问题或把机遇变成现实是由技能、生物学和环境成分完成的。福特确定了三个动机成分：个人目标、个人力量信念和情绪，并认为这三个成分在现实生活中共同发挥作用。个人目标是个体根据经验对所希望的

---

① 高山川、孙时进：《社会认知职业理论：研究进展及应用》，《心理科学》2005年第28卷第5期。

② 龙立荣、方俐洛：《职业发展的整合理论述评》，《心理科学》2001年第24卷第4期，第485页。

结果或规避出现的结果的思考，是个体行为的动力源；个人力量信念是指个人对自己是否有能力和机会达到某一目标或取得所需要的结果的个人评价，它由能力信念和环境信念组成，在长期目标达成中起作用；情绪在支持和促进达成理想的结果时具有激发能量的功能，在短期目标达成上起作用。

DST 关注的是行为及行为模式的有效性，即有利于实现或促进朝职业相关的方向进步。可用公式表示如下[①]：

$$成就或胜任 = \frac{动机 \times 技能}{生物学因素} \times 应答性环境$$

发展系统理论认为取得成功或能够胜任取决于动机、技能、生物学因素和应答性环境。特定的行为情节、有效的行为需有与目标方向一致，直至达到目标的动机；需有达到理想的结果所需的技能；个人的生物学系统需支持行为情节的动机和技能；个人必须处于一种所谓的应答性环境，该环境有利于行为情节的成功。同时 DST 认为，个人的职业发展方向是开放的、不可预测的，而且发展的道路在一生中会有显著的变化。

二　职业能力开发理论

人类对职业能力及其开发的理解是一个逐渐深入的过程。在这个过程中，斯内登（D. Snedden）和普罗瑟（C. Prosser）20 世纪初创立的社会效率主义职业能力开发理论，20 世纪 80 年代产生于西方的新职业主义职业能力开发理论，以及从 20 世纪 90 年代末期开始受到关注的建构主义职业能力开发理论对各国职业能力开发理论产生了重大影响。[②] 我国学者吴晓义（2007）在《职业能力开发研究的理论进展》一文中对上述理论进行了梳理和分析。

（一）社会效率主义的职业能力开发理论

社会效率主义理论产生于 20 世纪初，是由美国教育家斯尼登和普洛瑟建立并应用于实践的。该理论认为，只有有效率的社会，才能创造一个积极的环境，在这样的社会中，个体可以充分发展并感到满意。同

---

① 龙立荣、方俐洛：《职业发展的整合理论述评》，《心理科学》2001 年第 24 卷第 4 期，第 485 页。

② 吴晓义：《职业能力开发研究的理论进展》，《职教论坛》2007 年第 7 期，第 48 页。

时，社会效率主义者认为公立学校负有通过提高社会的效率促进社会发展的使命，是社会体系的保证。职业教育是社会效率保证机制的一部分，因为受过良好训练的、顺从的劳动力是建立有效率社会的必要条件。

他们认为，通过心理测量可以将学生分流到学术轨道和职业轨道，并认为这是一个可靠、科学的手段。按照斯尼登和普洛瑟的社会发展逻辑，社会应依靠心理测量学和社会学指导学生进入导向他们"可能命运"的教育轨道。学校等职业能力开发机构则依据行为主义的心理学理论制定职业能力开发目标，设计职业能力开发程序和组织职业能力开发活动。他们强调为使学生形成正确的工作和伦理习惯，职业能力开发的过程必须要在一定的职业情境中进行，要有合理的目标分解、科学的反馈安排和巧妙的激励设计。

社会效率主义理论是一个较为完整和系统的职业能力开发理论。它不仅从宏观着眼，使职业能力开发模式适应经济社会发展的需要；而且从微观入手，使职业能力开发模式具有可操作性。另外，其对学生分类开发职业能力的思想至今仍有借鉴意义。

（二）新职业主义的职业能力开发理论

随着科学技术进步，社会发展由工业时代进入知识经济时代，工作结构与性质发生了重大变化。一方面，非熟练、半熟练工作减少，需要劳动者具备多种及更高水平技能的工作增加；另一方面，全时制固定工作减少，部分时间的临时工作增加，这导致工作流动速率加快。[1] 在这种社会环境中，重视单一技能开发的社会效率主义理论遭到质疑。强调尊重劳动者本身的价值、重视对劳动者的智能开发，主张职业能力开发应加强职业基础教育和关键能力培养的呼声日益高涨，形成了 21 世纪80 年代以来西方所谓的新职业主义运动。[2] 在西方的新职业主义运动中，美国和英国在政府的推动下，影响广泛。

美国从 1983 年的《国家处在危机之中：教育改革势在必行》开始，到 1994 年美国政府颁布的《从学校到工作机会法案》，共进行了

---

① 石伟平、徐哲岩：《新职业主义：英国职业教育新趋向》，《外国教育资料》2000 年第3 期，第 47 页。

② 吴晓义：《职业能力开发研究的理论进展》，《职教论坛》2007 年第 7 期，第 49 页。

四轮新职业主义运动，其中心是寻求中学学术教育与职业教育的平
衡。① 这一运动对美国职业教育的目标、内容、教学范式产生了重大
影响。

英国的新职业主义运动主要目标明确，即构建与巩固一个针对所有
青年的全新的职业教育体系，使面向青少年学生的教育、培训与其职业
要求联系起来，在教育与职业生活之间建立起更密切的内在联系。具体
包括把职业教育纳入主流教育、融合职业教育与普通教育、构建全新的
职业教育体系三个方面。新职业主义提出核心技能理论、提高普通教育
的职业性、加强职业教育与企业界的合作三方面策略，以达成上述
目标。②

（三）建构主义的职业能力开发理论

建构主义是建立在哲学和心理学基础上的一种学习理论。从哲学认
识论而言，建构主义思想渊源可以追溯到 17 世纪末 18 世纪初意大利哲
学家詹巴蒂斯塔·维柯，他提出"真理即创造"的原则，这一思想改
变了人们认为人类活动及其历史无法得到科学认识的看法，从而开启了
建构主义思想的先河。③ 而瑞士学者皮亚杰作为建构主义的先驱，创立
了发生认识论，使结构主义成为发生认识论的重要组成部分。他在
《发生认识论原理》一书中指出："认识发展过程是一个内在结构的连
续组织与再组织过程。"④ 现代建构主义则是在皮亚杰"认识发生论"、
维果茨基"智力发展理论"以及布鲁纳"认知结构理论"基础上形成
发展起来的。⑤

建构主义被人们认为是教育心理学领域中"正在发生的一场革
命"。20 世纪 90 年代初到 90 年代中后期，从建构主义开始兴起到它达

① 谌启标：《美国新职业主义运动的理念与实践》，《外国教育研究》2001 年第 28 卷第 5
期。

② 石伟平、徐哲岩：《新职业主义：英国职业教育新趋向》，《外国教育资料》2000 年第
3 期。

③ 张桂春：《激进建构主义教学思想研究》，博士学位论文，华东师范大学，2002 年，
第 12 页。

④ 郭昀、张伟：《建构主义含义及其理解》，《云南师范大学学报》2004 年第 24 卷第 6
期。

⑤ 季素月：《建构主义理论对高等教育教学的启示》，《扬州大学学报》（高教研究版）
2001 年第 5 卷第 3 期，第 22 页。

到鼎盛时期，西方学者（包括国内部分学者）对建构主义一般都积极倡导，广泛赞扬并大力支持。① 建构主义理论的核心观点是：①知识不是被动积累的，而是个体积极组织的结果；②认知是一个适应过程，它使个体能在特定环境中更好地生存；③认知对个体的经验起组织作用，并使之具有意义，而不是一个精确表征现实的过程；④认知既有生物的、神经的结构基础，又有来源社会的、文化的和以语言为手段的相互作用。②

以建构主义理论为基础的职业能力开发强调个体在学习知识过程中主动作用和主导作用，学习不是知识由教师向学生的传递，而是学生主动建构自己知识的过程。学习者不是被动地刺激接受者，而是对自己知识的主动建构者。在他们看来，只有当主体已有的适应模式不能用来适应新环境时，真正的学习才能发生。注重通过真实的职业情境来引发学生的学习动机。由此，在职业能力开发过程中，通过营造适宜的环境，来激发学习者主观能动性会直接影响职业能力开发的效果。

三　人力资本理论

人力资本理论是人力资源开发的重要理论，其揭示了人力资本在社会经济发展中的重要作用，并指出人力资本形成的途径和过程，使作为人力资本载体的人力资源成为社会关注的核心和社会发展的重要资源。

（一）人力资本理论的形成

人力资本的理论渊源可以追溯到古希腊时期，柏拉图（Plato）就曾经指出，国家管理者既要学习包括数学、几何学和天文学等文化知识，又要有强健的体魄，而且还要有良好的品行，而要获取知识就必须接受教育和训练。亚里士多德也曾多次提及知识、技能在生产活动中和决定个人社会地位中的作用。这是人力资本理论的最初萌芽。

在古典经济学时期，英国经济学家亚当·斯密在《国民财富的性质和原因》一书对人力资本理论进行了初步阐述。他把资本分为固定资本和流动资本，他认为，资本除了通常人们理解的固定资本之外，还包

---

① 何克抗：《关于建构主义的教育思想与哲学基础——对建构主义的反思》，《中国大学教学》2004 年第 7 期，第 15 页。

② 吴晓义：《职业能力开发研究的理论进展》，《职教论坛》2007 年第 7 期，第 49 页。

含"社会上一切人民学到的有用才能"。① 李义平（2002）认为，这些论述，几乎具有后来经济学家所讲的人力资本的所有基本特征，只是由于斯密所处的时代是工场手工业时代，一般意义上的资本更为稀缺，更为关键，因而更为人们关注。因此，斯密的这一理论没有引起人们的重视。②

人力资本理论形成于西方 20 世纪 50 年代末 60 年代初，标志是西奥多·W. 舒尔茨（Theodor W. Schultz）在 1960 年美国经济学会年会上发表的题为《人力资本的投资》的著名演讲，阐述了许多无法用传统经济理论解释的经济增长问题，明确提出人力资本是当今时代促进国民经济增长的主要原因，第一次系统阐述了人力资本理论。因此，他也被后人誉为"人力资本之父"，并由此获得 1979 年诺贝尔经济学奖。

舒尔茨提出人力资本理论之后，引起众多经济学家的关注，与舒尔茨同时代的加里·S. 贝克尔（Gary S. Beckey）、雅各布·明塞尔（Mincer）、爱德华·丹尼森（Denision）等也分别从不同角度对人力资本进行了论述。雅各布·明塞尔的研究从人的后天质量差别及其变化入手，认为工人收入的增长和个人收入差距缩小的根本原因是人们受教育水平的普遍提高，是人力资本投资的结果。③ 加里·S. 贝克尔系统阐述了人力资本与人力资本投资的问题，在人力资本理论微观研究和人力资本投资研究上做出了突出贡献，由此获得了 1992 年的诺贝尔经济学奖。他指出人力资本投资就是"通过增加人的资源影响未来货币与心理收入的活动。……这种投资包括正规学校教育、在职培训、医疗保健、迁移，以及收集价格与收入的信息等多种形式"。④ 加里·S. 贝克尔进一步发展了人力资本理论，使之成为系统而完整的理论体系。⑤ 由此，美国经济学家西奥多·W. 舒尔茨和贝克尔被公认为是人力资本理论创

---

① 李义平：《人力资本理论的脉络及其现实启迪》，《国家行政学院学报》2002 年第 3 期，第 39 页。

② 同上。

③ 王明杰、郑一山：《西方人力资本理论研究综述》，《中国行政管理》2006 年第 8 期，第 93 页。

④ ［美］加里·S. 贝克尔：《人力资本：特别是关于教育的理论与经验分析》，梁小民译，北京大学出版社 1987 年版，第 1 页。

⑤ 王明杰、郑一山：《西方人力资本理论研究综述》，《中国行政管理》2006 年第 8 期，第 94 页。

始人。

（二）人力资本理论主要内容

舒尔茨认为，人力资本（Human Capital）主要指凝集在劳动者本身的知识、技能及其表现出来的劳动能力。这是现代经济增长的主要原因，因而是一种有经济效率的资本。他说："人力投资的增长无疑已经明显提高了投入经济起飞过程中的工作质量，这些质量上的改进也已成为经济增长的一个重要源泉。""有能力的人民是现代经济丰裕的关键。他们是经济增长的一个源泉。"①

舒尔茨认为，人力资本通过人力投资获取。他认为："由于拥有其本身的人力资本价值，劳动者已经变成了'资本家'。人力资本是由人们通过对自身的投资所获得的有用能力所组成的。为了获得这种有用能力，人们必须要承担其所消耗的费用，并且付出为扩大自己未来的收入及未来的满足程度所必须花费的时间价值，因而，通过这种投资方法，人们所获得的有用能力便构成了人力资本。"② 人力投资的过程是将货币资本或财富转换为人的知识、技能和能力形态的过程。"作为人力投资的结果，人力资本部分已经变得非常巨大"③，使人力与其他商品一样，具有价值和使用价值。

舒尔茨认为，人力投资的目的是要获得投资收益，而且人力投资的收益高于其他投资的收益。"教育投资的收益与非人力资本投资的收益相比则具有更大的吸引力。"④ 他在分析美国国民收入时明确指出，在迄今未被说明的劳动工资增量中，有36%—70%是工人增加教育的收益。⑤

清华大学教授郑晓明认为，人力资本理论的核心观点为：①资本包括体现在产品上的物质资本与体现在人身上的人力资本。②人力资本投资收益率超过物力资本投资收益率。③只有通过一定方式投资，掌握了

---

① ［美］西奥多·W. 舒尔茨：《论人力资本投资》，北京经济学院出版社1992年版，第25、92页。
② 同上书，第7页。
③ 同上书，第1页。
④ 同上书，第205页。
⑤ 陈云芝：《论以人为本的发展理念》，博士学位论文，中共中央党校，2006年，第33页。

一定知识和技能的人力资源才是一切资源中头等重要的资源。④人的能力和素质是通过人力投资而获得的，人力资本是对人力的投资而形成的资本。从货币形态看，它表现为提高人力的各项开支，主要有学校教育和在职培训支出、保健支出、劳动力迁徙的支出等。⑤无论对个人还是对社会，人力资本的投资必然有收益。①

中国人民大学教授李义平依据舒尔茨对人力资本理论的论述，将其内容归纳为五个方面：①人力资本体现在人的身上，表现为人的知识、技能、资历、经验和熟练程度等，一句话，表现为人的素质。②从经济发展的角度看，人力资本是稀缺的，特别是企业家型的人力资本。③人力资本是通过投资形成的资本，例如教育和健康的支出。从这个意义上讲，教育和健康支出是生产型的。④人力资本像一切资本一样，都应当获得回报。人的时间的经济价值的提高是一种趋势。⑤人力资本使人的时间的经济价值提高对经济发展的作用越来越大。②

郑晓明教授的归纳和李义平教授的归纳虽然有些差异，主要是学科角度不同。但其核心观点是一致的，即人力资本是通过投资形成的，教育作为一种投资方式至关重要。教育具有提高劳动生产率、提高人们处理经济条件变化从而驾驭经济发展的能力。没有教育的作用，就不可能有现代经济的繁荣并实现持续性增长。发挥教育的这一功能，作为为社会输送中高级专业人才的高等教育必须与时俱进，不断探索人才培养的新模式，这是人力资本理论带给教育的启迪。

（三）人力资本理论的价值

1. 人力资本理论确立了教育在经济发展中的作用

舒尔茨认为，人力资本是人类社会进步的重要因素，而人力资本的形成主要是通过教育投资完成资本由货币形态向知识、技能和能力形态转化的过程。他认为人口质量和知识投资在很大程度上决定了人类未来的前景。而在人力资本投资的各种方式中，个体获得人力资本的主渠道无疑是教育投资，由此人力资本理论明确了教育投资在经济发展中的主导作用。

---

① 郑晓明编著：《人力资源管理导论》，机械工业出版社 2005 年版，第 46 页。

② 李义平：《人力资本理论的脉络及其现实启迪》，《国家行政学院学报》2002 年第 3 期，第 40 页。

　　舒尔茨认为，人力资本投资与其他方面的投资比较起来，是一种投资回报率很高的投资。舒尔茨运用收益率法测算了人力资本投资中最重要的教育投资对美国 1929—1957 年国民经济增长的贡献，约有 33% 是由教育形成的人力资本做出的贡献。[1] 舒尔茨将教育投资视为生产性投资，认为"这种投资收效虽然较慢，但一经发生作用，它的经济效果可以超过资本的投资。相同的费用，用于提高劳动者的质量比起单纯地增加生产设备和劳动者的数量，更有利于提高劳动生产率，而劳动生产率一旦有新提高，便可以以加倍的速度增加社会财富。"[2]

　　舒尔茨之后，美国学者爱德华·丹尼森之运用实证计量方法证明了人力资本在经济增长中的作用。由于在用传统经济分析方法估算劳动和资本对国民收入增长所起的作用时会产生大量未被认识的、难以用劳动和资本投入来解释的"残值"，丹尼森对此做出了最令人信服的解释。他通过精细的分解计算，论证出美国 1929—1957 年的经济增长有 23% 归功于教育的发展，即对人力资本投资的积累。由于教育水平的提高，劳动力的平均质量提高了 0.9 个百分点，对美国国民收入增长率的贡献是 0.67 个百分点，占人均国民收入增长的 42%。丹尼森的研究为舒尔茨的理论提供了有力证据，并引发了从 20 世纪 60 年代开始长达十多年的全球各国教育经费的猛增。[3]

　　2. 人力资本理论引起人力资源管理的价值革命

　　舒尔茨的人力资本理论认为，人力资本是人类社会进步的重要因素，由此明确了人力资本在提高生产效率、促进经济发展中的主导地位。这一理论的出现不仅使传统的资本理论、增长理论、分配理论等出现了深刻变化，而且还向过去完全或基本忽视人力资本作用的其他理论领域迅速扩展，从而掀起了一股人力资本问题研究的热潮。在人力资源管理领域，则引发了其管理理念的根本性变革，由传统的物本管理转向现代的人本管理，重新定位了人力资源管理的价值取向。

　　现代人力资源管理由传统人事管理发展演变而来，萧鸣政（2001）

---

　　① 张文贤：《人力资本》，四川人民出版社 2008 年版，第 16 页。
　　② 同上书，第 21 页。
　　③ 王明杰、郑一山：《西方人力资本理论研究综述》，《中国行政管理》2006 年第 8 期，第 93 页。

认为，人力资源管理是在经济学与人本思想指导下，通过招聘、甄选、培训、报酬等管理形式对组织内外相关人力资源进行有效运用，满足组织当前及未来发展的需要，保证组织目标实现及成员发展的最大化。20世纪60年代初，"人力资源管理"一词取代了"人事管理"。

传统人事管理通常指为完成组织任务，对组织中涉及人与事的关系进行专门化管理，使人与事达到良好的匹配。具体而言，即单位或集体在与职工保持劳动关系期间对其职工个人利益或业务进行管理，如聘用、聘任、薪酬、培训、晋升、考核、奖惩等。人事管理通常被认为是指对人事关系的管理，是人事部门作为组织内的职能部门所从事的日常事务性工作。

现代人力资源管理与传统人事管理特点相比较，具有较大区别。关于两者区别的研究，我国学者从观念、方式、内容、性质、要求、功能、地位、特征等不同角度出发，研究其差异。北京大学教授萧鸣政认为两者的主要区别表现在思想观念上，而不是操作方式上。

关于二者异同的比较研究总体上缺乏统一规范。从比较的范围看，有宏观的，有微观的；从比较的视角看，有理论的，有实践的。比较研究首先应该有一个科学比较标准，在此标准下进行比较才会有科学的研究结果。因此，可从宏观和管理的角度归纳为四个方面的区别，具体如表7-3所示。

表7-3　　　　　　　人力资源管理与传统人事管理的区别

比较要素	人力资源管理	传统人事管理
管理理念	视人为资源、以人为中心	视人为成本、以事为中心
管理内容	丰富招聘、培训、绩效、薪酬等活动	比较简单，事务性、任务性活动
管理模式	主动开发型 策略式管理	被动反映型操作式管理
管理部门地位性质	中上层决策战略系统 生产效益部门	低层次、操作行政系统非生产效益部门

资料来源：笔者依据相关资料整理。

在人力资源管理与传统人事管理区别上，本书认同北京大学教授萧鸣政的观点。即主要区别表现在思想观念上，但表述为管理理念差别。管理理念是管理过程中支撑管理实践活动的核心文化和深层价值观，理念的根本转变，直接会引起管理方式、方法、要求、内容等方面的改变。由此可以认为，两者的根本区别是管理理念、管理内容、管理模式和管理部门地位性质，这些变化印证了人力资本理论带来了人力资源管理的价值革命。

四 可持续发展理论

（一）可持续发展理论的形成

可持续发展理论是一种基于环境污染和生态破坏之后的社会发展理念反思。其思想渊源，最早可追溯到 18 世纪古典经济学理论和自然保护学说关于人口、资源、环境与经济社会间相互关系的研究。[①]

18 世纪产业革命以来，西方国家在工业化的进程中由于秉承"私有财产不可侵犯"的社会管理理念，国家在工业生产中没有采取任何环境保护措施，大量资源被消耗，环境被严重破坏。英国早期著名经济学家马尔萨斯在 1789 年发表的《人口原理》中竭力呼吁："人口增殖力和土地生产力天然的不相等，而伟大的自然法则都必须不断使它们的作用保持相等，我认为，这便是阻碍社会自我完善的不可克服的巨大困难。与此相比，所有其他困难都是次要的，微不足道的。这一法则制约着整个生物界。"[②] 英国近代著名经济学家约翰·穆勒在 1848 年发表的《政治经济学原理》中提出了"静态经济论"，即自然环境、人口和财富均应保持在一个静止稳定的水平上，而这一水平要远离自然资源的极限。

古典经济学家在不断完善他们理论的同时，西方自然保护学说的早期代表人物美国地理学家乔治·马什出版了《人与自然》一书。他提醒人类已经忘记了"地球不只是人们提供一定量的物质享用，地球本身不是供人类消费的，也不是用作人类的垃圾桶"。19 世纪末期，美国人意识到自然资源的价值，掀起了历史上第一次保护自然资源的环境保护运动，在这次运动中，自然保护主义者吉福特·平肖明确提出了

---

① 崔海伟：《中国可持续发展战略的形成和初步实施研究》，博士学位论文，中共中央党校，2013 年，第 34 页。

② ［英］马尔萨斯：《人口原理》，朱泱等译，商务印书馆 1992 年版，第 8 页。

"持续发展"的主张。①

第二次世界大战后，西方各国为重建家园，经济发展速度迅猛，人口急剧膨胀，生态环境更加恶化，人类前途堪忧。1962 年，美国女生物学家莱切尔·卡逊（Rachel Carson）发表了一部引起轰动很大的环境科普著作《寂静的春天》。作者描绘了一幅由于农药污染所造成的可怕景象，惊呼人们将会失去"春光明媚的春天"，在世界范围内引发了人类关于发展观念上的争论。

1972 年，联合国在瑞典斯德哥尔摩召开世界环境大会，会议的主题偏重于讨论由人类经济发展引出的环境保护问题，而不是像今天这样更密切讨论环境与发展之间的双向关系，会议报告《只有一个地球》虽然没有提出"可持续发展"这个术语，但已经产生了与可持续发展概念相接近的思想。会议通过的《人类环境宣言》呼吁各国政府和人民为维护和改善人类环境，造福全体人民，造福后代而共同努力。

可持续发展理论形成于 20 世纪 80 年代。1981 年，美国世界观察研究所所长莱斯特·R. 布朗在《建设一个持续发展的社会》中第一次系统阐述了可持续发展理论。1987 年由挪威首相布伦特兰夫人领导的联合国环境与发展委员会公布了《我们共同的未来》，这个报告给可持续发展的内涵下了一个定义：既满足当代的需要，又不对后代人满足其需要的能力构成威胁和危害的发展。② 可持续发展思想一经提出，很快在世界范围内得到认同，并被普遍接受。1992 年 7 月，在联合国主持的世界环境与发展大会上，各国首脑庄严地签订了以可持续发展为主题的《21 世纪议程》，由此世界进入了可持续发展时代。

可持续发展的思想是人类社会发展的产物，是人类以新的价值观和道德观审视道德主体行为善恶后而做出的理性选择。人类的这一次反思是深刻的，反思所得的结论具有划时代的意义。这正是可持续发展的思想在全世界不同经济水平和不同文化背景的国家能够得到共识和普遍认同的根本原因。

---

① 崔海伟：《中国可持续发展战略的形成和初步实施研究》，博士学位论文，中共中央党校，2013 年，第 35 页。

② 世界环境与发展委员会：《我们共同的未来》，吉林人民出版社 1997 年版，第 52 页。

（二）可持续发展理论内容

1. 可持续发展内涵

可持续发展概念从 1980 年被提出后，全球范围内对可持续发展问题的讨论形成阵阵热潮。经济学家、社会学家和自然科学家分别从各自学科的角度对可持续发展进行了阐述，给出了各自的定义：①从自然属性定义可持续发展。可持续性这一概念是由生态学家首先提出来的，即所谓生态可持续性。1991 年 11 月，国际生态学联合会和国际生物学联合会联合举行了关于可持续发展问题的专题研讨会。该研讨会将可持续发展定义为："保护和加强环境系统的生产和更新能力。"②从社会学属性定义可持续发展。1991 年，由世界自然保护同盟、联合国环境规划署和世界野生生物基金会共同发表了《保护地球——可持续性生存战略》。该书将提出的可持续发展定义为："在生存不超出维持生态系统承载能力的情况下，提高人类的生活质量。"③从经济学属性定义可持续发展。这类定义虽有不同的表达方式，但都认为可持续发展的核心是经济发展。在《经济、自然资源、不足和发展》一书中，作者巴比尔（Edward B. Barbier）把可持续发展定义为："在保持自然资源的质量和其所提供服务的前提下，使经济发展的净利益增加到最大限度。"

在对可持续发展内涵界定中，由于学科角度不同，定义内涵也不同，形成了近百个定义。但有一个被国际社会普遍接受的可持续发展定义——布氏定义，"既满足当代的需要，又不对后代人满足其需要的能力构成威胁和危害的发展"。从这一公认概念中可以梳理出可持续发展包括共同发展、平衡发展、公平发展、整体发展的基本内涵。

2. 可持续发展理论内容

可持续发展引起全世界的高度关注，从生态环境领域逐步扩大到社会经济发展的各领域，由人与自然的关系，逐步演化为人与全社会的关系，人们更看重它的发展理念以及它的构成原理。由此可持续发展理论已超越了单纯的环境保护，成为集生态发展、经济发展、社会发展为一体的全面性发展战略。

生态可持续发展即按照生态经济学观点，现代经济社会系统是建立在自然生态系统基础之上的巨大的开放系统，以人类经济活动为中心的社会经济活动都是在大自然的生物圈中进行的。可持续发展要求经济建设和社会发展要与自然承载能力相协调，在不破坏生态平衡的前提下实现经济和社会的发展。

经济可持续发展是指发展不以伤害后代人的利益为前提来满足当代人的需求，保障人类发展的长期利益或后代人的持续收入。以此为基点的经济可持续发展，不仅重视经济增长数量，更追求经济发展质量。可持续发展要求改变传统的以"高投入、高消耗、高污染"为特征的生产模式和消费模式，实施清洁生产和文明消费，以提高经济活动中的效益、节约资源和减少废物。

社会可持续发展是指这种发展既能保障当今社会多因素、多结构的全面协调发展，又能为未来社会多因素、多结构的全面协调发展提供基本条件，至少不削弱这种发展能力。即世界各国的发展阶段可以不同，发展的具体目标也各不相同，但发展的本质应包括改善人类生活质量，提高人类健康水平，创造一个保障人们平等、自由、教育、人权和免受暴力的社会环境。

可持续发展是生态可持续发展、经济可持续发展和社会可持续发展三者的有机统一。在人类可持续发展系统中，经济可持续发展是主导，生态可持续发展是基础，社会可持续发展才是目的，从而实现人类社会的全面协调发展。①

五　相关理论与转业军官职业能力开发

（一）职业理论与转业军官职业能力开发

职业理论从静态、动态、社会、系统不同视角探寻了个体职业心理特征、社会环境与职业选择的相关性。

职业匹配理论虽然各自研究视角不同，但从静态意义上强调人的个性心理和职业相匹配。因此，转业军官职业能力开发应充分考虑转业军官个性心理特征，关注转业军官个体心中的职业锚，为他们配置合适的岗位，同时依据转业军官职业生涯特点确定职业开发目标，从而有利于他们转业后的持续发展。职业决策理论强调人的职业选择不是一次完成的，并且人的心理在内外环境下也是不断变化的，个体只有调整自己的"前提"即适应环境，才有可能协调，实现职业决策。由此，转业军官在职业选择过程中，只有转变观念，适应新环境的要求，才可以实现再

---

① 周玉梅：《中国经济可持续发展研究》，博士学位论文，吉林大学，2005年，第10页。

次就业。盖拉特的决策理论认为职业选择决策的基础是信息，信息的数量和质量及对其的判断分析直接影响决策过程的长短和决策的准确程度。这就要求政府就业服务部门在对转业军官的再次就业指导过程中，需要提供丰富的、准确的就业信息和专业的职业指导。社会认知职业理论强调自我效能和社会过程的相互作用，认为特定职业的自我效能与结果预期会塑造个人的职业兴趣，职业兴趣会促使目标形成，目标又会促进行动并影响绩效。由此在转业军官职业能力开发过程中运用军人特质强化转业军官的职业抱负，并积极创造条件，减少实现的障碍，则可以有效指导转业军官的再次就业，强化其选择自主择业的意识。由发展系统理论可以得知，影响转业军官成功再就业的因素是多方面的，既需要个体的努力和相应的技能，也需要良好的再就业环境。因此，在转业军官职业能力开发过程中，充分发挥转业军官的个体能动性，并由政府营造良好的就业环境至关重要。

（二）职业开发理论与转业军官职业能力开发

社会效率主义、新职业主义和建构主义的职业能力开发理论从不同学科视角研究了个体如何科学地获取技能、获取哪些技能以适应社会发展对岗位知识、能力的需求。社会效率主义职业开发理论提出根据不同的职业轨道培养学生相应的技能，并创造一个高效的社会环境；新职业主义强调培养不同职位共同需求的关键核心技能，以适应岗位的流动；建构主义强调个体在学习知识技能中的主动性价值。由此，在转业军官职业能力开发过程中，可以依据上述理论，对转业军官的职业能力开发分类进行。在目前计划转业军官、自主择业转业军官分类的基础上，对自主择业转业军官分别进行就业能力与创业能力开发，注重他们关键职业能力的培养，营造良好的政策环境和社会环境，激发他们学习的主动性，从而提升转业军官职业能力开发的有效性。

（三）人力资本理论对职业能力开发的启示

人力资本理论确立了教育在社会经济发展中的重要地位，促使人力资源管理理念的根本转变，即由以物为本转变为以人为本。由此，对人力资源职业能力开发也产生了重要影响，主要表现在职业能力开发的理念、形式和内容上。

人力资本理论对职业能力开发理念的影响，由以"事"为中心，到以"人"为中心。早期职业能力开发重视某一特定职业所需要的技能，职业能力开发需在职业情景中进行，忽略一般职业能力的开发。这就要求劳动者必须适应"事"的能力要求，而当劳动者由于客观、主观原因出现职业转换后，无法适应其他职业需求，由此使劳动者就业选择范围变窄。后期的建构主义职业能力开发理论，则重视被开发者在职业能力开发过程中主导作用，并注重通用职业能力开发，考虑到劳动者个体职业流动的发展需求。

贝克尔在人力资本分析中区分了通用知识和专用知识之间的差异。所谓企业专用知识，指知识仅在其任职的企业中有用，而通用知识是在其他企业中也有用。教一个人操作一台计算机是通用训练，而学习某一公司内部的权力结构和技术才能是专用知识。这个区别有助于解释高度专用技巧的工人为什么最难离开他的岗位，以及大多数升迁为什么是在企业内部进行的（因为雇员学习一个企业的专用知识和企业文化需要时间）。反之，如果投资资本不能获得人们期望的社会回报，那就大大降低了人们投资于人力资本的积极性。①

人力资本理论对职业能力开发形式和内容影响，主要是由人力资本的专用性和通用性产生的。人力资本专用性指员工通过学习和经验积累形成了一些特殊的专业知识与技能，它们只有在特定的企业与特定的物质资本（设备）结合时才能发挥作用，离开了专门的工作环境，人力资本就会贬值。通用性人力资本与专用性相对，即那些不专用于某项任务或某个企业，而具有跨企业甚至跨行业的普遍适用性的科学知识与技能。

吴晓义（2007）认为，职业能力开发的内容和形式与人力资本专用性关系密切，而专用性抑或通用性又受制于行业内技术水平的离散程度。若是行业内的技术进展大体同步，就可能完全由学校对职业能力开发的内容和形式成规模地培养标准化人才；反之，若是企业之间技术水平、工艺流程差异甚大，则不如各自举办内部的员工培训。企业选择劳动力的标准不再相对同质，而必须与具体的工作情境结合起来，于是世界范围的职业能力开发进入了企业主导阶段，非正规的职业培训，以及

---

① 李义平：《人力资本理论的脉络及其现实启迪》，《国家行政学院学报》2002年第3期，第41页。

各种形式的校企合作培训得到了迅猛发展。①

　　基于人力资本理论对人力资源开发理念、开发内容和开发模式的影响，转业军官可持续发展职业能力开发需贯彻人本开发理念，将转业军官个体需求和国家需求有机统一起来；开发模式可构建以教育培训为主导的多层次教育开发体系；开发内容关注转业军官地方工作需要的专业技能和通用技能的开发。

　　（四）可持续发展理念与职业能力开发

　　可持续发展理念贯穿持续性、公平性两大基本原则，持续性强调现在的发展以不威胁、影响未来发展为前提，公平性强调目前人的发展资源消耗权利和未来人的资源消耗权利是同等的，社会中的每个个体具有同等的发展权利，不管是生活在当代，还是未来。由此，人类社会才可以和谐、持续发展。而作为社会基本细胞的人类个体，其可持续发展是社会、经济、生态持续发展的最终目标。

　　1990 年，联合国开发计划署在《关于人的发展报告》中，对人的发展作了新的界定，使用了"人的可持续发展"的概念，认为人的可持续发展，是指人既能满足当时的需要，又能保证其身心和谐、均衡、持久的发展力不受损害的发展。② "人的可持续发展，究其实质是指个体生命开发的长度之持久、广度之均衡、深度之透彻"。③ 从个体生命组成看，它把人看成是立体的、多维的；从个体生命的发展过程看，它把人的发展放到更广阔的空间和更长远的时间上；从个体生命的发展质量看，它强调了人的发展的全面性、连续性和完美性。④

　　职业能力开发对象是有生命、有思想、有需求的个体人，因此，职业能力开发引入人的可持续发展理念是社会可持续发展的应有之义。由此，职业能力开发在人的可持续发展框架下开展，其开发的目标、内容、侧重点会赋予新的内涵。即职业能力开发不仅要使接受其训练的个体掌握从事某种职业活动的本领，而且要重视对个体生命的独立、自主

---

　　① 吴晓义：《职业能力开发的经济学思考》，《职业技术教育》2007 年第 16 期，第 7 页。
　　② 吴晓义：《职业能力开发的生命追寻》，《中国职业技术教育》2006 年第 12 期，第 32 页。
　　③ 潘涌：《人的可持续发展与教育转型》，《教育研究》2001 年第 11 期，第 34 页。
　　④ 赵欣、卜安康：《由技能为本走向生命发展》，《职业技术教育》（教育科学版）2003 年第 19 期，第 5 页。

和强大的人格力量之锻造，赋予个体可持续发展精神和能力，以提升其生命质量和人生境界。①

转业军官可持续发展职业能力开发就是将人的可持续发展理念引入其开发体系，不仅关注转业军官当前的岗位技能开发，而且关注未来职业转换过程中的职业能力支持；不仅重视目前的职业发展，而且重视直至职业生涯结束时的持续发展；不仅关心其个体职业发展，而且关心转业军官的身心发展，使其顺利完成从军人到普通劳动者的过渡，实现个体的全面、平衡、协调、和谐发展。

第三节　转业军官可持续发展职业能力开发的系统框架

转业军官可持续发展职业能力开发系统框架是指在开发系统中起支柱作用的影响要素所构成的系统架构，由开发主体、开发目标、开发模式、开发环境四部分组成。

人力资源开发是将人的智慧、知识、才干作为一种资源加以发掘、培养，以便促进人才本身素质的提高和更加合理的使用活动。"人力资源开发"一词由纳德勒（Nadler，1969）在美国培训发展协会的年会上首次提出，他把人力资源开发定义为："在特定时期为提高增加绩效的机会而进行的有组织的学习经历。"麦克拉根和苏哈多尔尼克（Mclagan and Suhadolnik，1989）认为，人力资源开发就是综合利用培训发展、职业发展和组织开发来提高个人和组织的效率。比尔·斯佩克特（Beer Spector，1995）认为，人力资源开发是一种主动的、系统化的干预，它与战略规划和文化变革紧密相连，强调针对具体问题作出相应的逐步的干预。②

一　开发主体

开发主体是指转业军官可持续发展能力开发过程的参加者，包括军

① 吴晓义：《职业能力开发的生命追寻》，《中国职业技术教育》2006年第12期，第32页。
② 转引自秦燕《异质性人力资源开发研究》，博士学位论文，大连理工大学，2010年，第21—22页。

队、政府、高校、社会、个体（军官）五个实施主体，各主体在开发
过程中的地位与职责各不相同。

（一）军队——开发过程的主导者

转业军官可持续发展职业能力的各开发主体中，军队由目前的辅助
者转换为主导者，居于各开发主体的主导核心地位。

从理论看，转业军官在服役期间处于职业生涯的准备、确立、发展
阶段，是人才能力开发的最佳时期，到退役时已处在职业生涯的稳定阶
段，此时再进行职业能力开发效果不佳。

从实践看，发达国家退役军人职业能力开发的成功已经证明军队是
各开发主体的核心，我国转业军官就业现实也表明，凡是科学文化知识
基础扎实或拥有专业技能者，通过退役就业支持均能顺利实现再就业，
找到满意的工作岗位。

从组织实施看，军队在退役之前两年开始进行就业训练，转业军官
的人事管理在军队，便于组织实施。如果是在战时状态，军队作为开发
主导组织实施不具备条件，但在和平时期不存在这个问题。

军队作为主导开发主体，其在军官可持续发展职业能力开发中的主
要职责为：①基于转业军官整体职业生涯发展制订开发计划。②合理构
建军官知识结构，注重积累科学文化知识，培养通用职业能力。③充分
运用军事院校教育资源，优化专业、课程设置，广泛运用地方高校教育
资源，与地方高校合作构建教育平台。④重视退役就业培训，做退役就
业培训的核心组织者。

（二）政府——开发过程的辅助者

政府相关部门由现有的转业军官职业能力开发中的主导核心地位，
转换为辅助地位。从理论看，政府相关部门作为转业军官职业能力开发
的主导，其在实施开发时转业军官已经进入职业稳定期，年龄偏大、开
发时间较短，导致开发的难度大、效果差；从实践看，现实中自主择业
转业军官就业率不高，也证明开发效果不理想；从组织实施看，自主择
业转业军官离开军队到地方后，人员分布分散，职业能力开发需求多样
化，由此组织问题已成为目前自主择业转业军官职业能力开发中的突出
问题。因此，军队作为开发的主导组织实施者，政府相关部门转换为开
发辅助者，则可以有效规避开发时间短、效果差、组织困难等问题。

政府相关部门作为开发的辅助者，其职责也相应发生变化。即工作

的重心应放到就业支持服务，与军队退役安置部门建立密切联系，为转业军官再次就业提供广泛职位信息，就业培训的重点是求职技巧和短期内职业技能资格，同时负责就业安置的相关服务，以解决转业军官的后顾之忧。

（三）高校——开发过程的重要参加者

高校由目前转业军官可持续发展职业能力开发中的参与者转变为参加者。目前高校在开发过程中，大多仅限于承担政府安置部门委托的就业培训，对于培训目标、课程设置、培训方式等基本没有参与。而政府相关部门的工作人员缺乏相应的职业能力开发的专业人员，培训目标、课程设置和教育资源运用受到较大限制。

高校作为开发过程的重要参加者，可以和军队相关部门合作，参加转业军官服役期间职业能力开发计划制订、专业与课程设置、教育实施，这样既可以运用高校优势教育资源，提升职业能力开发效果，又可以节约军队开发军官职业能力的成本。在军官退役培训开发过程中，高校可以通过投标形式参加政府安置部门就业培训项目竞争，政府负责提供目标要求和质量监控，具体通过何种培训方式达成课程目标则由高校自我选择，也就是退役就业培训外包。就业培训外包既可以减轻政府安置部门的工作任务，节省管理成本，又可以提升培训开发的效果，使社会教育资源充分运用。

（四）社会——开发过程的协助者

社会主要是指各种社会职业培训机构，他们在现有的开发过程中作用很小，参与到转业军官职业能力开发过程中的职业培训机构参与机会不多、参与的机构数量也较少。而我国目前社会各种职业培训机构非常发达，将他们作为转业军官职业能力开发的协助者，可以有效提升转业军官的专业技能。社会职业培训机构可以和军队、政府安置部门合作，在军官服役期间和退役后，根据个体需求开展相应的职业技能培训，并获得国家认可的相应职业资格证书，将会有效拓宽转业军官的就业渠道。

（五）个体——开发过程的实施者

个体即转业军官是开发过程中的具体实施者，是开发过程中的内因，其他开发主体都是外因，任何科学有效的开发方案，如果实施者懈怠执行，都不会达到预期效果。因此，作为开发过程中的实施者转业军官个体，需对个体职业生涯科学规划，发挥个体的主动性、能动性，积极投入到各开发主体的开发活动中。为此，军队作为开发的主导者，需要在服役期间通过考核、任免、奖惩等激励机制，激发个体的主动性，以保障职业能力开发的效果。

基于上述分析可以得知，转业军官可持续发展职业能力开发过程中，各开发主体虽然各自职责、任务和方法不同，但目标是一致的，需要相互配合、相互支持，共同发挥作用，才可达成职业能力开发的目标。

二　开发目标

培养转业军官的可持续发展职业能力，是这一开发系统的根本目标。开发目标定位科学与否，直接关系到开发的战略策略，关系到开发系统的方向。而开发目标的科学确定，建立在先进科学的理念之上。可持续发展职业能力的开发目标，则是建立在以人为本、可持续发展理念基础上的。以人为本即以军官个体为核心，基于转业军官全面自由发展的权利，不仅开发军队发展需要的职业能力，而且开发军官个体职业发展需要的职业能力。可持续发展理念即在职业能力开发中，不仅重视军官在军人职业生涯阶段的职业能力需求，同样关注退役之后的职业生涯发展能力需求，注重职业能力开发的通用性，考虑军官转业后的年龄已经错过了职业能力开发的黄金时期，在军官服役期间也就是职业能力开发的最佳时期，奠定通用职业能力开发的基础。

三　开发模式

模式作为解决某一类问题的方法论，是从不断重复出现的事件中发现和抽象出来的规律，是一种参照性指导方略。转业军官可持续发展职业能力开发模式是指在传统教育训练的基础上，运用现代科学信息技术和网络技术，帮助军官获取军人职业的基础知识、专业知识、专业能力和管理能力，同时使他们获取通用职业知识和其他职业专业技能的参照性开发方略。职业能力开发模式是连接职业能力开发理论与实践的纽带，不仅能使各种先进的职业能力开发理论转化为各开发主体的自觉行动，而且可以为职业能力开发实践经验上升为理论提供基础。由此，职业能力开发模式成为转业军官可持续发展职业能力框架的核心组成部分。

（一）职业能力开发的典型模式

职业能力开发模式直接关系到职业能力开发的效果，即直接关系到国家劳动力资源的职业能力水平。因此，各国非常重视职业能力开发模式的创新与实践，在不断探索的过程中，世界上形成了四大典型的职业能力开发模式。吴晓义（2006）在《"情景—达标"式职业能力开发模式研究》的博士学位论文中对此作了阐述。

1. "双元制"模式

"双元制"模式是德国双重职业教育体系（Berufs Bildenden Schule，BBS）的简称，是一种学生在企业接受实践培训和在学校学习理论知识相结合的职业能力开发模式。"双元制"是迄今为止在职业能力开发领域影响最大的模式，在我国已开展了十几年的试点实验。

"双元制"职业能力开发模式的专业设置以职业分析为导向，课程设计以职业活动为核心，考试考核以职业资格为标准，即职业能力开发的目标设定、知识结构、评估标准均以特定职业为核心。这种模式有利于掌握某一职业岗位所需知识和技能，快速适应岗位需求，但在劳动者出现职业岗位转换需求时，知识技能的单一不利于完成职业转换。

2. 以能力为基础的模式

意思是以能力为基础的教育（Competence Based Education，CBE）。CBE 模式产生于 20 世纪 60 年代美国，70 年代盛行于加拿大和北美，80 年代以后成为在世界范围内广为流行的职业能力开发模式。CBE 模式以从事某一具体职业所必须具备的能力为出发点来确定培养目标、设计教学内容和评估教学效果，满足社会企业组织对职业能力的需求，强调学员在学习过程中的主导地位。

CBE 模式构建流程为：①进行职位分析。明确岗位的职责和任务，分析完成工作任务需要的知识和技能，确定岗位所需综合能力和专业能力。②制定岗位能力标准。通常国家有一个统一的表述格式，以确保各行各业制定国家能力标准的统一和规范。③设计职业课程。由吸收企业家和技术专家参加的以教育专家为主体的专门委员会，依据国家能力标准，基于适应性、综合性和层次性诸原则设计成模块式课程，学生依据个体需求自主选择。④选择教学方式。CBE 模式在学习成果的认可和教学方式诸方面追求灵活、开放，允许学员把通过接受还没有被认可的一般培训课程转换成为已被认可课程的学分；保证学员在培训前，无论通过正式的还是非正式的学习途径所习得的能力，都能得到国家的认可。⑤进行能力评估。依据国家能力标准，运用多种多样的方法对职业能力展开评估。如运用观察法，观察学员履行工作职责的过程，并结合提问评估学员履行职责的技术等级和相关专业知识；通过笔试和作文，评估学员掌握知识的范围和程度；利用口试，评估学员的语言表达能力以及精确性、反应性等特定的专项能力；分析学员完成的各种专业设计作业，评估学员的实际操作技能；借助模拟，包括计算机模拟，评估学员履行某项岗位职责的综合能力和实际工作态度等。①

3. 技术与继续教育模式

技术与继续教育（Technical and Further Education，TAFE），是澳大利亚建立在终身教育框架体系基础上的特色鲜明的职业教育与培训制度，也是一种在国家培训框架体系下，以产业为推动力量，政府、行业与学校相结合的职业能力开发模式。TAFE 模式以职业能力为中心，按照能力单元要素开发学习模块，只有专业基础课和专业课，不开设公共基础课。

TAFE 模式执行主体是 TAFE 学院。澳大利亚的每所 TAFE 学院都有完善的校内实习、实训基地，由政府投资和企业赞助；专业课教师全部是从有实践经验的专业技术人员中招聘，专职教师至少有三年的实践经验；代表性教学组织方式有虚拟实习公司、项目教学、校企联合培训三种方式。

4. 认知学徒制模式

认知学徒制模式（Cognitive Apprenticeship）是近年来在欧美专业技术院校和职业培训机构教学改革中提出的一种新的职业能力开发模式。它在传统学徒制基础上，以情境认知理论为指导，以多媒体技术、网络技术和虚拟现实技术等现代教育技术为依托所进行的一场教学革命。认知学徒制是由柯林斯（Collins）、布朗（Brown）和纽曼（Newman）等首先正式提出来的，由内容、方法、序列和社会性四个构件组成。认知学徒制是一种基于心理学取向的职业能力开发模式，它主张把学习镶嵌在活动之中，并有意识地利用社会与物理环境，通过允许学生获取、开

---

① 余祖光：《职业教育改革与探索论文集》，高等教育出版社 2000 年版，第 95—117 页。

发和利用真实领域中的活动工具的方法，来支持学生在某一领域中的学习。①

职业能力开发的四大典型模式，形成发展于不同的国家，其有各自的特点与适应环境，学习借鉴职业能力开发的典型模式必须基于各自的社会背景和开发对象特点进行理性选择。

（二）军队转业军官可持续发展职业能力开发模式

世界四大典型职业能力开发模式的开发对象均以职业储备期的学生为开发对象，而转业军官可持续发展职业能力模式的开发对象则是转业军官，其军人职业已经确定，而且军人职业能力的适用性较窄，大多数军官在职业生涯发展过程中必须面临一次职业转换。面对这样一个特殊的开发群体，单一套用某一种开发模式难以达成开发目标，应采用复合式职业能力开发模式，即以 CBE 职业能力开发模式为主导模式，辅之其他开发模式。

1. 转业军官服役期间职业能力开发模式

转业军官在服役期间可采用 CBE 职业能力开发模式，运用工作要素法（Job Element Analysis，JEM）来构建。工作要素法由美国人事管理事务处的 E. S. 普里莫夫（Primoff）研究开发的一种工作分析方法，目的在于确定对完成特定领域的工作有显著作用的行为及此行为的依据，由一组专家级的上级或任职者来对这些显著要素进行确定、描述、评估。② 工作要素法的要素外延较宽泛，包括知识、技术、能力、愿望、兴趣或个性特征等，其主要适用于某一类具有相似工作特征的工作岗位。运用这一方法对军队军官的工作要素进行分析，可以确定其培训需求，并依此设计教育培训课程，选择适宜的培训方法。

依据工作要素法确定军队军官的任职资格要求，即所需要的知识和技能，考虑以既满足军官服役期间的职业能力需求，又能为其退役后再次就业提供职业能力基础为基点，转业军官在服役期间可持续职业能力开发模式，可具体化为教育培训、模拟训练和实战演练三种模式。

教育培训是职业能力开发的主要模式，主要用于科学文化知识和专

---

① 吴晓义：《"情景—达标"式职业能力开发模式研究》，博士学位论文，武汉大学，2006 年，第 49—51 页。

② 朱勇国主编：《工作分析》，高等教育出版社 2011 年版，第 188 页。

业知识的学习积累，为知识向能力转化奠定基础。从教育类型看，可以通过学历教育、短期培训、自学三种类型进行科学文化基础知识和专业知识的学习；从教育培训方式看，依据军官的工作岗位性质和工作时间特点，采用集中离职学习、分散在职学习两种方式；从教育培训内容看，在保障军人职业知识和技能需求的基础上，借鉴发达国家经验，拓展科学文化基础知识学习范围，增加地方工作的专业技能；从教育培训方法看，可以采用传统的面授、专题讲座、案例分析方法，与现代的拓展训练、敏感训练、远程网络学习等方法相结合，形成立体教学方法；从教育培训承担机构看，在军队院校的基础上，充分运用地方高校教育资源和社会培训机构，培养军官地方工作的专业技能，既可降低培训成本，又可增加培训效果。

模拟训练是通过现代模拟仿真技术建立实验室，模拟各种战争的虚拟场景，用于管理模拟训练、复杂专业技术训练和作战指挥训练，旨在培养训练军官的组织指挥能力和应变能力。这种方法训练成本低于实战演练，并可反复使用，是目前各国军队的常规训练方法。

实战演练是军队依据现代战争特点，为应对战争中出现的各种情况组织的实战演习。实战演习是世界发达国家进行提升军官职业能力的重要途径，美国陆军每年进行营以上规模大小演习多达 1000 次左右，其中要求旅至少每年组织 1 次 3—4 周的检验性野外训练演习，每 12—18 个月在本土或海外参加一次联合演习；要求师每年 1 次师规模的野外训练演习。[①] 法国军队的航母编队平均每年出动 250 多个舰日，其中演练舰日达 130 多个，占出动舰日总数的 50% 以上。[②] 实战演练可以有效提升军官在战争中的决策指挥能力、组织计划能力、联合作战能力、临场应变能力和困境中的生存能力，并且在这个过程中形成冷静果断、团结协作、吃苦耐劳、坚忍不拔的优秀心理素质，这些个性心理特征是各种职业、任何职业发展阶段都需要的职业品质，也是创业者必须具备的人格特征。这成为转业军官职业能力开发的优良基础。

2. 转业军官安置时期的职业能力开发模式

转业军官安置时期的职业能力开发的主要任务是尽快适应地方工作

---

① 转引刘志生主编《外军军官能力建设概况》，解放军出版社 2005 年版，第 25 页。
② 同上书，第 151 页。

环境，科学规划职业生涯，理性选择职业岗位，掌握求职技巧，提供求职信息，创造求职机会等。这一任务的完成一般通过职业指导、就业培训、就业支持等开发方式实现。

（1）职业指导。职业指导分离队前、离队后两个阶段。

离队前主要针对职业发展规划进行一对一指导，由军队转业安置部门负责组织协调，既可以在军队设置专业职业指导机构完成转业军官职业指导，也可以由军队转业安置部门负责联系地方专业职业服务机构进行指导，所需费用由国家承担。

离队后的职业指导，主要针对择业观念转变、角色转换、选择适宜岗位、求职技巧和劳动权益维护等方面开展指导，可为每个人建立求职档案，并进行跟踪观察，适时提供必要支持和帮助。具体可以在地方建立专门针对退役军人的职业指导服务机构承担职业指导任务，也可以在公共就业服务机构设立专门针对转业军官的服务部门进行指导，对转业军官退役后的职业选择、职业发展计划给出合理化的建议和支持。运用人员素质测评方法帮助转业军官了解个性素质能力特点，依据个体优势和现实岗位状况选择职业和岗位，并帮助他们确定未来职业发展阶段目标，制定实现职业发展目标的策略。

（2）就业培训。就业培训主要开发目标是适应转业军官再次就业的职业能力要求。计划安置转业军官职业能力要求和自主择业转业军官职业能力要求不同，需分类进行培训。

计划安置转业军官目前主要分配到国家机关、事业单位和大型国企任职，其就业培训的任职资格要求可以参照国家公务员任职资格要求设计课程。培训内容可以按照国家制订的计划安置转业军官就业培训大纲设置培训课程；培训方式可选择集中分散相结合的方式，通用能力采用集中面授，专业性强的课程采用分散网络学习方式；培训方法更多地采用案例分析、专题讨论、情景模拟等方式，激发学习对象的参与性，由被动学习转化为主动学习；培训主体可以更多地引入社会机构参与，进一步拓宽师资来源渠道。

自主择业转业军官主要是在政府协助下自谋职业，培训定位应是某一职业的特定知识和技能。培训内容应在职业能力测评的基础上，依据转业军官的就业意向进行针对性培训，就业的转业军官进行专业技能和求职技巧培训，创业的转业军官进行创业知识和技能培训。培训方式可采用集中分散相结合方式，知识类培训可采用集中面授或网络授课方式，技能可以分散到就业岗位进行实习，就业实习岗位可以由政府组织协调各类企业提供。培训方法侧重采用情景模拟、个别指导、岗位体验等方式培养专业能力，运用面授方法进行知识培训。培训主体可以广泛引入社会职业资格培训机构进行专业技能培训，以获得国家职业资格证书。培训经费目前每人4800元，转业军官培训部门集中组织的培训经费可占1200元，3600元可以建立转业军官个人账户，由个人依据就业能力需求提出申请，自主择业转业军官管理服务机构审核备案，由个体自愿选择专业技能的学习。

（3）就业支持。就业支持是自主择业转业军官职业能力开发和协助其自主择业的重要模式，在目前就业信息提供、建立就业基地服务项目的基础上，需完善职业规划服务、劳动权益维护支持、提供就业实习岗位等方面服务项目。职业规划服务在讲授职业生涯规划知识的基础上，可为每个转业军官提供一对一职业发展规划指导，在职业选择、就业岗位机会把握、工资洽谈、职业持续发展等方面提供深度支持。劳动权益维护支持，可以为转业军官工资标准、工作环境劳动保护、工作时间、劳动纠纷等方面提供咨询服务。提供就业实习岗位服务，可借鉴大学毕业生就业实习岗位提供方式，政府安置部门组织企业为自主择业转业军官提供就业实习岗位，时间为3—6个月，实习期间可由企业提供实习津贴。就业支持模式的实施，还需要相应的组织机构支撑，可以借鉴发达国家的做法，成立专门的退役军人就业服务机构，为转业军官和退役士兵提供就业支持。

四　开发环境

《辞海》将环境解释为"一般指围绕人类生存和发展的各种外部条件和要素的总和。分为自然环境和社会环境"。[①]基于系统科学范畴的环境可以从广义和狭义来理解，从广义而言，系统之外的所有事物和存在都可以称为该系统的环境；从狭义而言，是指对某一具体系统影响较为直接、重大、联系紧密的客观事物，而影响较为间接、微弱的客观事物，在研究时可将其忽视。在此的环境是狭义意义上的，即与系统有直接联系并产生直接较大影响的客观事物的总和。

---

① 夏征农、陈至立：《辞海》第2卷，上海辞书出版社2009年版，第947页。

转业军官可持续发展职业能力开发系统的运行以整个社会环境为平台，而社会的政治、经济、法律、文化、技术等自然外的社会因素会对其产生直接影响，它们促进或限制开发活动的开展。

（一）政治环境

转业军官可持续发展职业能力开发系统的政治环境主要指我国现阶段对职业能力开发政策制定、模式选择、开发主体多元化等开发活动产生直接影响的军队体制编制和政府人事制度状态。

1. 军队人事体制

《中共中央关于全面深化改革若干重大问题的决定》紧紧围绕建设一支听党指挥、能打胜仗、作风优良的人民军队这一强军目标，强调深化军队体制编制调整改革，优化军委总部领导机关职能配置和机构设置，完善各军兵种领导管理体制，健全军委联合作战指挥机构和战区联合作战指挥体制；建立军官职业化制度；减少非战斗机构和人员等项改革内容。

军队体制编制和政府人事制度改革会引起军队组织结构、人事制度的深度调整和组合，短期内会导致转业军官人数大幅增加，加大计划安置转业军官的压力，而加大职业能力开发力度，引导更多转业军官选择自主择业不失为上策。建立军官职业化制度，将从根本上解决计划安置转业军官的巨大压力，但如何在服役期间加大军官人力资本通用性开发，为军官退出现役提供职业能力保障，则成为军队人事管理制度中的新问题。

2. 政府人事制度

我国政府人事制度改革早在1993年建立国家公务员制度之时就已启动，通过公开录用考试招录公务员，但转业军官作为特例通过计划分配进入公务员队伍，目前这一安置方式实施中困难重重。《中共中央关于全面深化改革若干重大问题的决定》明确指出要转变政府职能，深化机构改革。与此相适应，政府须优化组织结构、机构设置、职能配置、工作流程；严格控制机构编制，按规定职数配备领导干部，减少机构数量和领导职数，严格控制财政供养人员总量。

优化组织结构，严格控制机构和人员数量成为继续深化政府人事制度改革的核心任务。这些外在的环境变化，加之职业军官制度的建立尚需过程，必将加剧转业军官计划安置的压力，也会对转业军官职业能力开发目标提出更高要求，从而对转业军官可持续发展职业能力开发系统产生影响。

3. 企业人事制度改革

企业人事制度的改革启动于 1984 年十二届三中全会的《中共中央关于经济体制改革的决定》，明确提出政企职责分开、简政放权，授予企业用人自主权。目前，企业和劳动者完全可以依据各自需求，实现自主双向选择，通过订立劳动合同保障双方的利益，不再通过行政干预保障劳动者的权益。由此，转业军官可持续职业能力开发系统要适应企业用人的需求，才可为转业军官拓宽就业渠道。

（二）经济环境

转业军官可持续发展职业能力开发系统的经济环境是指对其产生决定影响的社会主义基本经济制度和社会主义市场经济体制改革等相关影响因素。

《中共中央关于全面深化改革若干重大问题的决定》明确提出，"紧紧围绕使市场在资源配置中起决定性作用深化经济体制改革"。这意味着从广度和深度上推进市场化改革，大幅度减少政府对资源的直接配置，推动资源配置依据市场规则、市场价格、市场竞争实现效益最大化和效率最优化。由此，劳动力资源市场也不例外，市场在劳动力资源配置中起决定作用。这会对转业军官可持续发展职业能力开发系统提出新的要求，只有适应社会发展需求的职业能力开发才可以拓宽转业军官的就业空间。

（三）政策环境

政策是以执政党和政府为核心的社会公共权威，针对特定对象，为解决特定公共问题而制定的具有约束力的规范性文件。[①] 转业军官可持续发展职业能力开发系统政策环境是指与其职业能力开发相关的一系列转业军官安置的规范性文件，包括法律、法规、规章和具有普遍约束力的行政文件。

转业军官安置政策随着社会的发展不断变迁完善，基本形成了军官可持续发展职业能力开发的政策体系。从法律层面看，主要有《中华

---

① 许士荣：《中国博士后政策分析》，博士学位论文，华东师范大学，2009 年，第 29 页。

人民共和国现役军官法》《中华人民共和国兵役法》等；从行政法规看，主要有《军队转业干部安置暂行办法》《中国人民解放军文职人员条例》等；从部门规章看，国务院军队转业干部安置工作小组联合军队、地方其他相关部门（以下简称国转联）制定了《关于自主择业的军队转业干部安置管理若干问题的意见》《关于改进计划分配军队转业干部安置办法若干问题的意见》等十余个规章，总参谋部、总政治部、总后勤部、总装备部发布了《军队文职人员管理规定》。这些政策为转业军官可持续发展职业能力开发提供了政策依据，有利于开发的规范性和统一性。

（四）文化环境

文化是一个国家或地区千百年来人们世代传承的思维方式和行为习惯的总和。通常表现为社会成员价值观念、思想意识、行为习惯和宗教信仰等人文因素。文化环境对转业军官可持续发展职业能力开发系统的影响表现为间接渗透，但其影响效果不低于政策环境。因为文化环境影响的直接客体是转业军官可持续发展职业能力开发系统中的个体转业军官，是这个系统的内因。

中国文化历经变迁，但传统文化中的"官本位"观念仍然根深蒂固，历久不衰。在转业军官群体中则表现为一旦成为军官，拥有干部身份，则终身附带。因此，军官在转业安置中选择计划分配认为可以保留干部身份，自主择业安置则不再具有这一身份，个体的社会地位无从体现。这种观念吞噬了转业军官可持续发展职业能力开发的个体动力，他们认为选择计划分配不需要参与就业竞争，职业能力作用微乎其微，社会人脉资源更重要。由此，目前的社会文化环境限制了转业军官职业能力开发活动的开展，除了转业军官个体观念的原因外，社会也缺少浓厚的人文环境，开发的社会氛围不足。

（五）技术环境

技术是人类在实践活动中（包括生产、生活等）根据实践经验和科学原理所创造或发明的各种物质手段（如生产工具、生活用品等）及经验、方法、能力、技巧等。[①] 在科学技术飞速发展的时代，科学技

---

① 傅明华：《当代企业发展的外部环境研究》，博士学位论文，西南财经大学，2002年，第75页。

术的进步、信息技术的快速发展，都会对转业军官可持续发展职业能力开发系统产生积极的深刻影响，主要表现为开发模式选择与整合、教育培训手段的进步。计算机仿真技术、多媒体技术、虚拟现实技术和远程教育技术以及信息载体的多样性，使学习者可以克服时空障碍，更加主动安排自己的学习时间和速度，这对于特殊的军人职业而言尤为便利，使现代远程教育成为转业军官可持续发展职业能力的重要途径。同时，这些技术为军地高校合作开发军官可持续发展职业能力提供了技术平台。

五　转业军官可持续发展职业能力开发系统的框架

在转业军官可持续发展职业能力开发系统框架中，开发主体、开发模式和开发环境各影响要素发挥自身功能，形成一个开发的有机整体，共同促成开发目标的达成。其框架模型见图 7 - 4。

军队、政府、高校、社会、个体（军官）构成一个开发主体整体，在这个有机整体中，军队居于主导地位，负责开发目标确定、开发计划制订和开发模式选择，其中军队和政府还可以通过政策制定优化职业开发的环境，起着重要的作用；高校作为参加者可以为开发计划制订和开发模式选择提供专业指导；社会职业资格培训机构作为补充主要承担有职业资格需求的转业军官培训，以弥补、完善职业资格的教育开发；军官作为个体因素是开发主体体系中的实施者，是决定开发效果的内因，其主动性、积极性和创造性直接决定职业能力的开发效果。因此，通过相应的制度激发军官的学习动力至关重要。

开发目标是转业军官可持续发展职业能力开发系统框架的出发点和落脚点，各开发主体所选择的开发模式及组织实施，军官个体的主观努力，均以可持续发展职业能力为基点。开发模式是实现开发目标的具体策略和方法，其适用得当，可以达到事半功倍的效果；否则事倍功半。因此，在转业军官可持续发展职业能力开发系统框架中，开发主体、开发模式相互支撑、相互作用，共同促进开发目标的实现。

转业军官可持续发展职业能力开发系统的运行及功能受环境影响，系统与环境通过相互作用而实现一定的功能，以此达到维持系统结构稳定的目的。而系统在与外部环境相互作用过程中，又促进了自身结构关系的变化，使系统得到优化。[①]

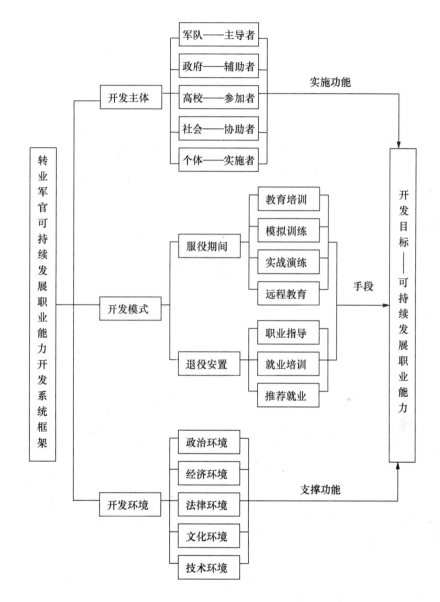

图7-4　转业军官可持续发展职业能力开发系统框架模型

---

① 傅明华：《当代企业发展的外部环境研究》，博士学位论文，西南财经大学，2002年，第29页。

第四节　转业军官可持续发展职业
能力开发系统实施路径

基于职业生涯的转业军官可持续发展职业能力框架为转业军官可持续发展职业能力开发提供了理论依据和目标导向,而实施路径则为开发系统的实施提供了保障。

一　更新开发理念

开发理念是支撑开发主体及其开发机构运行和发展的核心文化,是指导可持续发展职业能力开发实践活动的深层价值观,直接决定职业能力开发的战略目标和实施策略。因此,可持续发展职业能力开发系统的实施需建立在以人为本、科学为本理念之上。

树立以人为本的开发理念,需摒弃以"事"为中心的传统理念。以"事"为中心,片面强调人适应职位的需求,在职业能力开发活动中过于关注岗位的需求,不考虑个体人的特点。我国目前军人职业能力的开发主要针对军人职业的特定技能实施开发活动,基本不考虑退役之后的职业发展。以人为本强调在人类社会的任何组织活动中,都应以人性为中心,强调人的自由与权利,实现人的全面发展。

以人为本贯穿职业能力开发活动始终,即不仅开发军人职业的特定技能,而且开发通用职业能力,并依据军官个体意愿培养一项专业技能,为军人退役后的可持续发展拓展职业空间,以弥补军人职业人力资本的高度专用性。在职业能力开发的内容上,改变单一军事知识为主的知识结构,广泛吸纳科学文化知识,优化知识结构;在职业能力开发的价值取向上,不仅考虑军官服役期间的职业能力需求,而且考虑军官退役后及整个职业生涯持续发展需求;在开发的模式上,充分考虑军人职业的工作时间特点,运用现代化远程教育手段开展灵活多样的教育培训。

树立科学为本理念,即由过去的经验开发转变为科学开发。科学开发即以人力资源管理胜任力理论为依据,针对军人职业及职业生涯特点构建胜任力特征模型作为开发的依据,并充分运用现代计算机网络技术拓宽职业能力开发的课堂空间,共享整个社会的教育开发资源。经验主要是工作实践活动过程中的方法、技巧的积累，以此作为开发依据会使开发活动较为分散、零碎。而科学开发则可以有效规避这一局限性，使职业能力开发活动更为系统、规范，开发空间更为广阔。

二　在国务院建立退役军人管理事务工作机构

目前我国退役军人安置管理职能分属民政部和人力资源和社会保障部，分别负责退役士兵和退役军官管理。退役士兵和军官都是军人职业群体，其职业特点、职业生涯发展阶段相同、职业能力特点高度相似。退役军人管理的核心是再就业，为他们回归社会的职业发展提供就业服务与支持。退役士兵和军官的退役管理分属两个不同的政府组织部门，造成机构重叠、管理成本增加，既不利于提高工作效率，也不符合政府机构精简高效的发展趋势。因此，设立退役军人管理事务工作机构，将民政部优抚安置局和人力资源保障部转业军官安置司的职能划归到退役军人管理事务工作机构，形成统一的、独立的退役军人安置管理机构。具体组织结构设置情况如图7-5所示。

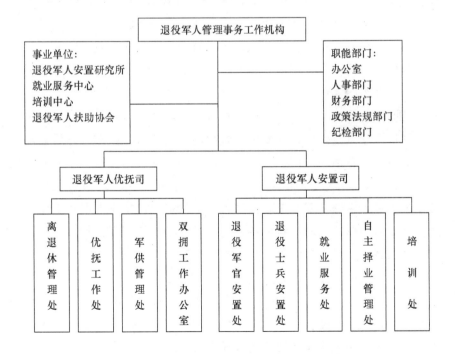

图7-5　退役军人管理事务工作机构组织结构

退役军人优抚司设 4 个处室，履行民政部优抚安置局的职责。退役军人安置司设置 5 个处室，履行人力资源社会保障部转业军官安置司的职能，其中就业服务处为增设处室，统合原两个机构的就业服务职能。设置 5 个职能部门负责协调退役军人事务局的行政、人事、财务、纪律监督等日常管理工作，政策法规部门负责退役军人安置政策的制定。设置 4 个事业单位，2 个中心负责就业服务、培训等具体职业能力开发活动的实施；研究所负责退役军人安置的理论研究，为安置实践提供理论支持；2 个中心分别负责退役军人就业支持和培训的组织实施；退役军人扶助协会为退役军人提供生活、就业、职业指导等所有需要的支持和帮助。

成立退役军人管理事务工作机构可以理顺、加强退役军人安置管理，退役士兵和军官的退役管理分属两个不同政府组成部门，两个部门在各自部属职能中不属于核心职能，相应工作地位削弱，降低工作效率。成立退役军人管理事务工作机构，将同属军人职业群体的退役士兵、军官统一管理，可加强管理的系统性、规范性、针对性和有效性，即针对军人职业特点、职业生涯发展阶段、职业能力特点进行职业能力开发活动，提升就业竞争力，从根本上解决退役军人再就业问题。

退役军人管理事务工作机构可设在国防部，有利于退役军人安置工作的协调和组织实施，也可以充实国防部的组织机构。我国目前转业军官从转业摸底到离队大约 3 个月，离队后、转业安置部门接收前这段时期，属于管理真空阶段；报到后安置部门对转业军官参加安置活动缺乏管理手段，安置活动的组织工作遇到困难，借鉴发达国家将就业服务周期提前到离队前的 1—2 年更是无法操作。退役军人管理事务工作机构设在国防部，由国防部和总政治部相关部门接洽退役军人安置工作路径短，也更为顺畅；同时也具备离队前 1—2 年开展就业服务的组织条件，便于就业服务的组织和管理，从而提高安置工作效率。

成立退役军人管理事务工作机构有利于提升军人职业的社会地位，吸引优秀青年人才参军入伍。目前军人职业在社会中的地位不高，很多人因为军人职业的高风险性、奉献性、专属性不愿从军，多是考大学失败或者农村青年为改变人生命运选择入伍，这影响了我国军人的整体素质，也无法适应现代化作战对军人的职业能力要求。成立退役军人事务管理工作机构，将军人作为一个特殊职业群体单独管理，提供就业服务，使军人的特有职业素质在退役后的职业发展中有效发挥，则可以有效推动军人职业社会地位的提高，吸引社会优秀人才，为军官可持续发展职业能力奠定良好的起点基础。

成立退役军人管理事务工作机构有利于对外进行国际交流。美国、俄罗斯、英国、法国、澳大利亚等发达国家均设有专门组织机构负责退役军人的安置工作和就业服务支持活动，了解、交流其他国家的先进管理经验，有助于我国退役军人安置管理水平的提升。但我国退役军人分属不同的政府部门，容易在交流、对接过程中产生困惑，成立退役军人管理事务工作机构则可以有效解决这一问题。

三　加强军队组织中的退役军人安置机构

《军队转业干部安置暂行办法》第六条规定：解放军总政治部统一管理全军干部转业工作。军队团级以上单位党委和政治机关负责本单位干部转业工作。省军区（卫戍区、警备区）负责全军转业到所在省、自治区、直辖市干部的移交，并配合当地党委、政府做好军队转业干部安置工作。依据《军队转业干部安置暂行办法》各级军队组织、省级军区成立了转业办公室或由指定机构负责管理。总政治由干部部负责。按照目前的军队退役安置机构设立状况，无法支撑以军队为主导地位的可持续发展职业能力开发系统的运行，须在总政治部设立专门的退役军人安置机构。一是在转业军官可持续发展职业能力开发系统中，作为开发主体的军队因其主导地位开发任务扩大，由过去的程序性工作变为开发实施工作，现有机构无法承担；二是退役军人离队安置是军队非常重要的一项常规性工作，退役军人离队后的发展状况直接影响现役军人的思想观念。因此，加强退役军人安置机构是可持续发展职业能力开发系统正常运行的重要环节。

四　构建开放性多层次的教育开发体系

转业军官由于其岗位性质不同，其对职业能力的需求也不同，课题组调查显示，转业军官职务性质不同、工作性质不同，其对专业技能的需求也不同，具体分布状况见图7－6。

图7－6数据显示，军事指挥转业军官在就业过程中对专业技能的需求比例最高，政治教育次之，比例分别为45.88%和39.13%。这样，在转业军官职业能力开发过程中对这两类转业军官应侧重专业技能的开发。因此，构建多层次的开放性教育开发体系，满足各类转业军官对职

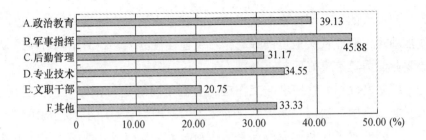

图7－6　转业军官不同职务性质对专业技能需求状况比例分布

业能力开发的不同需求，可为转业军官可持续发展职业能力开发系统运行提供科学的平台。

多层次即针对军官目前知识状况和军官职务等级、岗位需求，建立学历教育、任职教育、晋升教育、职业教育四个层次的军官职业能力开发教育体系。学历教育主要针对学历偏低的军官开展专科、本科以上的学历教育，鼓励中高级军官攻读硕士、博士学位；任职教育主要是针对初任军官开展军事基础知识和素养教育；晋升教育是军官在晋升上一级职务时所开展的职前教育；职业教育是军官退出现役后所具备的职业能力培养和开发教育。

开放性即充分运用社会高等院校学历教育、职业教育、职业资格教育体系等教育培训资源，充分拓展教育训练的课堂空间。目前军官的教育培训主要以军队院校为依托，地方高校和培训机构介入不多。构建开放性开发体系，军队可委托地方高校进行学历教育，委托社会职业培训机构承担军官职业教育的任务，如职业资格培训认证。这样，有利于加快转业军官回归社会的过程。

五　建立现代军队人力资源管理机制

现代军队人力资源管理机制可激发强化转业军官的主动学习意识，为转业军官可持续发展职业能力开发系统提供原动力。构建现代人力资源管理机制重点应把握入、管、出三个核心环节。

（1）入，即军官征募渠道，依据《中华人民共和国现役军官法》第五条规定，现役军官主要来源四个渠道：选拔优秀士兵和普通中学毕业生入军队院校学习毕业；接收普通高等学校毕业生；由文职干部改任；招收军队以外的专业技术人员和其他人员。近年来，为了吸引大学生入伍参军，国家制定了入伍、服役、退役后的一系列优惠政策。高校大学毕业生入伍，可享受应征过程的"四个优先"政策，即优先报名应征、优先体检政审、优先审批定兵、优先安排使用，并将征兵时间调整为每年的 8 月 1 日；服役过程中享受优先选拔使用、学费补偿和国家助学贷款代偿优惠政策，以鼓励安心服役；退役后可享受考学升学加分优惠、就业优先、就业服务等相关政策。2014 年军队文职人员面向社会统一公开招聘，极大拓展了人才选拔的空间。这些举措会大幅度提升军官的整体综合素质，为其可持续职业能力开发奠定基础。

（2）管，即军官服役期间对其产生激励约束作用的管理活动和制度，起主导作用的是晋升、奖惩机制。《中华人民共和国现役军官法》第十条规定：人民解放军实行经院校培训提拔军官的制度。军事、政治、后勤、装备军官每晋升一级指挥职务，应当经过相应的院校或者其他训练机构培训。在机关任职的军官应当经过相应的院校培训。专业技术军官每晋升一级专业技术职务，应当经过与其所从事专业相应的院校培训；院校培训不能满足需要时，应当通过其他方式，完成规定的继续教育任务。第三十三条规定：军官在作战和军队建设中做出突出贡献或者取得显著成绩，以及为国家和人民做出其他较大贡献的，按照中央军事委员会的规定给予奖励。奖励分为：嘉奖、三等功、二等功、一等功、荣誉称号以及中央军事委员会规定的其他奖励。第三十四条规定：军官违反军纪的，按照中央军事委员会的规定给予处分。处分分为：警告、严重警告、记过、记大过、降职（级）或者降衔、撤职、开除军籍以及中央军事委员会规定的其他处分。这些法律规范形成了前有引力、后有推力的激励机制，可强化军官可持续发展职业能力开发的意识。

（3）出，即军官退出军队的渠道，在此主要是指军官转业安置制度。基于《中华人民共和国军官法》的最低任职年限及相关规定，我国现役军官退役时的年龄大部分在 30—45 岁，此时开展职业培训、就业服务已经过了职业能力开发的最佳时期，同时就业培训时间较短，因此支撑可持续发展职业能力开发需要将就业服务周期提前到离队前的 1—2 年，为其提供一对一的再就业支持。同时完善转业军官各项社会生活保障，降低自主择业安置方式的条件，有助于畅通军官退役渠道，为可持续发展职业能力开发提供支持。

六　引导转业军官科学规划职业生涯

转业军官是可持续发展职业能力开发系统的内在因素，是起决定因素的作用；而其他开发主体、开发目标、开发模式等影响因素是外在因素，起促进作用。因此，引导转业军官依据个体兴趣和素质能力特点，科学制定职业生涯规划，合理应用实现职业目标的策略，是转业军官可持续发展职业能力开发系统的内在动力，是一种自我激励。由此，在军官服役期间增加相应的职业生涯规划课程至关重要。

七　成立退役军人扶助组织

成立退役军人各类扶助组织，弥补公共服务的不足，增加退役军人的社会归属感，可优化转业军官可持续发展职业能力开发系统的运行环境。但目前我国尚无政府建立退役军人团体组织，民间的退役军人组织也没有合法地位，主要以联谊会或网上虚拟组织方式存在，影响较大的有军转网、中国退伍军人网、中国战友网等。在欧美等发达国家，政府组织的、社会组织的退役军人组织很多，在退役军人就业支持、生活帮助方面发挥了重大作用，但我国因顾虑社会安定因素退役军人组织一直没有建立。因此，通过建立退役军人扶助会、退役军人支持协会等各类退役军人组织，为他们提供所需要的一切就业、生活等方面的支持和帮助，可以为退役军人的合理诉求建立沟通渠道与平台，疏解退役军人的不良情绪，强化退役军人的社会归属感，从而优化转业军官可持续发展职业能力开发系统运行的环境。

第八章　转业军官可持续发展职业能力
开发系统运行环境资源

转业军官可持续发展职业能力开发系统的运行并发挥其功能，是一个复杂的社会系统工程。这一系统的顺畅运行，既需要各开发主体共同努力、相互协同、相互支持，也需要良好的开发环境提供系统运行的平台。环境是系统存在与演化的必要条件和土壤。环境对系统的性质和演化方向起着一定的支配作用，但系统的行为变化，也会对环境造成影响。①

第一节　转业军官可持续发展职业能力
开发系统运行环境资源

任何一个系统的存在和运行都有其存在目的和存在目标，目标实现程度则是系统功能的体现。系统功能是由系统行为引起的环境中某些事物的有益变化。它用以概括系统与外部环境互相联系和作用过程的秩序和能力，体现了一个系统与外部环境之间的物质、能量和信息的输入与输出的变换关系，以及包括了改变被作用对象的秩序，其特性表现为系统功能只有在与环境相互作用过程中才能体现出来。② 由此，系统与环境通过相互作用而实现一定的功能，以此达到维持系统结构稳定的目的；而系统在与外部环境相互作用过程中，又促进了自身结构关系的变化。

---

① 傅明华：《当代企业发展的外部环境研究》，博士学位论文，西南财经大学，2002 年，第 27 页。

② 同上书，第 29 页。

　　转业军官可持续发展职业能力开发系统是对现有职业能力开发系统的完善，是对系统外部环境变化所做出的回应，是一种系统行为。随着我国政治体制、军队体制的深化改革，市场经济的建立与完善，原有以计划安置方式为主导的职业能力开发方式无法适应环境变化，表现为该系统的功能发挥不佳，计划安置方式压力巨大，自主择业安置进展缓慢。由此，外部环境的变化要求系统做出相应的回应。

　　转业军官可持续发展职业能力开发系统的实施主体由过去的政府转业军官安置部门调整为军队退役安置部门，军官知识、能力结构的优化，都是对外部环境变化所作出的重大回应。这一系统行为能否对转业军官可持续发展职业能力开发系统功能产生积极影响取决于该系统的外部环境资源。由此，发挥该系统功能，不仅要从宏观上分析其政治、经济、法律等环境，而且要从微观上分析支撑其运行的环境资源。

第二节　转业军官可持续发展职业能力
开发系统运行环境资源分析

　　环境是指系统之外的所有事物和存在，并对系统运行、功能发挥起促进或限制作用。资源在理论界通常被认为是能够带来价值和使用价值的客观事物。环境资源则是指系统之外的、对系统产生积极作用的客观事物。由此，分析转业军官可持续发展职业能力开发系统的环境资源，也就是分析能对其运行、功能发挥产生支撑作用的环境因素，可分为政策资源、教育资源、技术资源、人才资源、资金资源和文化资源。

一　政策资源

　　政策资源即能为转业军官可持续发展职业能力开发系统运行提供支撑作用的转业军官安置的法律、法规和具有普遍约束力的行政文件。政策资源的价值体现在开发主体、开发模式和开发环境三个方面。

（一）转业军官转业安置政策资源价值分析

　　2001年推行自主择业安置制度以来，颁布了一系列转业军官安置政策，形成了以《军队转业干部安置暂行办法》为核心的政策体系，为转业军官可持续发展职业能力开发系统运行提供了政策依据和规范。具体见表8-1。

表 8 - 1　　　　　　　　2001—2013 年转业军官安置政策颁布状况

名称	时间	制定主体
1.《军队转业干部安置暂行办法》	2001 年 1 月 19 日	中共中央、国务院、中央军委
2.《关于自主择业的军队转业干部安置管理若干问题的意见》	2001 年 8 月 24 日	国转联〔2001〕8 号
3.《自主择业的军队转业干部退役金发放管理办法》	2001 年 12 月 13 日	国转联〔2001〕9 号
4.《关于做好 2002 年军队转业干部安置工作有关问题的通知》	2002 年 5 月 14 日	国转联〔2002〕3 号
5.《关于加强自主择业军队转业干部党员教育管理工作的通知》	2004 年 3 月 1 日	中组部、人事部、总政治部
6.《关于增加自主择业军队转业干部退役金的通知》	2004 年 4 月 14 日	国转联〔2004〕2 号
7.《关于自主择业军队转业干部管理若干具体问题的意见》	2006 年 2 月 8 日	国转联〔2006〕1 号
8.《关于进一步做好军队转业干部安置工作的意见》	2007 年 6 月 5 日	中发〔2007〕8 号
9.《关于加强和改进军队转业干部教育培训工作的意见》	2008 年 12 月 23 日	国转联〔2008〕5 号
10.《关于调整规范自主择业军队转业干部退役金计发基数中的津贴补贴项目有关问题的通知》	2009 年 8 月 5 日	国转联〔2009〕9 号
11.《军队转业干部教育培训大纲》	2010 年 8 月 9 日	国务院军转办
12.《关于核定和调整自主择业军队转业干部退役金有关地区津贴问题的通知》	2010 年 11 月 1 日	国转联〔2010〕4 号
13.《转业复员干部滞留部队有关问题处理办法》	2011 年 3 月 15 日	政联〔2011〕1 号
14.《关于改进计划分配军队转业干部安置办法若干问题的意见》	2012 年 1 月 21 日	国转联〔2012〕1 号
15.《军队转业复员干部移交安置工作规定》	2012 年 3 月 1 日	政干〔2012〕81 号
16.《军人随军家属就业安置办法》	2013 年 10 月 8 日	人力资源社会保障部、总参谋部、总政治部

1. 现行安置政策对可持续发展职业能力系统开发主体的价值

现行的转业军官安置政策明确了可持续发展职业能力系统的实施主

体，有利于推动转业军官可持续发展职业能力的开发。2001 年颁布的
《军队转业干部安置暂行办法》第四十五条规定："军队转业干部培训
的规划、组织协调和督促检查工作，由军队转业干部安置工作主管部门
负责。"第四十七规定："自主择业的军队转业干部的就业培训，主要
依托军队转业干部培训中心具体实施，也可以委托地方院校、职业培训
机构承担具体工作。"在转业军官这个开发主体的系统中，各职业能力
开发主体发挥的作用不同。

政府转业军官安置部门是核心实施主体，转业培训中心是转业军官
培训实施的主要承担者。《军队转业干部安置暂行办法》第四十八条规
定："军队转业干部培训中心，主要承担计划分配的军队转业干部的适
应性培训和部分专业培训，以及自主择业的军队转业干部的就业
培训。"

军队主要承担转业军官离队前的适应性培训。2010 年 8 月 9 日国
务院军队转业干部安置工作小组办公室颁发的，《〈军队转业干部教育
培训大纲〉——计划分配公共类（试用）》明确指出："离队前教育培
训主要由部队组织实施，地方协助。"

地方院校、职业培训机构主要承担自主择业转业军官的就业专业技
能培训，是转业军官职业能力开发实施主体的辅助部分。

2. 现行安置政策对可持续发展职业能力系统开发模式的价值

现行安置政策确定了教育培训为转业军官职业能力的主要开发模
式，适用于计划转业军官、自主择业转业军官的职业能力开发。《军队
转业干部教育培训大纲》规定，计划转业军官通过离队前教育培训、
全员适应性培训、上岗前专业培训提升职业能力，实现转业军官的角色
转换。《军队转业干部安置暂行办法》第三十一条规定："对自主择业
的军队转业干部，安置地政府应当采取提供政策咨询、组织就业培训、
拓宽就业渠道、向用人单位推荐、纳入人才市场等措施，为其就业创造
条件。"

学习培训是计划安置和自主择业转业军官职业能力开发的核心形
式。《军队转业干部教育培训大纲》明确规定计划安置转业军官培训开
发主要通过集中授课、参观见学的基本形式开展。而自主择业转业军官
的培训开发形式表现为多元化，《关于加强和改进军队转业干部教育培
训工作的意见》规定："自主择业军队转业干部到地方报到三年内，可

向安置地军队转业干部安置工作主管部门提出培训申请，经批准参加培训并取得合格证书后，其相关培训费用，可在军队转业干部教育培训经费规定的标准内支付。"

3. 现行安置政策对可持续发展职业能力系统开发环境的价值

转业军官安置政策主要通过就业服务政策和生活保障政策营造转业军官可持续发展职业能力开发的良好环境。

就业服务政策主要包括为转业军官提供就业信息、开展就业指导、提供创业支持等内容。《关于自主择业的军队转业干部安置管理若干问题的意见》规定："自主择业的军队转业干部的就业指导，由军队转业干部安置工作部门负责。主要提供就业咨询，发布就业信息，组织人才交流，建立自主择业军队转业干部人才网。党和国家机关、人民团体、企业事业单位从社会上公开选用人员时，在同等条件下，应优先选用自主择业的军队转业干部。""自主择业的军队转业干部申请从事个体经营或者创办企业，符合条件的，凭有关转业证件，工商行政管理部门应当优先办理。从事个体经营的，经主管税务机关批准，自领取税务登记证之日起，三年内免征营业税和个人所得税。对为安置自主择业的军队转业干部就业而新开办的企业，凡安置自主择业的军队转业干部占企业总人数60%（含60%）以上的，经主管税务机关批准，自领取税务登记证之日起，三年内免征营业税和企业所得税。"

生活保障政策主要包括退役金按时发放、医疗保障、住房津贴、社会保险、子女入学和配偶工作等内容，旨在解决后顾之忧，优化职业能力开发的环境。《军队转业干部安置暂行办法》规定："军队转业干部随迁配偶、子女符合就业条件的，安置地政府应当提供就业指导和服务，帮助其实现就业；对从事个体经营或者创办经济实体的，应当在政策上给予扶持，并按照国家和安置地促进就业的有关规定减免税费。""随迁子女需要转学、入学的，由安置地教育行政管理部门负责安排；报考各类院校时，在与其他考生同等条件下优先录取。"

基于上述梳理分析可以看出，现行转业军官安置政策可在一定程度上满足可持续发展职业能力开发系统中开发主体、开发模式、开发环境的需求，有利于推动其运行发展。从开发主体而言，安置政策明确了转业军官可持续发展职业能力开发的实施主体及各自承担的主要任务，满足了计划安置转业军官和自主择业转业军官对职业能力培训开发的需求，有助于形成多层次、多渠道开发体系；从开发模式而言，转业军官安置政策对于转业军官开发模式做出了制度性规定，为可持续发展职业能力开发系统、开发模式的运行提供了刚性保障，满足了转业军官个体的不同需求，满足了转业军官可持续发展职业能力开发系统开发模式规范实施的需求；从开发环境而言，安置政策中的就业服务政策有利于转业军官缩短求职过程，在岗位实践过程中开发可持续发展职业能力，生活保障政策则为转业军官投入可持续发展职业能力开发活动解除生活、家庭的后顾之忧，提供了可持续发展职业能力开发系统运行的稳定和安心的开发环境。

虽然现行转业军官安置政策为转业军官可持续发展职业能力开发系统实践运行提供支撑和保障，但其不能全面满足可持续发展职业能力开发系统的需求，需要进一步完善。现行开发体系中转业军官安置部门是开发主体的核心、主导者，其定位于转业军官的转岗需求，而可持续发展职业能力开发系统定位于转业军官职业生涯的持续和整体发展，军队是开发主体的核心和主导者。因此，转业军官可持续发展职业能力开发系统的运行政策环境尚需完善。

（二）转业军官安置政策的完善与优化

转业军官可持续发展职业能力开发系统实践运行的政策环境完善主要包括政策设计完善和政策执行环境的优化。

1. 转业军官安置政策设计完善

依据转业军官可持续发展职业能力开发系统运行需求，借鉴发达国家退役军人职业能力开发经验，制定相应政策法规，明确军队作为开发主体的主导核心地位，设置相应的组织机构，是转业军官安置政策设计完善的关键环节。在政策制定中，一要明确军人培养理念，不仅满足军队职业发展要求，而且为其退役后的职业发展奠定职业能力基础；二要明确军队开发的职责，军队主要负责军事专业技能的开发，同时个体要拥有一项以上的其他专业技能；三要明确地方政府主要负责转业后的适应性技能培训，营造良好的就业环境。

美国、英国、法国、日本、俄罗斯等国家均以军队作为职业能力开发主导核心，在个体职业能力开发的最佳阶段完成军事专业能力和一般职业能力或专业能力的开发，均在国防部设立相应的军人职业能力开发机构。这一事实表明，只有军队作为主导核心，才有利于军人职业能力开发的组织协调，军人在服役期间的职业能力开发才可以完成。否则，以人为本的可持续发展职业能力开发系统的运用将会受到极大的限制。

2. 转业军官安置政策执行环境的优化

政策资源对转业军官可持续发展职业能力开发系统的支撑作用程度取决于政策的相关配套机制，保障政策的执行到位，否则政策的支撑作用会受到限制。因此，相关部门在政策制定、实施过程中，要保障政策的落实和执行。

从现实看，目前的转业军官安置政策对转业军官可持续发展职业能力开发系统的支撑作用并未全部发挥出来，主要原因在于转业安置政策的执行并未全部到位。而政策执行效果弱化的一个重要原因是政策执行环境尚需优化。具体表现为许多转业军官对政策不够了解，政策执行效果缺乏评价标准，政策执行部门缺乏协同配合，这是政策执行环境优化急需解决的问题。首先，加大转业安置政策宣传力度，通过现代媒体渠道广泛宣传；积极引导转业军官主动、积极研读政策，以有利于政策贯彻执行。其次，制定政策执行效果的量化评价标准，如有多少转业军官通过政府推荐、政府组织的人才招聘会实现了二次就业，在不同的时间周期内有多少转业军官实现二次就业，有多少自主择业转业军官通过政府的培训经费获得专业技能和职业资格认证，教育培训的内容、时间周期、参训对象满意度等指标衡量就业培训效果。最后，强化政策各执行部门的协同合作，为安置政策执行扫清障碍。如自主择业转业军官创业政策的落实涉及人力资源和社会保障部门、财政部门、税务部门、金融部门等环节，一个环节出现障碍，政策就无法落实。因此，在政策的完善中要对拒绝执行政策需要承担的相应责任做出明确规定，同时建立监督反馈系统，才可为政策的执行提供保障。

二　教育资源

（一）转业军官职业能力开发教育资源现状

目前，我国转业军官可持续发展职业能力开发系统所依托的教育资源非常丰富。由军队院校、转业军官培训中心、普通高等院校和社会教育资源构成了转业军官职业能力开发的教育体系。

1. 军队教育资源

2011 年，全军和武警部队 67 所院校在全国 31 个省（自治区、直辖市）和部队招收普通高中应届毕业生、士兵近 2 万名，依托 93 所普通高等学校招收国防生 8000 余名。①

中国研究生招生信息网资料显示，我国军队院校教育层次水平较高，有 65 所军队高等院校和研究机构具有硕士研究生招生资格，其专业覆盖军事学、理学、工学、医学、经济学、管理学、马克思主义理论、哲学、法学、历史、心理学等学科领域，基本可以满足转业军官可持续发展职业能力的基础教育资源需求。

作为国家重点综合性大学的国防科学技术大学由国防部和教育部双重领导，列入国家"985 工程"和"211 工程"重点建设。经过 50 多年的建设与发展，学校成为一所涵盖理学、工学、军事学、管理学、经济学、哲学、文学、教育学、法学、历史学 10 个学科门类的综合大学。学校现有 10 个学院，下设 40 多个系、所、实验室，其中有国家重点实验室 4 个、教育部重点实验室 1 个。以 10 个国家重点学科为代表的部分学科领域处于国内领先水平。2007—2009 年全国一级学科整体水平评估中，计算机科学与技术、信息与通信工程、系统科学、光学工程、管理科学与工程、航空宇航科学与技术 6 个学科进入前 5 名。②

国防科学技术大学设有军事高科技培训学院，是在继续教育学院和高科技知识培训班基础上组建的，是中国军队唯一继续教育学院。其主要承担全军高科技培训教学、管理和保障任务，承担全军相关专业技术干部培训、指挥岗位工程硕士研究生和硕士学位课程进修人员的教育和管理保障工作。③

军队院校综合性大学较少，大多具有军事专业特色，与兵种需要的专业技能相对应。细化的、特色显著的专业院校为军队建设提供了职业能力保障。虽然军队院校的专业特色明显，但仍然可为转业军官可持续发展职业能力开发提供教育资源。因为在军队院校的专业设置中，仍然有许多和地方院校专业设置相同的专业，如计算机科学技术、通信工程、系统工程、建筑、机械、运输、管理科学等。只要引导现役军官依

---

① 胡春华：《军队和武警部队院校今年招生近 2 万名　依托普通高等学校招收国防生 8 千余名》，国防部网站：http://www.mod.gov.cn/academy/2011-05/16/content_4270558.htm。

② 国防科技大学：《学校简介》，国防科技大学网站：http://www.nudt.edu.cn/introduce.asp?classid=4。

③ 同上。

据个体时间学习掌握一项专业技能即可。另外，充分运用继续教育学院、进修学院的教育资源，为转业军官的专业技能学习提供教育平台。

2. 政府安置部门的教育资源

军队转业军官培训中心为政府安置部门的教育培训组织机构，为政府安置部门下的事业单位，成立于1986年，专门负责军队转业军官适应性培训、专业培训和就业培训。1985年11月17日，国务院军队转业干部安置工作小组办公室召开全国首次培训会议，会议明确：军转培训是军转安置工作的重点之一，军转培训应由简单入门训练向正规训练、由"游击式"培训方式向建立军转培训中心转化，决定筹建军队转业干部培训中心。之后，全国各地的军转培训中心先后建成投入使用。从1986年开始建立培训中心到1996年，全国各地逐步建成200余处[①]，成为培训军队转业军官的核心组织机构，目前普遍称为转业军官培训中心。

转业军官培训中心目前已形成由国家、省市、地市不同层次构成的转业军官教育培训体系。从国家层面看，中国转业军官培训中心作为人力资源和社会保障部直属的事业单位，主要承担中央单位接收军队转业军官适应性培训、专业培训工作；承担全国军队转业干部远程网络教育培训有关具体管理工作；承担全国军队转业干部培训教材的编写和修订，组织专家对教材编写和修订工作进行论证和评审等项职责。省市、地市主要承担本行政区域的转业军官的适应性培训、专业培训和就业培训等项职责。

3. 高校教育资源

我国目前高校教育资源，无论从院校设置，还是培养能力，均可为转业军官可持续发展职业能力开发系统的运行提供多类型、多层次教育资源。

中华人民共和国教育部《2013年全国教育事业发展统计公报》数据显示，全国共有普通高等学校和成人高等学校2788所。其中，普通高等学校2491所（含独立学院292所），成人高等学校297所。普通高校中本科院校1170所，高职（专科）院校1321所。全国共有培养研

---

① 盛大泉：《大国军转回眸改革开放30年的军转工作》，《中国人才·转业军官》2008年第11期，第20页。

究生单位 830 个，其中普通高校 548 个，科研机构 282 个。①

2013 年研究生招生 61.14 万人。其中，博士生招生 7.05 万人，硕士生招生 54.09 万人。在学研究生 179.40 万人，其中，在学博士生 29.83 万人，在学硕士生 149.57 万人。毕业研究生 51.36 万人，其中，毕业博士生 5.31 万人，毕业硕士生 46.05 万人。普通高等教育本专科共招生 699.83 万人，在校生 2468.07 万人，毕业生 638.72 万人。成人高等教育本专科共招生 256.49 万人，在校生 626.41 万人，毕业生 199.77 万人。

全国高等教育自学考试学历教育报考 766.30 万人次，取得毕业证书 73.42 万人；非学历教育报考 958.7 万人次。

我国目前高等教育资源已经形成了研究生教育、本科生教育、高等职业技术教育和高等专科教育不同层次的教育资源体系，其各院校专业设置覆盖了社会各行各业对不同层次专业人才的需求，而且院校分布遍布全国各省份。因此，现有的我国高等教育资源完全可以支撑转业军官可持续发展职业能力开发系统的运行，但尚需进一步开发运用。

4. 社会教育资源

我国社会教育资源非常丰富，完全可以满足转业军官可持续发展职业能力开发系统的运行需求，但需要进一步开发运用。

《2012 年度人力资源和社会保障事业发展统计公报》数据显示，截至 2012 年年底，我国共有技工学校 2892 所，全年面向社会开展培训 551.3 万人次。就业训练中心 3913 所，民办培训机构 18897 所，全年共组织开展各类职业培训 2049 万人次，包括就业技能培训 1196 万人次，岗位技能提升培训 546 万人次，创业培训 191 万人次，其他培训 116 万人次。其中，各类农民工培训 883 万人次，城镇登记失业人员培训 409 万人次，城乡未继续升学的应届初高中毕业生培训 165 万人次。全国共有职业技能鉴定机构 10963 个，职业技能鉴定考评人员 21.34 万人。② 这些社会专业技能培训机构成为转业军官可持续发展职业能力开

---

① 中华人民共和国教育部：《2013 年全国教育事业发展统计公报》，2014 年，教育部网站：http://www.moe.edu.cn/publicfiles/business/htmlfiles/moe/moe_633/201407/171144.html。

② 人力资源和社会保障部：《2012 年度人力资源和社会保障事业发展统计公报》，人力资源和社会保障部网站：http://www.mohrss.gov.cn/SYrlzyhshbzb/dongtaixinwen/shizhengyaowen/201305/t20130528_103939.htm。

发的重要资源。

转业军官职业能力开发实践表明,社会职业培训机构在转业军官可持续发展职业能力专业技能开发过程中发挥着重大作用,尤其是自主择业转业军官的个性化培训。2010 年 12 月,新疆维吾尔自治区人力资源和社会保障厅依据《自治区自主择业军转干部个性化培训机构认定标准》,经过评估、考察确定了自治区军转干部培训中心、自治区团校、乌鲁木齐市专业技术岗位培训中心、乌鲁木齐市交通技校和新疆书法培训中心 5 家培训机构作为自主择业转业军官个性化培训基地。① 现只要充分开发运用社会职业培训机构的教育资源平台,可有效支撑转业军官可持续发展职业能力开发系统的运行。

(二) 转业军官职业能力开发教育资源的整合运用

基于上述数据和分析可以认为,我国现有的教育资源完全可以满足转业军官可持续发展职业能力开发系统运行的教育资源要求,但需要开发整合各种教育资源,形成一个开发教育资源的有机整体。

从军事院校而言,在保持军事特色的基础上,尚需进一步延伸专业课程的学习,使教育对象具备的专业技能既可以满足军事需求,也可以满足地方工作需求;增设满足地方工作需求的专业及课程,引导教育对象科学选择。

从普通高校而言,对于高等院校教育资源的运用主要是国防生的培养,而现役军官鲜有到普通高校进修学习、攻读硕士、博士学位,而是到军队院校进修学习。对于转业军官的职业能力开发,高等院校教育资源运用尚没有大范围展开,目前只有清华大学继续教育学院和国务院军队转业干部领导小组办公室长期合作,开设网络课堂,进行转业军官前移培训、计划安置转业军官和自主择业转业军官的培训,其他高校大多以承办培训班的方式展开培训。由此,支撑转业军官可持续发展职业能力开发系统运行尚需进一步充分开发、运用地方高校这一强大的教育资源体系。

从成人高校和社会职业资格培训机构而言,尚需积极投入到这一群体的职业能力开发之中。通过具备短期专项技能培训班、职业资格培训

---

① 徐世平:《在自治区自主择业军转干部个性化培训基地授牌仪式上的讲话》,2010 年 12 月 2 日,内部资料。

班吸纳转业军官参加培训，也可以和相关部门联系，组织转业军官专项技能培训班，从而在专业技能开发上对转业军官可持续发展职业能力开发系统给予支撑。

三　技术资源

计算机科学技术、网络通信技术、管理技术、多媒体技术等现代科学技术的发展为现代远程教育的发展提供了强大的技术支持，也为职业能力开发教育手段的多元化提供了技术支持。基于计算机技术和通信技术基础上的计算机网络技术及其发展，可以使军官通过网络教学平台、团队协作模式的探究性学习平台、实验教学平台、数字化教学资源库获取相关职业知识、培养专业技能。[①] 而且随着信息技术的发展，数字化学习空间的集成逐步应用到远程教育中来。

数字化学习空间是一个以学习者为中心、使用各种高技术装备构建起来的协同与交互式学习空间与环境平台，它以实体空间和虚拟系统相互结合的方式把各种各样的教育信息资源和工具通过系统集成的方式整合在了一起，并对其进行科学、合理的配置。数字化学习空间的系统集成，把各种原来处于零散分布状态之中的各种教育资源、服务和工具整合到了一个空间场所之内，并使其贯穿于学习者学习过程之中，通过不同机构或部门相互之间的共同合作，在来自不同部门的教职员工和教师的共同支持下，帮助学习者利用各种信息技术手段，有效、快速地提高自身的信息素养和信息技能，支持学习者利用丰富的教育资源进行相互经验交流并分享思想，从而促进他们的学习、研究和创造。由此，数字化学习空间可在更加深刻的层次上对学习者的意识进行拓展和改变，加深他们对学习活动的内在体验和反思体察，促进学习者相互之间的社会交往。[②] 这种方式的特点尤其适合于军官群体的职业能力开发，军队组织的封闭性、保密性使他们和社会环境隔离，职业意识、择业观念较为滞后，而数字化空间则可以打破这种空间壁垒，熟知社会职业发展和需求状况，在退出军队时加速完成由军人组织到地方组织的社会化过程。

现代科学技术目前已经运用到转业军官可持续发展职业能力开发过

---

① 严莉：《信息技术环境下的学习活动设计研究》，博士学位论文，华中师范大学，2011年，第13—14页。

② 同上。

程中，通过网络课堂开展远程课程培训。2012 年 5 月中国转业军官培训中心开通了转业军官第一个在线学习平台，北京、云南、重庆等省市也开设了转业军官在线学习平台。只要持续扩大转业军官网络课堂学习的范围，吸引更多开发对象运用远程教育学习，就会对转业军官可持续发展职业能力开发系统的运行起到重要支撑作用。

四　人才资源

人才资源是转业军官可持续发展职业能力开发系统运行决定性因素，因为开发系统能否运行是由各开发主体个体素质决定的。这既包括开发系统的组织管理人才，也包括直接实施开发的教育人才。

从组织管理人才看，全国各地的组织管理人才中转业军官占多数，熟知转业军官安置政策，有着较为丰富的开发经验，能够开展转业军官可持续发展职业能力的开发，但需要提高人力资源职业能力开发的专业技能，使职业能力开发专业化、科学化。

从开发系统直接实施者而言，无论是军队高等院校的人才资源，还是地方高校的人才资源，完全可以满足转业军官可持续发展职业能力开发系统运行的人才资源需求。截至 2012 年，普通本科高等院校专职教师 1013957 人，高职院校专职教师 423381 人，成人高等学校专职教师 39393 人，民办的其他教育机构专任教师 14868 人。[①] 其中具有研究生导师资格的教师 279901 人，具有正高级职称的 133416 人，副高级职称 134382 人；36—50 岁的 185344 人，占 66.22%。[②] 由此，转业军官可持续发展职业能力开发的人才资源非常丰富，且年富力强，可以满足转业军官可持续发展职业能力开发系统运行的人才资源需求。

就开发系统高层次人才而言，截至 2012 年年底，我国享受国务院政府特殊津贴专家累计达 16.7 万人，其中高技能人才 1286 人，累计选拔有突出贡献中青年专家 5200 多人，百千万人才工程国家级人选 4100 多人。全年专业技术人员参加继续教育达 3700 多万人次。深入实施专业技术人才知识更新工程，新确定 20 个国家级专业技术人员继续教育基地，举办

---

① 中华人民共和国教育部：《各级各类学校校数、教职工、专任教师情况》，2012 年，教育部网站：http://www.moe.edu.cn/publicfiles/business/htmlfiles/moe/s7567/201309/156899.html。

② 中华人民共和国教育部：《研究生导师情况》，2012 年，教育部网站：http://www.moe.edu.cn/publicfiles/business/htmlfiles/moe/s7567/201308/156578.html。

200 期国家级高级研修项目，累计培养 1 万多名高层次专业技术人才，各地各部门累计培训约 109 万名急需紧缺人才和骨干专业技术人才。[①] 上述各类人才，为转业军官可持续发展职业能力开发的高层次专业能力和通用能力培养提供充足的人才资源。

五　资金资源

军队转业军官安置经费由国家财政承担，并且在 2001 年颁布实施的《军队转业干部安置暂行办法》中做了明确规定。第四十四条规定：军队转业干部的培训工作，是军队转业干部安置工作的重要组成部分，各级党委、政府和有关部门应当在政策和经费等方面提供必要保障。第五十八条规定：军队转业干部安置经费，分别列入中央财政、地方财政和军费预算，并根据经济社会发展，逐步加大投入。军队转业干部培训经费不足部分由地方财政补贴。

2008 年颁布的《关于加强和改进军队转业干部教育培训工作的意见》进一步明确了转业军官培训费用的具体标准，规定"自 2008 年起，计划分配军队转业干部经费标准确定为每人 3300 元（300 元英语适应性培训，3000 元用于专业培训），其中，中央财政按每人 2200 元拨付，军队按每人 1100 元拨付。自主择业军队转业干部经费标准确定为每人 4800 元（300 元用于适应性培训，4500 元用于专业培训），其中，中央财政按每人 3200 元拨付，军队按每人 1600 元拨付。培训经费按原渠道划拨。地方财政也要加大军队转业干部教育培训经费支持力度。军队转业干部离队前教育培训所需经费，由部队有关部门研究解决"。

上述规范性法律文件不仅明示了培训经费来源渠道和培训费用标准，而且明确规定专款专用。《军队转业干部安置暂行办法》第六十条规定：军队转业干部安置经费应当专款专用，不得挪用、截留、克扣、侵占，有关职能部门对安置经费的使用情况应当进行监督检查。这为转业军官培训、就业指导等职业能力开发活动提供了刚性保障。

六　文化资源

因军人职业特殊性，我国社会对军人职业知之不多，对转业军官群

---

① 人力资源和社会保障部：《2012 年度人力资源和社会保障事业发展统计公报》，人力资源和社会保障部网站：http://www.mohrss.gov.cn/SYrlzyhshbzb/dongtaixinwen/shizhengyaowen/201305/t20130528_103939.htm。

体不甚了解，甚至有认知误区。转业军官可持续发展职业能力开发系统的实施涉及社会的许多方面，需要社会各界的大力支持，形成尊重军人职业、以军人职业为荣的良好的社会氛围。

（一）军人职业特点

1. 职业危险性高

军人职业由于其承担着国家安全、社会稳定的重大职责，其职业危险性远高于其他职业。战争状态，由于战争的残酷性，军人也随时会面临生命危险。即使在和平时期，军人是处置突发险情、抗击自然灾害、处理社会冲突、维护社会稳定等高危险活动的核心主力军，常常会面临生命安全的风险。

《中国人民解放军内务条令》第一百一十一条规定：军人遇到人民群众生命财产受到严重威胁时，应当见义勇为，积极救助。由此可知，抢险救灾对于军人而言是法定义务，而对于其他公民而言是道德层面的义务，因此军人职业风险性远高于其他职业。

2. 职业环境高度封闭

由于军人所从事的许多职业活动具有保密性，其工作环境高度封闭。而高度封闭的职业环境使军官不了解其他职业需求信息及发展状态，导致信息单一，从而为职业转换带来障碍。同时，适应高度封闭的职业环境使军营的管理方式具有特殊性。如高度集中的组织结构，单向的自上而下沟通途径，以命令、服从为显著特征的沟通风格形成了军人的独特沟通方式，而这种沟通方式常常在军营之外的组织沟通中效果不佳。

3. 职业行为要求非常严格

军人职业由于其特殊性，职业行为要求的严格程度远远高于其他职业。2010 年 6 月 15 日中华人民共和国中央军事委员会发布实施的《中国人民解放军内务条令》对军人职业行为做出非常明确、具体的规定，其要求之严、规定之细位居所有职业之首。①

《中国人民解放军内务条令》包括总则、附录在内共 21 章，其不仅对职业行为要求严格，而且对个体行为的语言沟通、军容风纪、服饰着装、作息时间等做出了详细规定，这是军人职业独有的职业特性。

---

① 中华人民共和国中央军事委员会：《中国人民解放军内务条令》，2010 年 6 月 15 日，中国军网：http：//www.81.cn/jwzl/index.htm。

　　第五章"礼节"对军队内部的礼节、对军外人员的礼节做了明确规定，对敬礼的时机、地点、场景和使用的沟通语言均有明细描述。第七十六条规定：军人听到首长和上级呼唤自己时，应当立即答"到"。回答首长问话时，应当自行立正。领受首长口述命令、指示后，应当回答"是"。

　　第六章"军人着装"规定了军人着装基本要求，第八十八条规定："军人应当按照规定配套穿着军服、佩戴标志服饰，做到着装整洁庄重、军容严整、规范统一（《着装序号》见附录五，《军服的配套穿着和标志服饰的佩戴》见附录六，《标志服饰的缀钉方法》见附录七）。"如附录七《标志服饰的缀钉方法》第一十三条规定："系领带时，应当在衬衣自上而下第四粒至第五粒纽扣中间位置，别制式领带夹。"同时，对何时着礼服、何时着常服和何时着作训防护服也做出了明确规定。

　　第七章"军容风纪"第一百零四条第一项规定：着军服在室外应当戴军帽；戴大檐帽（卷檐帽）、作训帽时，帽檐前缘与眉同高；戴贝雷帽时，帽徽位于左眼上方，帽口下缘距眉约1.5厘米；戴冬帽时，护脑下缘距眉约1.5厘米；水兵帽稍向右倾，帽墙下缘距右眉约1.5厘米，距左眉约3厘米；军官大檐帽饰带应当并拢，并保持水平；士兵大檐帽风带不用时应当拉紧并保持水平；大檐帽（卷檐帽）、水兵帽松紧带不使用时，不得露于帽外。第一百零五条规定：军人头发应当整洁。男军人不得留长发、大鬓角和胡须，蓄发（戴假发）不得露于帽外，帽墙下发长不得超过1.5厘米；女军人发辫不得过肩，女士兵不得烫发。师以上首长可以在规定发型（《军人发型示例》见附录十一）内决定所属人员蓄一种或者几种发型。军人染发只准染与本人原发色一致的颜色。

　　第一百零八条规定：军人必须举止端正，谈吐文明，精神振作，姿态良好。不得袖手、背手和将手插入衣袋，不得边走边吸烟、吃东西、扇扇子，不得搭肩挽臂。

　　第一百六十四条规定：连队宿舍内床铺、蚊帐、大衣、鞋、腰带和其他物品的放置，集中居住的部队由团以上单位统一；分散居住的分队以营或者连为单位统一（《连队宿舍物品放置方法》见附录八）。附录八《连队宿舍物品放置方法》规定，"床铺应当铺垫整齐。被子竖叠3折，横叠4折，叠口朝前，置于床铺一端中央。战备包（枕头）通常放在被子上层，也可以放于被子一侧或者床头柜（床下柜）内。"

第一百三十七条规定：工作日通常保持 8 小时工作（操课）和 8 小时睡眠，并规定起床、早操、洗漱、开饭、课外活动和点名时间。星期六可以用于集体组织科学文化学习、文体活动、农副业生产等，也可以安排休息。星期日和节假日除特殊情况外应当安排休息。

4. 职业付出大于其他职业

军人职业从业者的付出远远高于其他职业。军人职业的保密性，其行为限制范围非常广泛，言论自由行为范围远远小于其他从业者。第一百二十三条规定：军人参加地方社会团体组织及其活动，必须由具有审批权限的领导机关批准。参加活动后，应当及时向领导和有关部门汇报。军人不得与社会上的非法组织和非法刊物以及有关人员发生联系，不得组织或者参加老乡会、校友会、战友会等民间团体，不得擅自在地方学术活动中发表言论。第一百三十一条规定：军队单位和人员应当严格执行新闻采访纪律，不得擅自接受媒体采访；经批准接受采访时，不得超出规定的内容和范围。

军人职业不但从业者个体付出多，而且其家庭成员也比其他从业者家庭成员付出多。军人夫妻大多两地分居，配偶通常需要独自抚养子女并赡养老人，家庭义务负荷远远高于其他公民家庭。由于军人高度封闭的军营生活，无法享受家庭生活中与父母、妻儿相聚的天伦之乐。即使部分军官配偶可以随军生活，但其职业、工作岗位会受很大限制，而转业后的再次就业又会面临许多困难。

5. 职业收入单一

《中国人民解放军内务条令》第一百二十七条规定：军人不得经商，不得从事本职以外的其他职业和传销、有偿中介活动，不得参与以营利为目的的文艺演出、商业广告、企业形象代言和教学活动，不得利用工作时间和办公设备从事证券交易、购买彩票，不得擅自提供军人肖像用于制作商品。这些规定意味着军人职业从业者除了工资收入外无其他收入，而其他职业劳动者则可以凭借技能在工作业余时间进行兼职，以增加个体收入。

6. 职业转换风险大

军人职业的特殊性，使其需要的职业专业技能具有高度的专属性，适用范围狭窄。而军人职业生涯则必须经历一次职业转换，即退出军队到地方从业。由此，军人职业转换的风险高于其他从业劳动者。通常，其他从业者在职业转换过程中，大多选择相同或相近职业岗位，因此大多不存在职业专业技能二次开发的情况。而中国军队目前服役期间职业能力培养主要是军事知识和技能，军人退出现役，大多需要专业知识和技能的二次开发，且此时的军人已经过了职业能力开发的最佳时期，年龄偏大，接受新知识、新技能有较大困难。

（二）转业军官职业能力开发文化资源环境的优化完善

基于上述分析可知，军人职业与其他职业相比是一个社会责任重大、奉献大于回报的职业。军人职业的产品为公共产品，即军队的战斗力和国家的稳定安全，为使享受这一公共产品的全体社会公民理解尊重军人群体。社会新闻媒体应积极宣传军人职业的风险性、奉献性、专属性等特点。同时政府应该提高军人职业的待遇，吸引优秀青年和社会精英选择军人职业，以军人为荣。由此，才可营造支撑转业军官可持续发展职业能力的文化资源环境。

从社会各界媒体而言，社会新闻媒体首先应该积极关注军人这一社会群体。从目前现状看，国家层面关注军人群体的主要有《解放军报》《人民武警报》《中国国防报》《中国人事报》刊登一些关于军队转业军官的相关政策和信息，地方层面鲜有关注军人群体的专业报刊。而关注军人群体的报刊仅有军人受众群体，其他受众基本不关注军人群体的信息，而其他社会新闻传播媒介很少刊登军人群体的信息。因此，优化转业军官可持续发展职业能力开发系统运行的文化环境，需要国家、地方各层面的党报和影响力大的报刊设置军人相关信息专栏，介绍军人职业特点和职业活动，形成全社会关注军人职业、关注军人群体的社会环境，理解他们的职业特点，尽可能支持转业军官的职业能力开发。

从国家政府而言，应该通过立法提升军人职业的社会地位和待遇。这不仅包括工资福利待遇从优，更重要的是在社会形成尊重军人、理解军人和以军人职业为荣的良好社会氛围，为转业军官可持续发展职业能力开发系统的运行提供良好的社会文化环境。

第九章 结论与讨论

第一节 研究结论

一 可持续发展职业能力是转业军官职业发展的核心推动力

转业军官可持续发展职业能力开发既是保持军队战斗力和活力的需要，也是社会的义务和责任。因为军人职业不同于工人、农民，后者生产出来的是各种有形的产品，而军人生产出来的是军队战斗力、国家稳定与安全这一社会公共产品，社会共享之。由此，开发军官的可持续发展职业能力，保障其退役之后的职业顺利发展，是应有之义。

尽管转业军官拥有的工作经验、技能与地方需求有错位之处，身份观念较重，择业观念较为滞后，但仍不失为一个有着巨大开发潜力的人才资源群体。军队转业军官经过人民解放军这所大学校、大熔炉的磨炼，具有较高的综合素质和能力，是一支有着巨大开发潜能的特殊人才群体。军人的忠诚勇敢、勇于牺牲、无私奉献、遵纪敬业及坚强的意志、敏捷的思维、雷厉风行的工作作风，都是为社会认可、职业需要的通用职业能力品质。

从现实情况看，转业军官职业发展不尽如人意。实证研究结果表明，转业军官职业能力与其职业发展质量有正向影响，专业能力、职业规划能力、决策能力与转业军官职业发展质量有因果关系。因此，虽然转业军官军人职业能力优势明显，但由于军人职业能力的高度专属性导致转业后职业持续发展状况不理想。

转业军官可持续发展职业能力弱化是影响其退役后职业发展的关键因素。具体表现为在选择转业安置方式过程中，相当一部分人因为职业能力缺乏竞争力选择计划安置；在退役后的职业发展中，计划安置转业军官职务晋升缓慢，与地方工作能力需求的错位是影响因素之一，而自主择业转业军官的稳定就业率不高则是因为职业能力不足导致，再次就业成功的转业军官大多具备专业技能或较强的通用职业能力。因此，培养转业军官可持续发展职业能力是解决转业军官再就业问题的关键环节。

二　转业军官可持续发展职业能力开发需贯穿人本理念

我国目前军人职业能力的开发主要针对军人职业的特定技能实施开发活动，基本不考虑退役之后的职业发展。以人为本强调在人类社会的任何组织活动中，都应以人为中心，强调人的自由与权利，实现人的全面发展。贯穿到职业能力开发活动中，即不仅开发军人职业的特定技能，而且开发通用职业能力，并依据军官个体意愿培养一项专业技能，为军人退役后的可持续发展拓展职业空间，以弥补军人职业人力资本的高度专用性。

以人为本开展职业能力开发活动，首先，在职业能力开发的价值取向上，不仅考虑军官服役期间的职业能力需求，而且考虑军官退役后及整个职业生涯持续发展的需求；其次，在职业能力开发的内容上，改变单一军事知识为主的知识结构，广泛吸纳科学文化知识，优化知识结构；最后，在开发的模式上，充分考虑军人职业的工作时间特点，运用现代化远程教育手段开展灵活多样的教育培训。

三　转业军官可持续发展职业能力开发是一项复杂的社会系统工程

转业军官可持续发展职业能力开发系统涉及军队、政府、高校、社会、个体（军官）五个实施主体，各主体在开发过程中的地位与职责各不相同。因此，转业军官可持续发展职业能力开发是一项复杂的社会系统工程。

军队在开发主体系统中具有主导地位，负责制订基于转业军官整体职业生涯发展的开发计划；合理构建军官知识结构，注重积累科学文化知识，培养通用职业能力；充分运用军事院校教育资源，优化专业、课程设置，广泛运用地方高校教育资源，与地方高校合作构建教育平台；重视退役就业培训，成为退役就业培训的核心组织者。

政府相关部门作为开发辅助者，主要保障国家相关政策的执行，制定具体实施办法。工作重心应放到就业支持服务，与军队退役安置部门建立密切联系，为转业军官再次就业提供广泛职位信息，就业培训的重点是求职技巧和短期内职业技能资格，同时负责就业安置的相关服务，以解决转业军官的后顾之忧。

高校作为开发过程中的重要参加者，可以和军队相关部门合作，参加转业军官在服役期间职业能力开发计划制订、专业与课程设置、教育实施，这样既可以运用高校优势教育资源，提升职业能力开发效果，又可以节约军队开发军官职业能力的成本。

社会主要指各类社会职业培训机构。我国目前社会职业培训机构非常发达，将它们作为转业军官职业能力开发的协助者，可以有效提升转业军官的专业技能。社会职业培训机构可以和军队、政府安置部门合作，在军官服役期间和退役后，根据个体需求开展相应的职业技能培训，并获得相应的国家认可的职业资格证书，将会有效拓宽转业军官的就业渠道。

个体即转业军官作为开发过程中的具体实施者和内在因素，是开发活动的决定因素。任何科学有效的开发方案，如果实施者懈怠执行，都不会达到预期效果。因此，转业军官个体，需对个体职业生涯科学规划，发挥个体的主动性、能动性，积极投入到各开发主体的开发活动中。

军队转业军官可持续发展职业能力开发建设，事关国家的安全和整个社会稳定，需要全社会共同关注、共同努力。

第二节　研究创新

转业军官可持续发展职业能力开发研究的主要目标为运用现代人力资源管理人才开发手段，通过服役期间教育训练和就业培训，培养转业军官可持续发展职业能力，使军人职业独有的素质优势与其他职业（军人职业以外）能力有机结合，成为社会认可的优秀人才，以便退役后能够尽快完成回归社会和再次就业的过程，实现社会、转业军官、政府三方共赢的和谐发展。

基于以上研究目标，将研究重点放在研究视角确定、转业军官可持续发展职业能力开发系统框架的设计与运行中，在研究视角、研究内容和理论上有所突破。

一　研究视角创新

(一) 在研究中引入人力资源管理学科为研究切入点

基于第二章转业军官安置研究综述的内容可知，国内学者大多从管理学（公共管理）、军事学、经济学、社会保障、法学等不同学科视角探究了这一社会现象，而从人力资源管理学科视角，以人力资源开发为研究切入点，对转业军官可持续发展职业能力为核心展开探寻尚属首次。

以管理学为学科视角，陈树荣（1995）提出社会主义市场经济条件下的转业军官安置只能走国家宏观调控下的市场配置之路。朱明飞（2009）认为应优化军队转业干部安置工作现有流程，缩短军转干部安置工作的周期，节约资源和成本。张毅（2011）、田恩进（2012）从公共政策视角分析转业军官安置政策的设计、实施、问题和对策。

以经济学为学科视角，胡磊（2004）运用人力资本理论研究自主择业转业军官经济补偿。舒本耀（2007）从市场经济供应需求关系、博弈论分析转业军官计划市场式安置困境和退役军官寻租安置困境。李开卉（2011）运用福利经济学和新制度经济学相关理论，提出"扶持式"安置模式是军队转业干部安置模式的最佳选择。

以社会学为学科视角，王众（2007）从心态史学和社会心理学的角度，解读退役军人就业安置这一继续社会化过程。王书峰（2009）以"专业主义"为视角，分析美国退役军人教育资助政策，以期探寻高等教育在退役军人二次专业化过程的价值和作用。廖国庚（2005）在《转业干部：走出军营的困惑》一书中，从社会学视角探寻了转业军官职业角色转换的规律。剪万兵（2009）从社会保障视角对退役军人就业保障制度展开研究，主张以货币补偿保障方式代替实物就业保障（分配就业）。

以法学为学科视角，王菲（2010）分析了转业军官安置制度立法中存在的现状和问题，探讨了转业军官安置制度的法理基础。张立（2011）通过对转业军官再就业安置法律文本的梳理，研究退役军官就业保障法律现状及其存在问题，探寻解决对策。李凌锋（2012）探讨了通过相关立法完善自主择业转业军官安置政策的思路与方法。

以军事学为学科视角，徐春田等（1996）分析了建立军队转业干部住房补助基金的必要性、可行性，并设想了运行模式。熊友存等

（2005）认为，军人转业待遇制度的功能应该定位为军人退役的职业转换成本补偿（广义上）。尤琳（2010）根据对美国退役军人二次就业调查数据的分析，认为军事人力资本专用性投资不足，影响现代化军队的战斗力；而加强军事人力资本专用性投资，关键在于解决现役军人的后顾之忧，使其形成稳定预期。

本书则以人力资源管理学科为切入点，以职业能力开发为研究核心，运用胜任力理论，在分析转业军官退役时职业能力结构的基础上，与社会吸纳劳动力数量最大的企业常用三类岗位胜任特征模型进行比较分析，构建了转业军官可持续发展职业能力胜任特征模型，作为转业军官教育开发中的知识构建、课程设计、能力培养的依据，使转业军官职业能力开发具有科学性、客观性和针对性。

（二）以转业军官整体职业发展需要的职业能力为研究基点

在研究过程中，确立可持续发展为研究出发点和落脚点，即分析军人职业和其职业发展阶段的各自特点，以此为基础探索转业军官职业持续发展的素质能力及开发途径。

军人职业生涯不同于其他劳动者，有其特定职业发展阶段：一是大部分军官有两个职业发展阶段，服役期间和退出现役；二是其退出现役、何时退出必须依据法律的相关规定，不能完全按照个体意愿选择。因此，转业军官退出现役的平均年龄基本在40岁，这个时期已经错过了职业能力培养储备的最佳时期，而我国目前转业军官安置职业能力开发效果不明显，85%以上转业军官选择计划安置方式，给各类国家机关带来巨大压力。

面对这一问题的研究，多数学者从拓宽就业渠道、提高就业培训质量、完善自主择业安置政策、引导转业军官改变择业观念等方面展开研究。而从军官整体职业生涯、可持续发展作为研究基点的尚不多见。仅张耀辉（2010）在《基于职业生涯管理的我军军官进退制度研究》一文中从职业生涯阶段理论对军队进退制度进行相关研究，认为军官进退制度建设要增强军官职业吸引力、军官选拔注重人职匹配、进一步加强军官退出制度建设、做好现役军官工作培训以及完善退役军官管理服务制度五个方面工作。

本书开展的研究不仅以职业发展阶段作为职业能力开发研究范围，而且以可持续发展为研究主线，从进、管、出三个环节研究转业军官可持续发展的职业能力开发。

（三）基于系统视角展开转业军官可持续发展职业能力开发系统研究

本书基于系统视角开展研究，主要体现在两个方面：①在转业军官可持续发展职业能力开发系统研究中，基于系统理论构建由开发主体、开发目标、开发模式组成系统框架，并分析影响该系统的环境因素，提出了支撑该系统运行的资源环境条件。将转业军官的职业能力开发作为一个系统，放在社会这个大环境中研究，在现有的研究中尚不多见。②将转业军官的职业能力开发作为一个系统整体研究，由军官服役期间开发、退役安置开发、岗后培训开发三部分构成。

我国目前研究大多对军官职业能力建设、转业军官安置研究作为两个问题研究。刘志生（2005）在《外军军官职业能力建设概况》一书中介绍美国、俄罗斯、英国、法国、德国等国军官能力建设的战略策略，并对我国军官能力建设进行反思。转业军官安置研究的学者基本上是从转业安置进行制度、政策、问题、对策等进行理论和应用研究。而将转业军官职业能力开发作为一个系统研究，并将其置于社会大环境因素中分析其运行的支撑资源，论证其可行性，应属首次。

二　研究内容创新

（一）研究项目为该领域研究在国家社会科学基金资助项目中首个立项

截至2013年，以"军官"为关键词在国家社会科学基金项目数据库中搜索检索共有3项，相近的有《军官隐性知识的提取、测量及转化机制研究》、《中外军官高等教育的比较研究》2项。

以"军人"为关键词在国家社会科学基金项目数据库中搜索检索，共有9项，相近的有《我国退役军人组织管理模式创新研究》、《军人征募与退役制度改革研究》、《军人社会保障发展研究》、《1944—1990年美国退伍军人权利立法研究》、《新中国成立初期退役军人与政权建设研究》5项。

以"军队转业干部"为关键词从国家社会科学基金项目数据库中搜索，仅有1个项目：《军队转业干部可持续发展职业能力开发研究》。因此，以人力资源开发理论为研究切入点，以人本理念为指导，以可持续发展、系统开发为研究视角，研究转业军官可持续发展职业能力的开发系统及实施路径，是该领域研究在国家社会科学基金获准立项的第一个项目，在一定意义上填补了该领域研究空白。

（二）明确区分了本书核心概念内涵与差异

首先，第一章导论中界定了核心概念转业军官的内涵，厘清了转业军官、转业干部、退役军官的概念差异，区分了军官退出现役的转业、退休、复员三种基本安置方式的不同，为以后章节研究奠定基础。其次，界定职业能力概念的内涵，系统梳理分析了职业能力、就业能力、创业能力三个概念的内涵与外延，并进行分析比较，探寻相互关系，在相关领域研究中并不多见。

（三）提出了"可持续发展职业能力"概念

在研究过程中，基于人本理念，从系统视角提出"可持续发展职业能力"的概念，并将其界定为：个体劳动者在其职业生涯中从事职业活动、达成个体目标，并不断满足社会发展需要和职业转换的知识、技能、心理特征的总和。

可持续发展职业能力具体包括从事特定职业活动的专业能力、从事不同职业所需要的一般职业能力、规划职业生涯的能力和获取把握就业机会的能力。将职业规划能力和把握就业机会能力纳入可持续发展职业能力的维度，是因为个体在其职业生涯过程中，职业转换难以避免，科学选择职业、理性转换职业并把握就业机会直接决定劳动者职业发展能否持续、稳定，并决定其成长的空间。

（四）对转业军官职业能力与职业发展质量相关性进行实证研究

从目前可查阅的文献资料看，运用量化分析方法对职业能力与职业发展质量相关性的研究，或者就业能力与就业、人力资本与职业生涯发展的相近性研究，研究的对象大多是大学生群体，鲜有对转业军官群体的研究。在实证研究的基础上，对于开发系统、实施路径等进行了深入论证，这和目前实证研究中重视研究过程方法阐述，对策建议为略的研究有所不同。

（五）提出成立退役军人事务管理工作机构并设计组织机构框架

基于我国目前退役军人安置管理职能分属民政部、人力资源和社会保障部，分别负责退役士兵和退役军官管理及存在问题，提出通过成立退役军人管理事务工作机构来加强退役军人的安置与管理工作。具体设想为：设立退役军人管理事务工作机构，将民政部优抚安置局和人力资源保障部转业军官安置司的职能划归到退役军人管理事务局，形成统一的、独立的退役军人安置管理机构。退役军人安置管理工作机构下设退役军人优抚司、退役军人安置司 2 个业务司；设立退役军人安置研究所、就业服务中心、培训中心、退役军人扶助协会 4 个事业单位；设立5 个职能部门。

（六）构建了转业军官可持续发展职业能力开发系统框架

转业军官可持续发展职业能力开发系统框架是指在开发系统中起支柱作用的影响要素所构成的系统架构，由开发主体、开发目标、开发模式、开发环境四部分组成。

开发主体是指转业军官可持续发展能力开发过程中的参加者，包括军队、政府、高校、社会、个体（军官）五个实施主体，各主体在开发过程中的地位与职责各不相同。开发目标是系统内各要素相互作用达成的目的，即培养转业军官的可持续发展职业能力，实现社会、转业军官个体和政府的三方和谐发展。开发模式是实现开发目标的途径与方法，也是转业军官可持续发展职业能力系统的核心组成部分。开发环境是影响转业军官可持续发展职业能力系统的政治、经济、政策、技术和文化等影响环境因素，对系统功能发挥起促进或限制作用。

在转业军官可持续发展职业能力开发系统框架中，开发主体、开发模式相互支撑、相互作用，共同促进开发目标的实现。但系统功能的发挥，受环境因素的影响。

第三节　研究未尽问题与规划

一　研究未尽问题

本书关于转业军官可持续发展职业能力开发研究虽然在研究视角、研究内容方面有所创新，但由于知识、能力和资料来源渠道狭窄所限，也留有一些遗憾和研究空间。

首先，关于转业军官可持续发展职业能力现状的问卷调查范围尚需扩大。由于资源条件限制和自主择业转业军官分布分散，问卷调查主要以河北、山东、北京、天津、河南、山西为范围，但天津、河南、山西回收问卷未过半数没有作为研究依据；其他省份的调研主要以间接书面资料和个别电话访谈为主。

其次，由于资源条件的限制转业军官可持续发展职业能力开发系统研究，只能进行理论方面的研究，提出了转业军官可持续发展职业能力开发系统模型框架，论证了该系统运行的可行性资源条件及实施路径。但对于军队在开发实施中的主导地位及职责，由于信息限制无法进行深入研究。

二　研究未来展望

转业军官作为我国社会一个重要的人才群体，对其退役安置制度、安置政策、安置方式、职业能力开发、管理服务等方面的研究尚有广阔的空间。随着我国军队军官职业化制度的建立实施，文职人员面向社会公开招聘、安置制度改革的深入推进，这些将会成为该领域研究的热点问题，为各学科学者从不同学科视角研究提供了广阔空间。

基于转业军官安置研究领域的基础研究较为薄弱现状，将会继续努力，在转业军官安置制度基础研究方面确定相关研究目标。同时，在可能的条件下开展转业军官可持续发展职业能力开发系统在实践中应用及相关研究。

参考文献

1. Abigail Marks, Tony Huzzard, "Employability and the ICT Worker: A Study of Employees in Scottish Small Businesses", *New Technology, Work and Employment*, No. 25, 2010, p. 2.

2. Arthurs, J. D., Bussenitz, L. W., "Dynamic Capabilties and Venture Performance: The Effects of Venture Capabilties", *Journal of Business Venturing*, Vol. 21, No. 1, 2006, pp. 195 – 215.

3. Boudreau, J. W., Boswell, W. R., Judge, T. A., "Effeets of Personality on Exeeutive Career Success in the United Statesand Europe", *Journal of Voeational Behavior*, No. 1, 2001, pp. 53 – 81.

4. CEC, "Proposal for a Council Decision on Guidelines for the Employment Policies of Member States", Luxembourg: Office for Official Publications of the European Communities, 2003a.

5. Commission of The European Communities toward a European Qualification, "Framework for life longleaning = EB/OLI" http: //ec. europa. eu/policies/2010/doc/consultation – eqf – en. pdf, 2005.

6. Catherine Sabin Forte and Christine L. Hansviek, "Applicant Age as a Subjective Employability Factor: A Study of Workers over and under Age Fifty", *Journal of Employment Counseling*, Vol. 36, No. 1, 1999, pp. 24 – 34.

7. Department of Education Science and Training & Australian National Training Authority, "Employability Skills for the Future", Australia, 2002.

8. DeSeCo., Definition and Selection of Competencies, "Theoretical and Concetual Foundation", http: //www. portal – stat. admin. ch/deseco/deseco – annual – report_ 2001. pdf, 2001.

9. DeSeCo., "The definition and Selection of Key Competencies: Executive Summary", http//Mwww. pisa. oecd. org/dataoecd/47/61/35070367.

pdf, 2003.

10. Fugate, M. , Kinicki, A. J. and Ashforth, B. E. , "Employability, A Psycho – social Construct its Dimensions and Applications", *Journal of Vocational Behavior*, Vol. 65, 2004, pp. 14 – 38.

11. Heider, F. , *The Psychology of Interpersonal Relations*, New York: Wiley, 1985, p. 82.

12. L. V. Bertalanffy, *Problems of Life*, London Watts, 1952, p. 124.

13. Man, T. W. Y. et al. , "Homegrown and Abroadbred Entrepreneurs in China: A Study of the Influences of External Contextion Entrepreneurial Competencies", *Journal of Enterprising Culture*, Vol. 16, 99, No. 2, 2008, pp. 118 – 132.

14. Muzychenko, O. , "Crosscultural Entrepreneurial Competence in Identifying International Business Oppprtunities", *European Management Journal*, Vol. 26, No. 6, 2008, pp. 366 – 377.

15. Nilsson, S. , "Enhancing Individual Employability: The Perspective of Engineering Graduates", Edueation + Training, No. 52, 2010, pp. 540 – 551.

16. Overtoon, C. , "Employability Skills: An Update", http: //www. cete. org/acve/docgen. asp? tbl = digests&ID = 105, 2008 – 02 – 22.

17. Rule, E. G. , Irwin, D. W. , "Fostering Intrapreneurship: The New Competitive Edge", *Journal of Business Strategy*, Vol. 9, No. 3, 1993, pp. 44 – 47.

18. SCANS, "What Work Requires of Schools for 2000", http: //wdr. doleta. gov/SCANS/whatwork/whatwork. pdf.

19. Thompson, J. L. , "The Facets of the Entrepreneur: Identifying Entrepreneurial Potential", *Management Decision*, Vol. 42, No. 2, 2004, pp. 243 – 258.

20. Weiner, B. A. , "Theory of Motivation for Some Classroom Experences", *Journal of Educational Psychology*, No. 71, 1979, pp. 3 – 25.

21. Weiner, B. , *An Attributional Theory of Motivation and Emotion*, New York: Springer – Verlag, 1986.

22. Weiner, B. , *Judgments of Responsibility: Foundation for a Theory*

of social Conduct, New York：The Guilford Press，1995.

23. Weiner，B.，"Intrapersonal Interpersonal Relations：Theories of Motivation from an Attributional Perspective"，*Educational Psychology Review*，Vol. 12，No. 21，2000，pp. 1 – 14.

24. 白虎虎：《日本军官退役制度概览》，《中国人才·转业军官》2012 年第 2 期。

25. 卞强：《可持续发展定义透视与重构研究》，博士学位论文，哈尔滨理工大学，2012 年。

26. 常宗虎：《政府与退役军人互动关系的演变及对策》，《中国社会工作》1997 年第 3 期。

27. 曹俊：《中国特色退役军官安置制度建设研究》，博士学位论文，武汉大学，2010 年。

28. 陈蓉霞：《贝塔朗菲：人文系统理论的先驱者》，《自然辩证法通讯》1995 年第 1 期。

29. 陈宇：《职业能力以及核心技能》，《职业技术教育》2003 年第 11 期。

30. 陈远敦、陈全明：《人力资源开发与管理》，中国统计出版社 1995 年版。

31. 陈孝：《自主择业干部管理服务现状调查》，《中国人才·转业军官》2008 年第 8 期。

32. 陈国瑜：《新思路　新探索　新变化》，《解放军报》2009 年 6 月 2 日。

33. 陈勇：《大学生就业能力及其开发路径研究》，博士学位论文，浙江大学，2012 年。

34. 程社明：《职业生涯的开发与管理》，《中外企业文化》2003 年第 2 期。

35. 崔乃夫主编：《当代中国的民政》，当代中国出版社 1994 年版。

36. 崔海伟：《中国可持续发展战略的形成和初步实施研究》，博士学位论文，中共中央党校，2013 年。

37. 邓泽民、陈庆合、刘文卿：《职业能力的概念、特征及其形成规律的研究》，《煤炭高等教育》2002 年第 2 期。

38. 邓文勇：《发达国家成人职业能力开发的特色分析与借鉴》，

《职教通讯》2011 年第 1 期。

39. 董克用主编：《人力资源管理》，中国人民大学出版社 2008 年第 2 版。

40. 董建忠等：《"四级管理"模式提升服务质量》，《中国人才·转业军官》2009 年第 1 期。

41. ［俄］A. B. 彼得罗弗斯基：《普通心理学》，朱智贤等译，人民教育出版社 1981 年版。

42. 范军：《军转安置改革与发展的"试金石"》，《中国人才·转业军官》2011 年第 11 期。

43. 范军：《军官退役形式与安置方式》，《中国人才·转业军官》2012 年第 6 期，

44. 范峰：《关于完善自主择业军转干部管理服务工作的几点思考》，《中国人才·转业军官》2010 年第 10 期。

45. 方少华、方泓亮编著：《胜任力咨询》，机械工业出版社 2007 年版。

46. 方振邦编著：《管理思想百年脉络》，中国商业出版社 2004 年版。

47. 冯荣荣：《当前我国地方政府军转安置政策执行研究》，硕士学位论文，云南大学，2012 年。

48. 傅明华：《当代企业发展的外部环境研究》，博士学位论文，西南财经大学，2002 年。

49. 高涵：《职业能力：概念阐释与个案分析》，《职业教育研究》2009 年第 6 期。

50. 高山川、孙时进：《社会认知职业理论：研究进展及应用》，《心理科学》2005 年第 28 卷第 5 期。

51. 高放主编：《国际共产主义运动史教本》，天津人民出版社 1986 年版。

52. 郭德俊主编：《动机心理学：理论与实践》，人民教育出版社 2005 年版。

53. 国务院军队转业干部安置工作小组办公室编：《军队干部转业复员工作文件汇编》（1950—1982），劳动人事出版社 1983 年版。

54. 国务院军队转业干部安置工作小组办公室编：《军队转业干部

安置工作文件汇编（三）》，中国人事出版社 1999 年版。

55. 国务院：《国务院关于进一步扩大国营工业企业自主权的暂行规定》，《中华人民共和国国务院公报》1984 年第 10 期。

56. 郭昀、张伟：《建构主义含义及其理解》，《云南师范大学学报》2004 年第 24 卷第 6 期。

57. 郭宇强：《我国职业结构变迁研究》，博士学位论文，首都经济贸易大学，2007 年。

58. 郭传宣：《法国退役军人安置与培训概况》，《中国人才·转业军官》2011 年第 10 期。

59. 甘肃省社科院历史研究室编：《陕甘宁革命根据地史料选辑》第 3 辑，甘肃人民出版社 1983 年版。

60. 顾伯冲：《试论江泽民同志军转安置思想》，《理论前沿》2003 年第 9 期。

61. 何克抗：《关于建构主义的教育思想与哲学基础——对建构主义的反思》，《中国大学教学》2004 年第 7 期。

62. 韩庆祥：《建构能力社会——21 世纪中国人的发展图景》，广东教育出版社 2005 年版。

63. 韩庆祥、雷鸣：《能力建设与当代中国发展》，《中国社会科学》2005 年第 1 期。

64. 何宪：《探索自主择业就业服务新模式》，《中国人才·转业军官》2013 年第 1 期。

65. 何宪：《坚定信心　深入探索推进自主择业工作新发展》，《中国人才·转业军官》2011 年第 9 期。

66. 河北省军转办：《用制度提升管理服务水平》，《中国人才·转业军官》2010 年第 2 期。

67. 胡磊：《自主择业军转干部经济补偿研究》，硕士学位论文，国防科学技术大学，2004 年。

68. 胡磊：《自主择业安置政策效果的分析与思考》，《军事经济研究》2006 年第 4 期。

69. 胡涛：《云南省自主择业军队转业干部管理探析》，硕士学位论文，云南大学，2011 年。

70. 胡琳：《"佳木斯模式"再升级》，《中国人才·转业军官》

2013 年第 4 期。

71. 剪万兵：《退役军人就业安置制度与社会发展同步性研究》，硕士学位论文，西南交通大学，2009 年。

72. 贾鸿雁：《军转干部的素质优势》，《中国人才》2004 年第 1 期。

73. 贾鸿雁：《军队转业干部职业能力建设研究》，《人才开发》2004 年第 2 期。

74. 贾鸿雁：《军队转业干部就业能力障碍透析》，《人才开发》2004 年第 3 期。

75. 贾利军、管静娟：《国外就业能力概念的发展历史及评析》，《全球教育展望》2011 年第 11 期。

76. 蒋乃平：《对综合职业能力内涵的思考》，《职业技术教育》（教育科学版）2001 年第 10 期。

77. 蒋乃平：《创业能力包含的三类能力》，《职教通讯》1999 年第 3 期。

78. 姜大源：《职业教育学基本问题的思考（一）》，《职业技术教育》（教育科学版）2006 年第 1 期。

79. 姜峰：《透视国外职业化背景下的退役军官安置》，《中国人才·转业军官》2010 年第 5 期。

80. 季素月：《建构主义理论对高等教育教学的启示》，《扬州大学学报》（高教研究版）2001 年第 5 卷第 3 期。

81. 鞠伟：《社会结构转型与退役军官安置方式变迁——退役军官社会就业创业支持系统研究》，硕士学位论文，山东大学，2006 年。

82. 李孝忠编著：《能力心理学》，陕西人民教育出版社 1985 年版。

83. 李龙熙：《对可持续发展理论的诠释与解析》，《行政与法》2005 年第 1 期。

84. 李华、张琳：《我国军人退役安置制度的法理基础与历史演变探析》，《新西部》2012 年第 2—3 合期。

85. 李宝柱、罗平：《我军干部退役安置制度的沿革与现状》，国防大学出版社 2007 年版。

86. 李宝柱、罗平：《中国特色"准职业化"军官退役安置模式的可行性分析》，《中国军队政治工作》2008 年第 4 期。

87. 李怀祖编著：《管理方法研究论》，西南交通大学出版社 2004 年版。

88. 李凌锋：《关于完善自主择业退役军人安置政策的法律思考》，硕士学位论文，吉林大学，2012 年。

89. 李开卉：《我国军队转业干部安置模式及政策研究》，硕士学位论文，国防科学技术大学，2011 年。

90. 李震寰、权衡：《市场经济特征论》，《社科纵横》1993 年第 4 期。

91. 李永功、闫金久：《社会积极评价军队统招文职人员》，《解放军报》2013 年 11 月 11 日。

92. 李孝军：《试论中国军官退役制度改革》，硕士学位论文，浙江大学，2005 年。

93. 李昕勃：《中国军官职业化制度探究》，硕士学位论文，吉林大学，2013 年。

94. 李伟民等：《"量身定做"显成效——西安市摸索完善自主择业军转干部培训工作》，《中国人才·转业军官》2013 年第 4 期。

95. 李鹤林：《俄罗斯怎样安置退役军官》，《中国公务员》1999 年第 8 期。

96. 廖国庚：《解析自主择业转业干部就业优惠政策》，《中国人才·转业军官》2006 年第 11 期。

97. 廖国庚：《建立退役军人就业协会：一个值得重视的历史性课题》，《经济与社会发展》2011 年第 1 期。

98. 刘亚、龙立荣：《职业决策理论的线索与趋势》，《教育研究与实验》2009 年第 2 期。

99. 刘艾玉：《劳动社会学》，北京大学出版社 1999 年版。

100. 刘国光：《关于社会主义市场经济理论的几个问题》，《经济研究》1992 年第 12 期。

101. 刘义、鲍宣成：《自主择业干部就业状况调查》，《中国人才·转业军官》2009 年第 2 期。

102. 刘志生主编：《外军军官能力建设概况》，解放军出版社 2005 年版。

103. 龙立荣、方俐洛：《职业发展的整合理论述评》，《心理科学》

2001 年第 24 卷第 4 期。

104. 陆国泰主编：《人力资源管理》，高等教育出版社 2000 年版。

105. 罗平飞：《试论我国军人退役安置制度的性质及其特征》，《马克思主义与现实》2005 年第 2 期。

106. 罗平飞：《军人退役安置制度的国际比较》，《政治学研究》2006 年第 1 期。

107. 罗晶晶：《盘点 2011——军转安置工作亮点回眸》，《中国人才·转业军官》2011 年第 12 期。

108. 罗晶晶：《借东风好扬帆——走进中法退役军官安置与培训制度研讨会》，《中国人才·转业军官》2011 年第 5 期。

109. 卢欢：《我国退役军官计划安置满意度研究》，硕士学位论文，国防科学技术大学，2010 年。

110. 马金鸽：《美国退伍军人社会保障制度研究及其对我国的启示》，硕士学位论文，武汉科技大学，2011 年。

111. 《马克思恩格斯全集》第 24 卷，人民出版社 1972 年版。

112. ［美］加里·S. 贝克尔：《人力资本：特别是关于教育的理论与经验分析》，梁小民译，北京大学出版社 1987 年版。

113. ［美］H. A. 奥图编著：《人的潜能》，世界图书出版公司 1988 年版。

114. 潘涌：《人的可持续发展与教育转型》，《教育研究》2001 年第 11 期。

115. 庞文英、徐大真等：《我国职业能力开发的现状与展望》，《新疆职业教育研究》2010 年第 1 期。

116. 庞世俊：《澳大利亚职业能力内涵变迁与理论研究》，《职业技术教育》2009 年第 7 期。

117. 庞世俊：《职业能力概念及相关问题研究综述》，《职业技术教育》2008 年第 28 期。

118. 庞元正：《发展理论论纲》，中共中央党校出版社 2000 年版。

119. 彭永新、龙立荣：《国外职业决策理论模式的研究进展》，《教育研究与实验》2000 年第 5 期。

120. 秦燕：《异质性人力资源开发研究》，博士学位论文，大连理工大学，2010 年。

121. 屈家权、杨征兵：《中国特色退役军官分段安置制度构想》，《中国人才·转业军官》2013 年第 6 期。

122. 任福战：《大学生人力资本投资与职业发展》，博士学位论文，河北工业大学，2008 年。

123. 盛大泉：《2001—2011 年自主择业十年报告》，《中国人才·转业军官》2011 年第 1 期。

124. 盛大泉：《大国军转回眸改革开放 30 年的军转工作》，《中国人才·转业军官》2008 年第 11 期。

125. 盛大泉、周燕红：《回眸：共和国军转工作 20 年》，《中国人才·转业军官》2006 年第 1 期。

126. 盛大泉：《使命：计划分配这十年》，《中国人才·转业军官》2012 年第 7 期。

127. 谌启标：《美国新职业主义运动的理念与实践》，《外国教育研究》2001 年第 28 卷第 5 期。

128. 沈漪文：《科技人力资源能力建设——概念与思考》，《高等工程教育》，2007 年。

129. 沈漪文：《基于能力框架的 HRST 能力建设研究》，博士学位论文，浙江大学，2009 年。

130. 石伟平、徐哲岩：《新职业主义：英国职业教育新趋向》，《外国教育资料》2000 年第 3 期。

131. 石伟平：《比较职业技术教育》，华东师范大学出版社 2001 年版。

132. 石伟平：《职业能力与职业标准》，《外国教育资料》1997 年第 3 期。

133. 石春燕：《人力资本、政治资本与军队转业干部再就业的相互关系》，硕士学位论文，吉林大学，2005 年。

134. 舒本耀：《我国退役军官安置困境分析与对策》，《军事经济研究》2007 年第 9 期。

135. ［美］西奥多·W. 舒尔茨：《经济增长与农业》，北京经济学院出版社 1991 年版。

136. 孙彤、李悦主编：《职业设计与优选人才》，山东人民出版社 1995 年版。

137. 孙国华主编：《法理学教程》，中国人民大学出版社 1994 年版。

138. 孙长贵、耿彭年、朱侗荣主编：《人事管理简明词典》，江苏人民出版社 1988 年版。

139. 隋丽娟：《陆军中级指挥军官的胜任特征》，硕士学位论文，宁夏大学，2008 年。

140. 陶凌云：《身份认同与集体抗争的逻辑——以 K 县企业军转干部维权为例》，硕士学位论文，哈尔滨工程大学，2011 年。

141. 唐以志：《关键能力与职业教育的教学策略》，《职业技术教育》2000 年第 7 期。

142. 田恩进：《我国退役军官安置政策的历史变迁——现实困境及改革策略》，《山东行政学院山东省经济管理干部学院学报》2010 年第 6 期。

143. 田小文：《外国兵役制度概览》，军事科学出版社 1997 年版。

144. 田怡等：《应用型本科生职业发展质量的院校影响因素》，《北京城市学院学报》2013 年第 6 期。

145. 滕晓波：《中国军队转业干部安置制度六十年》，《学理论》2009 年第 26 期。

146. 杨伟国等：《就业能力概念——一个世纪的变迁史》，《东吴学术》2012 年第 4 期。

147. 尹苗苗、蔡莉：《创业能力研究现状探析与未来展望》，《外国经济与管理》2012 年第 12 期。

148. 叶弈乾等主编：《普通心理学》，华东师范大学出版社 1997 年版。

149. ［英］马尔萨斯：《人口原理》，朱泱等译，商务印书馆 1992 年版。

150. 喻忠恩：《考察职业能力的三个维度》，《职业技术教育》2012 年第 16 期。

151. 王通讯：《关于制定人才发展战略的几点思考》，《中国发展战略》1993 年第 2 期。

152. 王通讯：《中国人才资源开发论纲》，《中国人才》1994 年第 11 期。

153. 王一敏：《当代青年的职业选择与指导》，上海教育出版社1998 年版。

154. 王书峰：《美国退役军人教育资助政策形成与变迁研究》，广东教育出版社 2009 年版。

155. 王晓文、张玉利：《基于能力视角的创业者人力资本与新创企业绩效作用机制研究》，《管理评论》2012 年第 4 期。

156. 王众：《1950—1957 年的退役军人就业安置》，博士学位论文，山东大学，2007 年。

157. 王菲：《军队转业干部安置制度研究》，硕士学位论文，中国政法大学，2010 年。

158. 韦钦云：《美国退伍军人培训概况及启示》，《中国人才·转业军官》2011 年第 2 期。

159. 吴晓义：《职业能力开发研究的理论进展》，《职教论坛》2005 年第 7 期（上）。

160. 吴晓义：《波兰尼缄默知识理论对职业能力开发的启示》，《中国职业技术教育》2005 年第 8 期。

161. 吴晓义、杜晓颖：《能力概念的多维透视》，《吉林工程技术师范学院学报》（社会科学版）2006 年第 22 卷第 4 期。

162. 吴晓义：《"情景—达标"式职业能力开发模式研究》，博士学位论文，东北师范大学，2006 年。

163. 吴晓义：《职业能力开发的生命追寻》，《中国职业技术教育》2006 年第 12 期。

164. 吴晓义：《职业能力开发的经济学思考》，《职业技术教育》2007 年第 16 期。

165. 吴菲、徐朔：《职业能力及其相关概念辨析》，《中国职业技术教育》2011 年第 27 期。

166. 吴雪萍：《国际职业技术教育研究》，浙江大学出版社 2004 年版。

167. 萧鸣政主编：《人力资源管理》，中央广播电视大学出版社1999 年版。

168. 萧鸣政、张锁平：《人力资源开发及其价值》，《中国人才》2002 年第 6 期。

169. 夏博：《基于多属性决策方法的驻边远地区军官转业倾向度研究》，硕士学位论文，国防科学技术大学，2010 年。

170. 夏辉：《非政府组织在退役军人社会保障供给中的作用发挥研究》，硕士学位论文，天津大学，2011 年。

171. 夏征农、陈至立：《辞海》第 6 版，上海辞书出版社 2009 年版。

172. 向海英：《成就动机的归因理论与教学改革》，《山东师范大学学报》2000 年第 6 期。

173. 熊友存、胡文贤、唐俊、张李军：《我军转业待遇制度的功能定位及标准的确定》，《军事经济研究》2005 年第 3 期。

174. 解卫东：《俄罗斯退役军官安置制度简介》，《中国人才·转业军官》2005 年第 3 期。

175. 徐国庆：《职业能力的本质及其学习模式》，《职教通讯》2007 年第 1 期。

176. 徐云鹏：《土地革命战争时期红军的优抚制度》，《军事历史》1995 年第 1 期。

177. 许士荣：《中国博士后政策分析》，博士学位论文，华东师范大学，2009 年。

178. 阎志军：《军队转业干部自主择业导论》，蓝天出版社 2005 年版。

179. 王瑞来：《军官转业安置概论》，中国人事出版社 2005 年版。

180. 姚裕群：《怎样求职、谋业、调动——职业问题面面观》，中华工商联合出版社 1995 年版。

181. 严莉：《信息技术环境下的学习活动设计研究》，博士学位论文，华中师范大学，2011 年。

182. 杨凡：《员工就业能力与职业生涯成功的关系研究》，博士学位论文，暨南大学，2011 年。

183. 杨彪：《从自主择业看我国的军队转业干部人力资源开发》，硕士学位论文，贵州大学，2008 年。

184. 姚新迎：《计算机网络技术及在实践中的应用分析》，《河南科技》2014 年第 1 期。

185. 叶文虎：《可持续发展引论》，高等教育出版社 2001 年版。

186. 尤琳：《论不确定性环境下的军事人力资本专用性投资》，《军事经济研究》2010 年第 1 期。

187. 喻忠恩：《考察职业能力的三个维度》，《职业技术教育》2012 年第 16 期。

188. 喻亚海：《军队转业干部人才资源开发研究》，硕士学位论文，湘潭大学，2010 年。

189. 余祖光主编：《职业教育改革与探索论文集》，高等教育出版社 2000 年版。

190. 张爱卿：《归因理论研究的新进展》，《教育研究与实验》2003 年第 1 期。

191. 张立：《我国退役军官再就业保障法律制度研究》，硕士学位论文，中国政法大学，2011 年。

192. 张连仁：《军转干部是重要的人才资源》，《中国人才·转业军官》2004 年第 2 期。

193. 张桂春：《激进建构主义教学思想研究》，博士学位论文，华东师范大学。

194. 张合林：《自主择业军转干部人才资源开发工作设想》，《中国人才·转业军官》2005 年第 9 期。

195. 张毅：《自主择业转业干部安置政策效果分析》，硕士学位论文，吉林大学，2011 年。

196. 张伟佳：《新中国军人退役安置制度之历史演变》，《军事历史研究》2009 年第 2 期。

197. 张文彤、董伟主编：《SPSS 统计分析高级教程》，高等教育出版社 2013 年版。

198. 张耀辉：《基于职业生涯管理的我军军官进退制度研究》，硕士学位论文，国防科学技术大学，2010 年。

199. 赵东斌：《军人法律地位研究》，博士学位论文，中国政法大学，2008 年。

200. 赵欣、卜安康：《由技能为本走向生命发展》，《职业技术教育》（教育科学版）2003 年第 19 期。

201. 赵志群：《促进全面发展的综合职业能力培养目标》，《职教论坛》2009 年第 6 期。

202. 郑晓明编著：《人力管理导论》，机械工业出版社 2005 年版。

203. 郑贤君：《权利义务相一致原理的宪法释义——以社会基本权利为例》，《首都师范大学学报》（社会科学版）2007 年第 5 期。

204. 钟继利：《施恩职业理论在苏北小学教师职业生涯规划中的应用研究》，硕士学位论文，南京师范大学，2007 年。

205. 周玉梅：《中国经济可持续发展研究》，博士学位论文，吉林大学，2005 年。

206. 周述辉：《军队转业干部自主择业服务研究》，硕士学位论文，国防科学技术大学，2007 年。

207. 周文等编著：《素质测评与职业生涯规划》，湖南科学技术出版社 2005 年版。

208. 朱睿、邹珊刚：《系统管理的过去、现在和未来》，《系统辩证学学报》1994 年第 3 期。

209. 朱红文、冯周卓：《社会科学方法论研究的意义和视角》，《求索》2003 年第 5 期。

210. 朱明飞：《军转干部安置工作流程优化研究》，硕士学位论文，国防科学技术大学 2009 年。

211. 朱建新等：《军官制度比较与改革》，军事科学出版社 2006 年版。

212. 中国人民解放军空军政治部编：《军队干部实用手册》，湖北科学技术出版社 1985 年版。

213. 转业军官编辑部：《十年云岭军转情——云南省自主择业军转干部管理服务工作 10 年历程》，《中国人才·转业军官》2011 年第 12 期。

214. 邹军誉：《国外优抚安置制度精选》，中国社会出版社 2003 年版。

215. 宗佩文：《关于构建开放式军转教育培训基地体系的思考》，《中国人才·转业军官》2013 年第 5 期。

216. 北京市军转培训服务网：http：//www. bjjzpx. com. cn/portal/index. jsp。

217. 重庆市自主择业转业干部服务网：http：//junzhuan. cqhrss. gov. cn/u/junzhuan/news_ 53333. shtml。

218. 国防科学技术大学网：http：//www. nudt. edu. cn/ArticleShow. asp？ID＝5988。

219. 清华大学自主择业军队转业干部教育培训网络课堂网站：http：//www. thjdpx. com/entity/first/firstInfoNews_ toIndex. action。

220. 人 民 网：http：//cpc. people. com. cn/GB/64162/71380/102565/182144/10995155. html。

221. 江西省人事考试中心网：http：//www. jxpta. com/news/1_ 1123. html。

222. 陕西省人力资源和社会保障网：www. shaanxihrss. gov. cn。

223. 转业军官杂志网：http：//www. zyjg. cn/manage/Info_ Manage/Info_ File/3/2013 - 1 - 15/20131151411503176849. shtml。

224. 浙江省人力资源和社会保障厅网：http：//www. zjhrss. gov. cn/art/2013/5/27/art_ 28_ 49203. html。

225. 中国转业军官网：http：//www. jzchina. org. cn/sdfs/。

226. 国防部网站：http：//www. mod. gov. cn/academy/2011 - 05/16/content_ 4270558. htm。

227. 人力资源和社会保障部网：http：//www. mohrss. gov. cn/jg-zyzzs/ltxgbjzz/。

228. 民政部网：http：//yaj. mca. gov. cn/article/jggk/。

229. 教育部网站：http：//www. moe. edu. cn/publicfiles/business/htmlfiles/moe/s7567/201309/156899. html。

230. 全 国 人 民 代 表 大 会 网：http：//www. npc. gov. cn/wxzl/gongbao/2000 - 12/05/content_ 5004681. htm。

231. 中央人民政府门户网站：http：//www. gov. cn/。

232. 中 国 新 闻 网：http：//www. chinanews. com/hr/2011/12 - 19/3543141. shtml。

233. 中国军网：http：//www. 81. cn/jwzl/index. htm。

后 记

十四年前的一次偶然机会接触了转业军官安置研究领域。初始仅仅在河北省范围内进行转业军官职业能力状况研究，分析存在的问题与对策。在以后的十余年里，作为一个人力资源管理与开发的研究者，在从事高层次人才管理、高校大学生就业研究过程中，始终关注转业军官群体职业能力提升的研究，也不时有转业军官职业能力建设、就业竞争力提升之类的论文见刊。正是源于这样的积累，2011年"军队转业干部可持续发展职业能力开发研究"获得了国家社会科学基金项目认可与资助，作为地方院校的一名普通学者，深感荣幸与鼓舞，也深深体会到付出与回报的相辅相成。

历经四年不懈努力，"军队转业干部可持续发展职业能力开发研究"项目终于画上了句号。四年来，本人和团队成员不敢有丝毫懈怠，查阅资料、问卷访谈、数据分析，经过项目全体成员努力，终于可以提交一份相对满意的答卷了。作为项目负责人，主持了整个项目的研究工作，从研究框架设计及问卷调研实施、资料收集分析，到书稿最终完成，倾注了全部精力与心血。项目成员赵洪波在问卷调查发放、回收及成果转化等研究过程中做了大量组织、协调工作；张中科具体负责问卷数据的统计处理；王春和、郑炳章在项目研究的方法指导、资料收集方面做出了贡献。

回顾整个研究过程，感慨万千。从项目构思，到研究实施、成果完成，汇集众多的艰辛与努力，也汇聚了众多学者、政府相关部门管理者、同仁、学生的无私支持与帮助。在项目申报过程中，河北经贸大学工商管理学院副院长杨在军教授给予了建设性指导，河北省经贸大学科研处处长和志强、王翠改老师给予了大力支持。在研究过程中，国务院军队转业干部安置小组办公室陆振兴副巡视员、陈二伟处长，国务院军转办转业军官培训中心吴进才副处长，中国人事报刊社《转业军官》

杂志盛大泉主编、周燕红副主编，河北省军队转业干部培训中心及耀斌主任，石家庄市自主择业军队转业干部管理中心张金柱主任、王书峰博士，在问卷调研、资料收集、调研访谈、成果转化方面给予了大力支持，河北经贸大学人力资源管理专业学生在问卷调研、资料收集等方面做了大量辅助性工作。在书稿修改过程中，成果评审的五位专家和河北经贸大学郭会斌教授给予了建设性建议。另外，本书在完成过程中，参考了很多同行学者的国内外资料文献，借鉴了许多署名和未署名学者的观点与思想。

　　本书在出版过程中，得到了中国社会科学出版社经济与管理出版中心主任卢小生编审的鼎力支持。

　　对于上述所有在项目构思、申报、研究、书稿修改、出版过程中给予无私帮助的同仁、学者、朋友、学生表示深深的感谢与祝福，祝愿他们永远与安康、幸福、成就相伴。

　　由于得到众人惠助，从而克服诸多困难，特别是转业军官特色群体数据、资料收集方面的巨大困难，完成了项目研究。最终研究成果如能抛砖引玉，引起更多学者对转业军官安置领域的关注与研究，本人甚感欣慰和鼓励，会继续努力，致力于未尽问题的研究与探索。由于本人初次对转业军官职业能力开发进行系统、全面研究，难免会有疏漏和理解之误，诚请各位同仁学者批评指正。

贾鸿雁
2015 年 12 月 16 日